新发展阶段
扩大内需

现实逻辑、战略导向
和实践重点

易信　姜雪　等　著

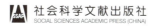

社会科学文献出版社
SOCIAL SCIENCES ACADEMIC PRESS (CHINA)

课题组成员名单

课题组组长

易　信　国家发展和改革委员会经济研究所室副主任、副研究员
姜　雪　国家发展和改革委员会经济研究所副研究员

课题组成员

郭春丽　国家发展和改革委员会经济研究所所长、研究员
王　蕴　国家发展和改革委员会对外经济研究所副所长、研究员
李清彬　国家发展和改革委员会经济研究所室副主任、研究员
王利伟　国家发展和改革委员会经济研究所室副主任、副研究员
成　卓　国家发展和改革委员会经济研究所室副主任、副研究员
姚晓明　国家发展和改革委员会经济研究所助理研究员
丁尚宇　国家发展和改革委员会经济研究所助理研究员
宋傅天　清华大学经济管理学院博士研究生

前　　言

　　实施扩大内需战略，促进形成强大国内市场，是充分发挥我国超大规模经济体优势，应对外部冲击、稳定经济运行、提升经济发展自主性的有效途径。1998年，为应对亚洲金融危机的冲击，我国提出"立足扩大国内需求，加强基础设施建设"，实施了扩大内需的系列政策措施，稳定了经济增长。2008年，针对国际金融危机的冲击，我国提出"把扩大内需作为保增长的根本途径"，使经济实现了迅速触底反弹。

　　当前，我国发展环境和发展条件都已经发生深刻变化。从国际看，世界百年未有之大变局加速演进，国际形势深刻演变，逆全球化思潮抬头，单边主义、保护主义明显上升，世界经济复苏乏力，不稳定性不确定性明显增强。从国内看，我国经济总量已经超过100万亿元、人均超过1万美元，新型工业化、信息化、城镇化、农业现代化快速推进，4亿多中等收入群体在内的14亿人口形成了规模广阔、潜力巨大、需求多样的内需市场。2020年4月17日习近平总书记在中央政治局会议上明确提出，要坚定实施扩大内需战略，维护经济发展和社会稳定大局。党的二十大报告提出，把实施扩大内需战略同深化供给侧结构性改革有机结合起来，增强国内大循环内生动力和可靠性。深刻理解新时代新阶段我国扩大内需的现实逻辑、战略导向和实践重点，对于加快构建新发展格局、推动高质量发展、全面建设社会主义现代化国家，推动经济行稳致远、迈上新的台阶都具有十分重要的理论和实践意义。

　　本书是在国家发展和改革委员会宏观经济研究院2021年度重点课题

"扩大内需战略研究"成果基础上修改完善而成。全书围绕新发展阶段我国扩大内需的现实逻辑、战略导向和实践重点，研究提出新发展阶段扩大内需是推动高质量发展的必然要求、落实新发展理念的必然选择、构建新发展格局的重要基础、基本实现社会主义现代化的必由之路。不同于以往，新发展阶段扩大内需，培育的是完整内需体系、服务的是构建新发展格局，需要处理好规模与质量、投资与消费、供给与需求、内需与外需、短期与长期的关系，更加注重质量提升、更加注重消费带动、更加注重供需连接、更加注重内外联动、更加注重制度建设。要在处理好供给与需求、投资与消费、内需与外需、政府与市场等重大关系基础上，推进深度工业化、新型城镇化、区域协调化、绿色低碳化、生活品质化、分配合理化，加快构建供需双向匹配、城乡有机协调、区域密切配合、发展导向目的相得益彰的完整内需体系；要以完善消费持续稳定增长机制、投资内生增长机制、供需协调发展机制、内外需协同发展机制为重点，健全扩大内需的有效制度。

全书由总论篇、分论篇和附录篇共九章组成。各章执笔人分别是：第一章易信等，第二章姜雪，第三章易信、宋傅天，第四章王利伟，第五章姚晓明，第六章李清彬，第七章丁尚宇，第八章易信、姚晓明、成卓，第九章易信。全书形成过程中，国家发展和改革委员会经济研究所给予了大力支持，国家发展和改革委员会宏观经济研究院学术委员会的多位领导和专家在课题开题、中期检查和终期评审时提出了许多富有启示性的意见和建议，调研工作先后得到了深圳市发展和改革委员会、武汉市发展和改革委员会、沈阳市发展和改革委员会、成都市发展和改革委员会、苏州市发展和改革委员会、青岛市发展和改革委员会、金华市发展和改革委员会的帮助。在此，向各位领导和专家的指导与支持表示由衷的感谢。感谢社会科学文献出版社郭峰老师，她为书稿的出版付出了心血。

囿于我们研究水平有限，加之时间紧迫，错误和疏漏在所难免，欢迎各界人士批评指正！

易　信

2023 年 5 月

目　录

总　论　篇

第一章　扩大内需战略研究 …………………………………………… 3

一　新发展阶段扩大内需的战略意义和深刻内涵 …………………… 4

二　新发展阶段内需扩大的主要趋势、潜力和支撑力 …………… 11

三　新发展阶段扩大内需的总体思路 ……………………………… 27

四　新发展阶段扩大内需的重大战略任务 ………………………… 29

五　新发展阶段扩大内需的有效制度 ……………………………… 37

主要参考文献 ………………………………………………………… 42

分　论　篇

第二章　我国中长期消费的总体趋势、空间及制约因素 ………… 45

一　我国消费发展的总体趋势与基本特征 ………………………… 45

二　我国消费增长的重点领域与空间 ……………………………… 53

三　我国消费增长的制约因素 ……………………………………… 59

四　全面促进消费的总体战略和对策建议 ………………………… 63

主要参考文献 ………………………………………………………… 75

第三章　我国中长期固定资产投资的总体趋势、

　　　　空间及制约因素 ···················· 77

　　一　投资变动的国际一般规律 ·············· 78

　　二　我国有效投资变动的总体趋势与基本特征 ········ 79

　　三　重点领域有效投资增长的潜力及空间 ·········· 86

　　四　我国投资增长的主要制约因素 ············· 94

　　五　促进有效投资的思路和对策建议 ··········· 97

　　主要参考文献 ···················· 100

第四章　我国中长期以新型城镇化建设扩大内需的重点方向 ···· 102

　　一　我国新型城镇化的阶段特征 ············· 102

　　二　我国新型城镇化的五大任务 ············· 106

　　三　以新型城镇化建设扩大内需的重点方向 ········ 109

　　主要参考文献 ···················· 111

第五章　我国中长期以区域协调发展扩大内需的总体

　　　　趋势、空间及制约因素 ················ 113

　　一　区域协调发展带动内需扩大的机理和路径 ······· 114

　　二　我国区域协调发展的新趋势和新特征 ·········· 118

　　三　区域协调带动内需扩大的趋势和空间预测 ······· 122

　　四　区域协调发展带动内需扩大面临的制约因素 ······ 124

　　五　更好发挥区域协调发展扩大内需的政策建议 ······ 126

　　主要参考文献 ···················· 130

第六章　优化分配结构　挖掘释放内需潜力 ·········· 131

　　一　分配结构影响内需的作用机理 ············· 131

　　二　当前我国分配结构的特征分析 ············· 134

　　三　我国分配状况对应的实质问题 ············· 138

　　四　优化分配结构的举措建议 ··············· 143

　　主要参考文献 ···················· 152

第七章　扩大内需的国际典型做法及对我启示…………… 154

一　其他国家扩大内需的典型做法 ……………………… 155

二　对我启示及建议 …………………………………… 198

主要参考文献 ………………………………………… 201

第八章　制造业投资增长缘何不稳

——对深圳、武汉、沈阳、成都、苏州、青岛、金华的调研……… 203

一　制造业投资稳定性存忧：地区分化、行业分化、

所有制分化加剧 ………………………………… 204

二　制造业投资不稳原因："不愿投、不敢投、不能投"交织 …… 207

三　稳投资的典型做法：创新引领稳投资、聚焦优势产业

稳投资、抢抓产业转型升级稳投资、优化民营经济

生态稳投资 ……………………………………… 212

四　推动制造业投资稳定增长和质量提升的相关建议 ………… 213

附　录　篇

第九章　扩大内需战略研究综述 ……………………… 219

一　"十四五"及未来一个时期内需变化主要趋势

及特征的相关研究 ……………………………… 220

二　内需潜力和空间大小的相关研究 …………………… 222

三　影响内需扩大主要因素的相关研究 ………………… 223

四　扩大内需需要处理的几大关系的相关研究 ………… 226

五　扩大内需政策建议的相关研究 ……………………… 228

六　现有研究不足及下一步研究方向 …………………… 230

主要参考文献 ………………………………………… 232

总 论 篇

第一章
扩大内需战略研究

内容提要：我国发展环境和发展条件都已经发生深刻变化，扩大内需战略是推动高质量发展的必然要求、落实新发展理念的必然选择、构建新发展格局的重要基础、基本实现现代化的必由之路。新发展阶段实施的扩大内需战略更加注重质量提升、更加注重消费带动、更加注重供需连接、更加注重内外联动、更加注重制度建设。我国内需呈现新的变化趋势，并在居民消费升级、产业转型升级、城乡区域协调发展、新型基础设施建设、绿色低碳发展等重点领域形成了巨大潜力和增长空间，通过综合测算，新发展阶段内需潜力的充分释放可以对到 2035 年基本实现现代化形成有力支撑。需要协调推进供给侧结构性改革和需求侧改革，牢牢把握扩大内需这个战略基点，处理好供给与需求、投资与消费、内需与外需、政府与市场等重大关系，围绕深度工业化、新型城镇化、区域协调化、绿色低碳化、生活品质化、分配合理化，健全以扩大内需为导向的战略体系，完善内需尤其是消费需求长期稳定可持续增长的有效制度体系，形成以内需为主导、以消费为主体的比较均衡稳定的发展格局，为基本实现现代化创造有力的需求支撑。

扩大内需战略是一个与发展阶段、发展战略、体制机制等相关的重大问题，不同国家，即便是同一国家的不同发展阶段，面临的问题都不尽相同，扩大内需的战略取向也存在差异。20 世纪 90 年代，随着我国短缺经济现象逐渐消失，需求不足逐渐成为制约经济发展的主要矛盾。1998 年为应对亚洲金融危机的冲击，我国首次实施扩大内需战略，2008 年国际金融危机后再次实施该战略。2020 年 4 月 17 日习近平总书记在中央政治局会议上明确提出，要坚定实施扩大内需战略，维护经济发展和社会稳定大局。党的十九届五中全会通过的《中共中央关于制定国民经济和社会发展第十四个五年规划和二〇三五年远景目标的建议》，以及发布的《中华人民共和国国民经济和社会发展第十四个五年规划和 2035 年远景目标纲要》，均对"十四五"时期扩大内需进行了战略部署。党的二十大报告提出，把实施扩大内需战略同深化供给侧结构性改革有机结合起来，增强国内大循环内生动力和可靠性。当前及未来一个时期，实施好扩大内需战略，既是对外部发展环境新变化做出的有效应对，也是顺应我国发展阶段变化，增强发展内生动力，推动实现更高质量、更有效率、更加公平、更可持续、更为安全的发展的重要战略选择。

一　新发展阶段扩大内需的战略意义和深刻内涵

（一）战略意义

世界百年未有之大变局使国际形势深刻演变，不稳定性、不确定性明显增强，国内环境也经历着深刻变化，总供给和总需求的平衡性、匹配性出现了新变化，深入实施扩大内需战略具有重要战略意义。

推动高质量发展的必然要求。高质量发展是能更好满足人民日益增长的美好生活需要的发展，也是体现新发展理念的发展，还是从"有没有"转向"好不好"的发展。过去一个时期，依靠市场和资源"两头在外"参与国际大循环，资源倾向于向出口部门配置，在一定程度上造成供需不平衡、不匹配，在一般工业品严重过剩的同时，满足城乡居民消费升级的高质量、高性价比产品供给却长期不足，尤其是一些有关产业发展和国家安全的关键领域核心技术受制于人的局面没有从根本上改变，经济发展质量和发展效益提升受到制约。推动高质量发展，要求深化供给侧结构性改革，加快建设现代化产业体系，更加注重需求侧管理，加快培育完整内需体系，打通生产、分配、流通和消费各环节的堵点，畅通生产与消费的连接，形成需求牵引供给、供给创造需求的更高水平动态平衡，更好满足人民日益增长的美好生活需要。

落实新发展理念的必然选择。新发展理念是实现更高质量、更有效率、更加公平、更可持续、更为安全的发展的必由之路，是经济社会发展必须长期坚持的重要遵循。完整、准确、全面贯彻新发展理念，离不开国内有效需求的支撑。突出发展的创新性，瞄准世界科技前沿，强化基础研究和应用基础研究，实现前瞻性基础研究、引领性创新成果重大突破，需要扩大国内需求，充分挖掘国内市场规模优势，创造有利于新技术快速大规模应用和迭代升级的需求条件。突出发展的协调性，努力解决城乡之间、地区之间、群体之间发展不平衡问题，需要优化城乡间、地区间、群体间的消费结构和投资结构，建立更加有效的协调发展新机制。突出发展的可持续性，建立健全绿色低碳循环发展的经济体系，实现经济建设与环境保护、人与自然和谐共生，有赖于绿色生产、绿色消费、绿色投资的支撑。突出发展的内外联动性，最大限度地实现我国与外部世界的联动发展、合作发展、互利发展和共赢发展，需要扩大内需，畅通国内大循环及其与国际大循环的相互促进。突出发展的包容性、普惠性，让广大人民群众切实感受并共同享有现代化建设成果，需要深化扩大内需的有效制度，妥善解决财富分配不公、收入差距过大、公共服务缺位等现实问题。

构建新发展格局的重要基础。世界各国内顾发展倾向明显增强，国际经济交流合作进入低迷期，也强化了全球经济低速增长甚至长期停滞的趋势，市场和资源"两头在外"的国际大循环动能减弱。我国人均 GDP 已经超过 1 万美元，正从中等收入国家迈向高收入国家，尤其是随着新型工业化、信息化、城镇化、农业现代化快速推进，居民消费需求将从注重数量逐渐向追求质量转变，多样化、定制化、个性化消费需求特征逐渐显现，规模广阔、潜力巨大、需求多样的内需市场加快形成。在新的国内外形势下，以扩大内需为战略基点构建新发展格局，充分挖掘国内市场潜力，加快培育完整内需体系，最大限度激发内生动力和发展活力，形成国内大循环的良性发展，使生产、分配、流通、消费更多依托国内市场，减少外部环境不确定性、不稳定性的影响，奠定经济持续稳定增长基础。同时，深入实施扩大内需战略，持续推进超大规模市场建设，也会使我国成为吸引国际商品和要素资源的巨大引力场，集聚更多的国际高端资源和要素，推动国内国际双循环相互促进。

基本实现现代化的必由之路。我国已经开启全面建设社会主义现代化国家新征程，中国特色社会主义现代化是经济、政治、文化、社会、生态全面发展的现代化，经济现代化是政治、文化、社会、生态现代化的基础。推进经济现代化需要保持必要的经济增长速度，确保到2035年实现人均国内生产总值达到中等发达国家水平。当前制约我国经济持续稳定增长和国民经济循环畅通的因素主要是有效需求不足，根本原因在于供给满足不了需求。需要加快培育完整内需体系，促进消费升级和扩大有效投资，同时也需要协调推进需求侧改革和供给侧结构性改革，构建持续扩大内需的有效制度，提升供给体系的质量，满足国内需求，不断筑牢2035年达到中等发达国家水平的供需基础。

（二）深刻内涵

按照国民账户体系的基本原则，内需包括最终消费支出和资本形成总额，也即消费和投资两大部分，扩大内需主要就是扩大消费和投资。但不同于我国以往实施的扩大内需战略（我国扩大内需战略的演进脉络见表1-1），当前我国发展环境和发展条件都已经发生了深刻变化，尤其是完整、准确、全面贯彻新发展理念、构建新发展格局、推动高质量发展，新发展阶段实施的扩大内需战略具有新的深刻内涵。

更加注重质量提升。我国人均GDP已经超过1万美元，经济已经进入高质量发展阶段，与经济高质量发展相匹配的是高质量供给体系和高质量需求体系，而规模与质量并重的内需体系是高质量需求体系的重要要求（见图1-1）。新发展阶段实施的扩大内需战略，是以质量提升为重点、以规模扩大和速度提高为支撑，需增强内需体系的完整性，更加注重

表 1-1　我国扩大内需战略的演进脉络

	国际环境	国内环境	政策取向
第一次扩大内需战略	1997 年亚洲金融危机爆发,外部需求大幅收缩	1996 年我国经济实现"软着陆"后,受亚洲金融危机影响,国内需求不足的矛盾趋于突出,出现了前所未有和持续时间较长的"通货紧缩"	提出"立足扩大国内需求,加强基础设施建设",实施以国债投资为主的"积极的财政政策",1998~2001 年总共发行 5100 亿元长期建设国债,主要用于高速公路、发电设施、防洪水利工程、农村电网改造等基础设施建设;扩大投资需求,银行为国债投资项目提供"配套资金",并实施相对宽松的货币政策,增加货币供给;同时,对国有经济进行"有进有退"的战略性调整,鼓励发展民营经济和促进民间投资,启动住房制度改革和释放汽车消费潜力
第二次扩大内需战略	2008 年国际金融危机爆发,外部需求大幅收缩	国内有效需求不足的矛盾再次凸显,经济增速大幅回落,但仍然处于高速增长阶段	提出"把扩大内需作为保增长的根本途径",实施积极的财政政策和适度宽松的货币政策,在较短时期内出台 4 万亿元投资计划、10 万亿元的"天量信贷",实施十大产业调整振兴规划,开展"家电下乡"和出台鼓励汽车消费的激励政策
第三次扩大内需战略	逆全球化思潮兴起,新一轮科技革命和产业变革加快发展,同时面临世界百年未有之大变局,国际形势不确定性、不稳定性因素明显增多	2012 年以后我国经济"三期叠加"特征明显,结构性矛盾已成为经济运行的主要矛盾,矛盾的主要方面在供给侧。我国人均 GDP 超过 1 万美元,已进入高质量发展阶段,但发展的不平衡不充分问题仍然突出,有效需求特别是居民消费需求不足的矛盾显现	坚持扩大内需这个战略基点,加快培育完整内需体系,把实施扩大内需战略同深化供给侧结构性改革有机结合起来,针对制约国内需求潜力释放的结构性、体制性问题,以体制机制建设和相关政策调节为主要途径,打通影响国民经济循环的堵点和梗阻,以创新驱动、高质量供给引领和创造新需求

资料来源:根据相关文献等公开资料整理。

内需的有效性、平衡性和可持续性。需要促进居民消费升级,推动食品消费比重下降和非食品消费比重提高,强化消费对投资的引领作用,加大满足居民消费升级方面和补短板领域的有效投资,提高投资的质量和效率。

需要增强内需结构的均衡性，提高城乡间、区域间、群体间消费和投资的公平性，降低收入不平等和消费不平等。需要增强消费和投资的可持续性，构建持续扩大内需的机制，优化跨周期、跨时期的消费和投资安排，充分挖掘强大国内市场优势，释放消费潜力和有效投资潜力，持续提高内需率及内需对经济增长的贡献率。

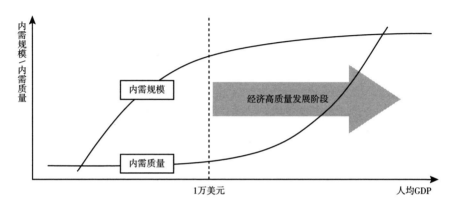

图 1-1　内需规模和内需质量演进的一般型式

更加注重消费带动。消费既是国民经济循环的终点也是新的起点，是加快释放内需潜力、增强经济发展动力的主要着力点。城乡居民消费结构升级，是人民对美好生活向往和追求的重要内容，是我国进入高质量发展阶段的重要标志。随着我国发展阶段和需求结构的变化，居民消费需求已逐步从注重数量转向追求质量、从生存型消费转向发展型和享受型消费、从以商品消费为主转向以服务消费为主，制约消费潜力释放和消费结构升级的主要矛盾也已经转向了供给端的生产，而投资是优化供给结构的关键力量。新发展阶段实施扩大内需战略，扩大国内需求需要顺应消费结构升级的趋势，寻求投资与消费的结合点，以消费需求为潮流和方向确定投资的重点领域，从而改善生产结构，实现投资与消费的良性互动，增强消费对经济发展的基础性作用和投资优化供给结构的关键性作用。

更加注重供需连接。外部环境深刻变化，全球经济复苏不稳定、不平衡，国内经济恢复基础仍不牢固，有效需求不足问题更加凸显，同时，供给结构不能适应需求结构变化，产品和服务的质量、品质难以满足多层次、多样化、个性化市场需求的问题长期存在，供需难以实现有效连接制约内需的持续扩大和经济的持续健康发展。深入实施扩大内需战略，充分发挥强大国内市场优势，培育完整内需体系，最大限度地释放内需潜力，需要将扩大内需战略同深化供给侧结构性改革有机结合，以创新驱动引领供给与需求，在不断提升供给体系与国内需求适配性的同时，持续提升产业链、供应链、创新链的整体性、联动性、互补性，加强供给和需求的连接，努力实现需求牵引供给、供给创造需求的高水平动态均衡。中长期内，仅扩大需求（$AD_0 \rightarrow AD_1$）而不扩大供给（AS_0）的扩大内需方式，将导致低效的供需均衡水平（O_{10}）、较小产出（Y_{10}）和较高价格水平（P_{10}）；而注重供需联动（$AD_0 \rightarrow AD_1$ 和 $AS_0 \rightarrow AS_1$）的扩大内需方式，则将带来更高效的供需均衡水平（O_{11}）、较大产出（Y_{11}）和较低价格水平（P_{11}）（见图1-2）。

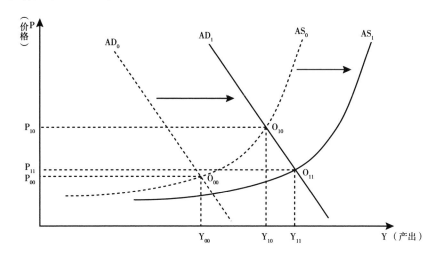

图1-2　中长期内总需求与总供给的动态均衡

更加注重内外联动。我国经济发展已深度融入全球经济体系，正在加快构建开放型经济新体制，同时我国构建的也是以国内大循环为主体、国内国际双循环相互促进的新发展格局，这意味着既强调培育完整内需体系畅通国内大循环，也强调内外需求的联动发展。新发展阶段实施扩大内需战略，既要通过内需循环加速外需循环，也要通过外需循环提升内需循环，尤其是以内需循环中催生的更加优质和科技含量高的新兴产业产品稳定现有外需并开拓新的外需市场，同时以内需循环吸收更大规模与多样化的国外产品来提高内需的质量并加大国内市场对外需的吸引力，通过内外需的统一、联动来扩大国内需求。特别是，通过供需联动（$AD_0 \rightarrow AD_1$、$AD_{IN1} \rightarrow AD_{IN1}$、$AS_0 \rightarrow AS_1$）扩大国内需求可实现高效的国内供需均衡水平（$O_0 \rightarrow O_1$、$O_{IN0} \rightarrow O_{IN1}$），同时还将带动进口产品供给增加（$AS_{IN0} \rightarrow AS_{IN1}$）和出口需求提升（$AD_{EX0} \rightarrow AD_{EX1}$）并实现更高效的国际供需均衡水平（$O_{EX0} \rightarrow O_{EX1}$）（见图1-3），进一步为国内总供给（AS）和国内总需求（$AD + AD_{IN}$）再次扩大创造条件，实现更高水平供需动态均衡螺旋式上升。

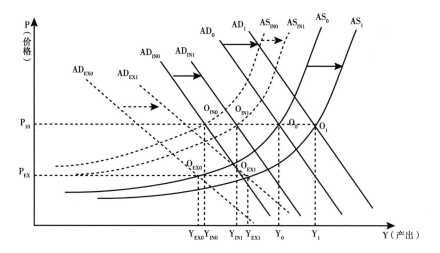

图1-3　中长期内内外需求和内外供给的动态均衡

注：AD_{EX}代表出口需求，AD_{IN}代表进口需求，AD代表国内产品需求，AS代表国内产品供给，AS_{IN}代表进口产品供给。

更加注重制度建设。世界百年未有之大变局使国内外环境发生了深刻改变，有效需求特别是居民消费需求不足的矛盾显现，而且这种变化不是暂时性的而是趋势性的，是结构性、体制性因素叠加作用的结果。新发展阶段实施扩大内需战略，培育完整内需体系，稳定和扩大国内需求，立足短期政策调节并重视中长期制度建设，已经不再是简单的凯恩斯"总需求管理政策"，而是中长期的改革政策和短期的宏观调控政策的结合。在通过货币政策、财政政策等总量需求政策扩大需求的同时，还通过产业政策、投资政策、改革政策等结构性政策提高产出潜力和产出质量进而扩大供给。需要针对制约国内需求潜力释放的结构性、体制性问题，协同推进供给侧结构性改革和需求侧改革，在提高供给对需求的适配性及合理引导消费、储蓄、投资等方面进行有效制度安排，建立扩大内需的有效制度，形成释放内需潜力的可持续动力。

二　新发展阶段内需扩大的主要趋势、潜力和支撑力

（一）内需变动的主要趋势

1. 消费扩大的主要趋势

进入新发展阶段，我国超大规模市场优势进一步显现，中等收入群体及新生代年轻消费群体成为促进消费规模扩大和结构升级的中坚力量，新技术的快速发展不断拓展消费场景，将有力推动消费市场创新发展。

一是消费增速放缓但对经济增长的拉动作用趋势性增强。从国际规律来看，消费率随人均 GDP 增长呈 U 形变化趋势，在人均 GDP 达到 6000 美元时进入 U 形曲线上升阶段，并随着人均 GDP 达到 1 万美元，增长速度呈现放缓趋势，达到 2 万美元时略有下降。尤其是 2012 年以来我国消费率提高速度已经有所放缓，并随着 2019 年人均 GDP 超过 1 万美元，放缓趋势还将持续（见图 1-4）。同时，我国消费对经济增长的贡献率也基本呈现 U 形变化态势，并在 2007 年后进入了趋势性上升阶段，且 2011 年以来消费贡献率总体高于投资贡献率，2011~2020 年年均达到 53.4%，高出投资贡献率 9 个百分点。这表明消费对经济发展的基础性作用在不断增强，经济增长的主要动力从投资转向消费，消费驱动的经济增长模式正在形成。

二是服务性消费逐渐占居民消费的主导地位。从国际规律看，随着人均收入水平提高，与衣食相关的服装、食品等非耐用消费品的支出比重逐渐下降，而与住行相关的中高端家电、汽车等耐用消费品支出比重逐渐上升，总体呈现"衣食—住行—康乐"的消费升级路径，且服务性消费在人均 GDP 达到 1 万美元后开始占主导地位。从我国城乡居民消费升级情况看，食品、衣着和家庭设备用品及服务消费的支出比重明显下降，而居

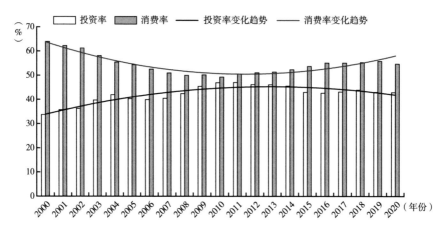

图 1-4   2000~2020 年投资率和消费率变化趋势

资料来源：国家统计局。

住、医疗保健、交通通信、教育文化娱乐服务等发展型和享受型消费支出的比重则有比较明显的上升，居民消费结构正加快向"住行消费+服务性消费"的"双支撑"结构升级，服务性消费的主导地位不断上升，2019年人均服务性消费支出占人均消费支出的比重已升至 45.9%。随着我国发展水平不断提高，新型工业化、新型城镇化快速推进，住行等传统大宗消费仍然有较大增长空间，以服务性消费为主体的新兴消费热点蓬勃发展，居民服务性消费支出比重还将进一步提升。

三是梯度消费推动消费需求快速升级。新中国成立以来我国经历了 3 次人口出生高峰，分别是 1949~1957 年出生的"50 后"（1949 年包括在内）、1962~1970 年出生的"60 后"和 1981~1990 年出生的"80 后"。"50 后""60 后""80 后"构成当前我国居民消费的三大主体，老、中、青不同群体梯度消费推动服务需求快速增长。"50 后"推动老龄消费需求快速增长。2020 年我国 65 岁及以上人口比重达到 13.5%，比 2010 年增加了 8.9 个百分点。据联合国预测，2050 年我国老年人口将达到 4.8 亿人。人口老龄化将带来巨大的老龄消费需求，医疗保健、家庭服务等方面的需求将增加，养老、医疗健康等服务性消费需求将快速增长。"60 后"推动健康养生、休闲娱乐等消费需求增长。50~60 岁人群的事业即将或者已经进入高峰期，消费实力最强，更加关注生活品质改善，对健康养生和休闲娱乐等服务性消费需求更为突出。"80后"成为新兴消费主力,推动教育培训、文化娱乐和家庭服务等消费需求增长。"80后"将不仅拉动住房、交通通信和耐用消费品的消费增长,而且对教育培训、文化娱乐和家庭服务等也有巨大的需求潜力。同时,作为新兴消费群体,"80后"以及"90后"是"互联网+服务"、旅游休闲、体育健身等服务性消费的绝对消费主力。

四是新型消费逐渐成为消费增长的新热点。我国网民规模近10亿,网络视频、直播、外卖等的用户规模均达数亿,构成了全球最大、最具潜力的新型消费群体,以"互联网+消费"为主体的消费发展新动能将快速提升,促进消费扩量提质效应更趋显著。随着居民消费能力不断增强,游客对出游品质提出越来越高的要求,观光旅游逐渐被融入式、体验型旅游方式替代,同时,旅游与其他业态融合不断发展,"旅游+体育""旅游+文化"等多业态融合的创新旅游模式使得旅游产品更加丰富和多元,"互联网+旅游"突破旅游地域限制并推动旅游行业与更多行业融合,"旅游+"和"+旅游"消费将激活出游新动力。Z世代的年轻消费群体成长于我国互联网经济快速发展时期,线上娱乐时间远超线下娱乐,尤其是以音视频、社交、直播、游戏为核心的"宅娱乐"成为拉动娱乐消费的"C位","宅经济"将带动娱乐消费快速发展。随着5G商用步伐加快、大数据和人工智能等技术消费端应用加快发展,智能化消费场景的创新和拓展将成为发展重点和热点,其中,生活方式的智能化将突破智能家电、家居用品的范围,进一步延伸到对日常消费活动的管理,"智能+"社会服务将呈现快速发展态势,这意味着"智能+"消费场景和内容的创新和拓展将加速。

五是公共消费对居民消费的促进作用将更趋明显。公共消费是政府部门在医疗、教育、养老等社会性公共服务以及自身行政管理费用方面的支出,对居民消费有明显的"挤入效应"。近年来,我国公共消费占最终消费的比重稳中趋升,2019年达到30%,公共消费率(公共消费/GDP)达到16.6%,但仍低于世界平均水平约1个百分点、低于经合组织国家平均水平约2个百分点,公共消费仍有适当扩大的空间。未来一个时期,随着收入分配改革向纵深推进,政府部门、企业部门与住户部门的收入分配结构更趋合理,增加社会性公共服务类消费支出对居民消费的促进效应将更趋明显。为更好发挥公共消费对居民消费的"挤入效应",需要适当扩大公共消费规模，同时调整优化公共消费结构，尤其是逐步提高社会性公共服务类消费支出在公共消费中的比重。

2. 有效投资扩大的主要趋势

进入新发展阶段，人口老龄化加速进一步拉低储蓄率，工业化进入尾声促使投资强度下降，城镇化进入"速减质增"阶段带动市政基础设施建设等领域投资需求下行，安全发展需求扩大带动应急保障、战略物资储备、防洪减灾等领域投资增加，有效投资将出现一些趋势性变化。

一是进入低速常态化阶段，投资增速降低并对经济增长拉动作用下降。近年来，随着满足重大需求的基础设施逐步完善、房地产市场供需逆转，我国固定资产投资增速已经出现趋势性放缓态势，尤其是 2015 年以来已经从前期两位数的增长速度降至个位数。国际规律表明，在工业化和城镇化驱动下，投资率呈倒 U 形曲线变化趋势。典型的如日本、韩国、新加坡、中国香港等成功迈入高收入行列的经济体，在经济追赶阶段普遍保持了持续较高的投资率，但随着城镇化、工业化的逐步完成，其投资率逐步下降或在较低水平上维持基本不变（见表 1-2）。我国投资率在 2011 年达到峰值 47.0% 后降至 2020 年的 43.1%，呈现先升后降的倒 U 形曲线变化态势并进入了下行阶段（见图 1-4）。同期，投资对经济增长的贡献率在 2009 年达到峰值 85.3% 后，波动降至 2019 年的 28.9%。未来一个时期，随着我国人口老龄化加速、工业化进入后期质量提升阶段，城镇化进入速度下降而质量提升阶段，投资增速进入低速增长阶段，投资率还将持续下降但速度明显放缓，投资对经济增长的拉动作用进一步下降。

表 1-2　东亚主要经济体在经济追赶阶段的投资率

单位：%

	最高投资率及所在年份	最低投资率及所在年份	年均值
日本（1970~2015 年）	40.9（1970 年）	21.3（2010 年）	29.6
韩国（1961~2016 年）	41.4（1991 年）	12.7（1961 年）	30.4
新加坡（1961~2016 年）	47.0（1984 年）	11.5（1961 年）	31.9
中国香港（1962~2016 年）	36.2（1964 年）	16.4（1969 年）	26.0
中国（1961~2016 年）	47.0（2011 年）	15.3（1962 年）	36.1

资料来源：世界银行数据库。

二是进入消费引领化阶段，消费潮流和升级方向牵引投资动向。随着人均 GDP 超过 1 万美元，我国在 2025 年前后将进入高收入国家行列，并到 2035 年达到中等发达国家水平、人均 GDP 超过 2 万美元，服务性消费将成为居民消费需求的主要增长点。同时，随着新技术、新模式、新业态蓬勃发展，物质性消费服务化趋势明显，在物质性产品中融入大量增值服务，也成为传统消费向新型服务消费升级的突出特点。随着居民收入水平提升和城乡基本公共服务均等化加快实现，数字经济加快发展，城乡居民服务性消费需求潜力将快速释放。当前我国医疗健康、养老、旅游、文化等领域服务供给不足和质量不高，满足不了需求，供给体系不能有效适应消费结构升级，制约居民消费升级，尤其是服务性消费需求的有序扩大。为满足居民消费升级需求，解决供给不足、质量不高的问题，教育培训、文化体育、旅游休闲、健康养老、家政服务、托育托幼等符合消费潮流的民生领域投资需求将快速增加，形成年均数万亿元级的投资潜力。

三是进入结构高质化阶段，产业投资动能转变加快，基建投资补短板和锻长板提速，房地产投资见顶，降至低速增长。从国际规律看，随着经济发展水平提升，受工业化、城镇化驱动，投资结构出现向内涵型优化转变，服务业投资比重不断提升，而基础设施、制造业投资比重则相对下降。当人均 GDP 超过 1 万美元后，典型如美国的基建投资比重和制造业投资比重明显降低；日本的私人采矿和制造业投资比重也明显下降，公共基础设施投资比重明显提高；韩国的知识产权投资比重明显提高（见图1-5、图 1-6、图 1-7）。我国人均 GDP 已经超过 1 万美元，投资结构也进入向内涵型优化转变的高质化阶段。其一，产业投资动能转变加快。近年来随着满足基本需求的重大基础设施日臻完善、楼市供求关系逆转、家庭汽车刚需日渐饱和，一些传统的重化工业投资已经出现明显下降，而高技术制造业、高端服务业等投资增长动力十分强劲，产业投资增长动力正在发生转变，产业投资结构正加快向高端化、绿色化、智能化转变。其二，基建投资补短板和锻长板提速。近年来我国基础设施投资增速下降，但基础设施内部的结构性矛盾仍然十分突出，供给能力和质量难以满足多样化需求，发展不平衡和不充分问题依然存在，未来传统基础设施补短板投资仍将继续增加。同时，适应新一轮科技革命和产业变革趋势以及建设现代产业体系的需要，5G、人工智能、工业互联网、物联网、数据中心等新型基础设施加快发展，并通过信息技术、智能技术升级改造传统基础设施，对应急设施、防洪减灾、应对极端气候、战略物资储备等加强安全发展方面的补短板投资也将不断增加。**其三，房地产投资见顶，降至低速增长**。近年来，我国房地产开发投资增速出现断崖式下降，尤其是在坚持"房住不炒"的基本原则下，劳动年龄人口、就业人口、出生人口趋势性下降和城镇化率超过60%，由人口年龄结构决定的住房内生需求增长动力不足，城镇新增人口数量持续减少导致住房刚需下降，叠加房地产企业普遍债务率较高的约束，未来一个时期，房地产开发投资高增长趋势难以再现，甚至将出现明显下滑，投资空间缩小，进入房地产投资见顶，降至低速增长阶段。

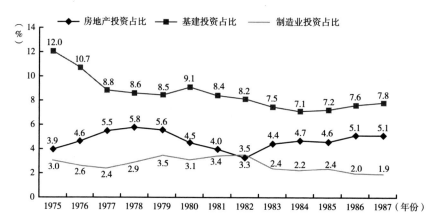

图1-5　人均GDP 1万~2万美元阶段美国固定资产投资结构变动趋势

资料来源：美国经济分析局。

四是进入空间协调化阶段，区域投资更趋协调、城乡投资更趋高效。我国幅员辽阔，各地区资源禀赋和区域经济发展条件差异较大，东西间、南北间发展不平衡不充分的特征十分突出。未来一个时期，区域重大战略和区域协调发展战略的深入实施，将促进各类要素在区域间合理流动和高效集聚，推进区域协调发展，带动中西部地区补短板投资需求加快扩大、东部地区锻长板投资需求持续增长。同时，我国城镇化已经进入速减质增的新阶段，但城市间、城乡间发展不平衡不充分问题仍然突出。未来一个

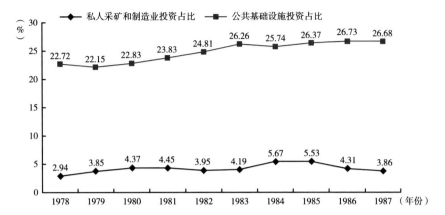

图 1-6 人均 GDP 1 万~2 万美元阶段日本固定资产投资结构变动趋势

资料来源：日本统计局。

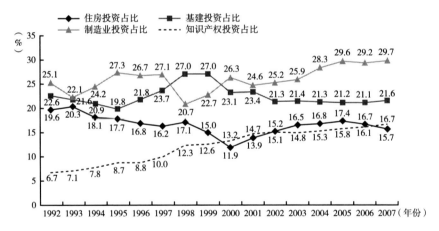

图 1-7 人均 GDP 1 万~2 万美元阶段韩国固定资产投资结构变动趋势

资料来源：韩国统计局。

时期，随着新型城镇化高质量发展和乡村振兴战略全面深入实施，城乡基本公共服务、城际轨道交通、城市更新改造、乡村产业和基础设施建设等领域投资将迎来新的增长空间。

　　五是进入绿色低碳化阶段，能源转型及去碳化投资呈现高增长。我国二氧化碳排放力争于 2030 年前达到峰值，在 2060 年前实现碳中和。我国能源消费结构以化石能源为主，2020 年化石能源消费总量占比达

84.2%，其中原煤消费占比高达 56.8%，能源消耗是二氧化碳排放的主要来源。根据《BP 世界能源统计年鉴》，2019 年我国由化石能源燃烧产生的二氧化碳排放量约为 98 亿吨，其中，煤炭消耗带来的二氧化碳排放量超过 75 亿吨，占化石能源燃烧产生的二氧化碳排放量的比重超 75%。2020 年我国二氧化碳排放量增至 98.9 亿吨，单位 GDP 二氧化碳排放量降至 1 吨/万元，但仍然是世界平均水平的 3 倍多，是欧盟的 6 倍多，碳减排潜力和空间很大。未来一个时期，是我国实现碳达峰碳中和目标的关键时期，能源体系绿色低碳转型投资，交通业、建筑业和工业的大规模去碳化投资需求将快速增加。

（二）重点领域内需扩大的潜力

1. 顺应消费升级趋势，居民消费增长潜力巨大

一是汽车消费增长空间大。目前我国汽车保有量约为 2.8 亿辆，按照全国 4.7 亿户计算，户均汽车拥有量约为 0.6 辆。从国际经验看，主要国家在人均 GDP 为 1 万~2 万美元阶段时，户均汽车拥有量为 0.8~1.5 辆，我国汽车消费水平与发达国家相似发展阶段仍有较大差距。今后一个时期，我国居民消费将由小康型消费向富裕型消费转变，从提高生活品质角度来看，实现户均 1 辆车是达到中等发达国家生活水平的一个重要体现。按照远期实现户均 1 辆车，近中期实现城镇户均 0.8 辆车、农村户均 0.6 辆车来估算汽车消费理论增长空间。考虑"十四五"时期总人口逐渐达峰、全面放开生育等政策影响，家庭户增长会放缓，到 2025 年我国家庭户数约为 4.72 亿户。如果按照农村与城镇家庭户数比为 35∶65 计算，到 2025 年私人汽车保有量理论上可达到约 3.5 亿辆，按照私人汽车保有量占汽车保有量约 87% 估算，汽车保有量达到约 4 亿辆。这意味着"十四五"时期新增汽车保有量约为 1.2 亿辆，年均新增汽车需求量约 2400 万辆；进一步考虑存量汽车的置换升级购买需求，按照置换率 10% 估算，到 2025 年汽车销量有望达到 3000 万辆左右，按车均 15 万元计算，汽车消费新增约 4.5 万亿元，叠加汽车后消费市场，总规模约为 7.2 万亿，到 2035 年汽车消费总规模预计约为 8.5 万亿元（见表 1-3）。

二是服务性消费增长迅速。从发达国家发展经验和我国发展实际看，服务性消费主要受经济发展阶段、城镇化水平、人口年龄结构、劳动者报酬占 GDP 比重等因素影响。①经济发展阶段。人均 GDP 超过 1000 美元后，居民对服务性消费的需求开始上升；人均 GDP 达到 3000~5000 美元时，服务性消费增速加快；人均 GDP 超过 1 万美元后，城乡居民服务性消费需求潜力将快速释放，服务性消费比重快速提高并超过商品消费。②城镇化水平。城镇化促进人口集聚从而有利于服务业发展和居民收入提高，有利于提升服务性消费需求。③人口年龄结构。不同年龄阶段消费群体的服务性消费需求重点不同，一般而言，65 岁及以上老年人口对品质养老、康养旅游、医疗保健、家庭服务等方面需求增长更快，50~60 岁人口消费实力最强、对健康养生和休闲娱乐等中高端服务性消费需求强烈，30 岁左右人口对健康、教育、育幼等服务性消费需求增长加快。④劳动者报酬占 GDP 比重。劳动者报酬是广大居民的主要收入来源，劳动者报酬占比提高意味着国民收入分配中居民收入提高，从而有利于居民消费升级、促进服务性消费发展。综上预测，到 2025 年我国居民服务性消费支出将达到 18.3 万亿元，占居民消费支出比重的 52%，到 2035 年将进一步增加到 25 万亿元（见表 1-3）。

三是居住消费增速放缓。居住消费是居民消费升级的重要内容，既包括与居住有关的商品消费，如家电、家具和装修等，也包括居住服务消费，如房租、水电气消费等。2019 年我国居住消费占居民人均消费支出比重达到 23.4%。从发达国家发展经验和我国发展实际看，居住消费主要受居民收入、城镇化水平、家庭结构和规模、人口年龄结构等因素影响。①居民收入。随着居民收入水平提高，居住消费需求的数量和质量均逐渐提升，居住消费将不断增长。②城镇化水平。随着人口从农村转移到城镇，创造出大量住房需求，2011~2019 年有近 1.4 亿人的住房需求被释放。③家庭结构和规模。2018 年抽样调查数据显示，我国平均每户家庭规模为 3 人，较 2000 年减少了 0.44 人。在总人口不断增长的前提下，家庭规模日趋小型化，提升了对成套住房增量需求，促进了住房消费增长。④人口年龄结构。一般而言，在适龄劳动力人口比重持续提高时，对住房需求更为强烈；反之，在人口老龄化加速阶段，住房消费增长将放缓。综上并采用回归模型预测，到 2025 年我国居住消费规模可达到 10.2 万亿元，到 2035 年将达到 15 万亿元（见表 1-3）。

表 1-3　重点领域消费规模预测

单位：万亿元

年份	汽车消费	服务性消费	居住消费	公共消费
2021	6.3	16.2	7.9	19.6
2022	6.6	16.7	8.4	21.8
2023	6.9	17.2	8.9	23.7
2024	7.0	17.6	9.6	25.9
2025	7.2	18.3	10.2	28.2
2035	8.5	25.0	15.0	40.0

资料来源：课题组测算。

四是公共消费稳定增长。公共消费由政府自身行政管理消费和社会性公共服务消费构成，扩大公共消费主要是扩大政府社会性公共服务消费，即增加政府直接进行购买并消耗的公共产品或服务的支出，进一步通过杠杆作用带动居民消费，形成公共消费与居民消费的良性互动。从发达国家发展经验和我国发展实际看，公共消费主要受经济发展水平、居民消费结构、财政收入规模等因素影响。①经济发展水平。经济发展水平越高，公共财政实力和居民消费需求越强，公共消费规模也越大。②居民消费结构。随着居民消费结构向发展型、品质型消费升级，对用于公共产品或服务支出等方面的公共消费的需求增长也加快。③财政收入规模。财政收入规模直接体现了公共消费的能力，财政收入增长越快，公共消费能力提升越快，增长速度也有可能越快。综上预测，到2025 年我国公共消费规模有望达到 28.2 万亿元，2035 年将进一步增加到 40 万亿元（见表 1-3）。

五是不同收入群体消费不平等状态趋于缓解。不同收入群体的消费能力、消费倾向等存在显著差异，由于收入不平等和消费倾向不同，我国不同人群的消费支出存在很大差距，但消费不平等状态略好于收入不平等，且近年来消费不平等呈现先上升后下降的趋势（见表 1-4）。课题组利用中国家庭金融调查（CHFS）微观数据，对不同收入分位数的家庭消费情况进行估算。一般而言，低收入群体收入增速相对较高、消费倾向较强，而高收入群体收入增速往往相对较低、消费倾向较弱。未来一个时期，随着脱贫攻坚成果更加巩固拓展、乡村振兴战略全面推进等，低收入群体收入或将更快提升，并将带来消费更快增长。综合来看，未来一个时期，中等偏下及低收入家庭消费年均增速或将达到8%、中等收入家庭消费支出年均增速达到6%、高收入家庭消费支出年均增速为4%，到2025年、2035年不同收入群体消费支出不平等程度将趋于缩小（见表1-5）。

表1-4　收入与消费不平等及其演变趋势

	指标	2002年	2007年	2013年	2018年	2002~2013年	2013~2018年
高收入组与低收入组	可支配收入比率	4.33	4.33	4.45	4.77	0.03	0.07
	消费支出比率	3.08	3.53	3.59	3.18	0.15	-0.12
中等收入组与低收入组	可支配收入比率	2.06	2.07	2.17	2.18	0.05	0.01
	消费支出比率	1.76	1.81	1.88	1.64	0.07	-0.14
高收入组与中等收入组	可支配收入比率	2.10	2.10	2.06	2.19	-0.02	0.06
	消费支出比率	1.75	1.95	1.90	1.93	0.08	0.02

资料来源：罗楚亮、颜迪（2020）根据中国家庭收入调查数据（CHIPS）整理。

表1-5　五等分收入分组家庭消费支出及消费不平等状况

	指标	2017年	2025年	2035年
低收入家庭	消费支出（元）	32094	59404	106384
	消费支出与高收入家庭消费支出的比率	0.28	0.38	0.46
中等偏下收入家庭	消费支出（元）	42680	78998	141473
	消费支出与高收入家庭消费支出的比率	0.37	0.51	0.61
中等收入家庭	消费支出（元）	52772	84110	150628
	消费支出与高收入家庭消费支出的比率	0.46	0.54	0.65
中等偏上收入家庭	消费支出（元）	67866	92880	166333
	消费支出与高收入家庭消费支出的比率	0.59	0.59	0.72
高收入家庭	消费支出（元）	114162	156238	231271

资料来源：课题组测算，2025年、2035年为预测值。

2. 顺应科技发展趋势，产业转型升级投资潜力巨大

一是工业改造升级投资持续扩大。技术改造投资对于优化工业结构、提升工业产品档次和促进工业向价值链中高端发展具有重要作用。从国际经验来看，发达国家在完成工业化前后，技改投资占工业投资比重平均达到50%～60%，其中美国则达到69%。近年来我国技改投资增长速度一直显著高于工业投资增速，占工业投资的比重上升到了2020年的47.1%。未来一个时期，随着我国新型工业化深入发展，深入实施创新驱动发展战略，技术改造投资仍将是未来一个时期优化工业投资结构的重点，占工业投资比重还将稳步上升。预计到2025年技改投资占工业投资的比重提高到55%左右，到2035年进一步提升到65%左右。

二是高技术产业投资是主要增长点。高技术产业是保障国家战略安全和竞争力的重要力量。从国际经验来看，美欧等发达国家普遍将高技术产业视为发展的命脉，努力构建和维持其竞争优势。近年来，我国高技术产业快速发展，高技术产业增加值占规模以上工业增加值比重持续提高，2020年升至15.1%，但与美国、日本、德国等制造业大国仍然有5个百分点以上的差距。为推动我国高技术产业加快发展，高技术产业投资占全社会固定资产投资比重不断提高，从2009年时的低点2.2%提高到了2019年的6.5%。未来一个时期，随着建设现代化产业体系，提升产业链供应链韧性和安全水平，高技术产业仍将是产业投资的重点，占全社会固定资产投资比重还将稳步上升。预计到2025年高技术产业投资占全社会固定资产投资比重将提高到11%左右，到2035年进一步提高到20%左右。

3. 顺应协调发展趋势，区域间、城乡间内需潜力更趋平衡

一是中西部地区内需加快成长。我国区域间经济社会发展不平衡不充分问题突出，特别是中西部地区滞后于东部地区，推进区域协调发展有助于推动形成强大的国内市场，挖掘内需潜力和空间。未来一个时期，随着区域重大战略和区域协调发展战略的深入实施，区域发展的协同性、联动性、整体性将加快提高，带动各地区尤其是中西部地区内需潜力释放和空间扩大。预计到2025年东部地区消费、投资空间占全国比重将分别降至44.6%、38.9%，而中西部地区将分别升至50.7%、52.3%，之后保持相对稳定。

二是城镇内需加快扩容。我国城乡发展差距大，推进城乡融合发展有助于激发内需潜力和扩大内需空间。未来一个时期，随着推进以人为核心的新型城镇化，农业转移人口市民化将带动教育、医疗等公共服务投资及消费升级需求增加，中心城市及都市圈建设将带动城际轨道投资加大，城市更新改造直接带动老旧小区、老旧厂区、老旧街区、城中村等改造投资增加及相关居住消费扩大。2021～2035 年将累计带动城镇居民消费需求增加约 30373 亿元、固定资产投资增加约 85 万亿元，其中"十四五"时期累计带动城镇居民消费需求增加约 7860 亿元、固定资产投资增加约 25 万亿元。

三是农村内需提质扩容。我国农村地区基础设施和公共服务整体滞后于城镇，发展不平衡不充分问题十分突出。未来一个时期，随着我国持续巩固拓展脱贫攻坚成果、推动实施乡村建设行动、加快发展农村社会事业、加强和改进乡村治理等，将会推进公共资源、治理资源向乡村配置，改善农村生产生活生态环境，带来农村消费和投资提质扩容。随着农村消费设施和消费环境改善将带来消费增长和品质提升，推进农村人居环境整治提升改造、因地制宜建设污水处理设施、健全农村生活垃圾收运处置体系等将带来基础设施投资需求增长，扩大农村公共服务覆盖面和提升农村公共服务水平等也将带来大量补短板投资需求。

4. 顺应经济社会发展需要，基础设施投资潜力巨大

一是传统基础设施投资需求还将持续扩大。基础设施仍然是现阶段我国经济社会发展的薄弱环节，传统基础设施领域仍有巨大的补短板空间和潜力。未来一个时期，随着全面推进能源革命、建设交通强国、加强水利安全等，还需要继续加强能源、交通、水利等传统重大基础设施建设。然而，受传统基础设施边际效应递减、地方政府债务约束加强等多重因素影响，主要由政府主导的传统基础设施投资增速将有较大幅度下降，预计将降至年均 3% 左右的较低水平。

二是新型基础设施投资需求快速增长。新型基础设施与新产业、新业态、新商业模式及新产品、新服务联系紧密，直接作用并服务于工业、农业、交通、能源等垂直行业应用，以市场化、企业化运作为主，投资主体、投资模式呈现更加多元化特征。未来一个时期，顺应新一轮科技革命和产业变革加快发展及现代产业体系加快建设，以 5G 基站投资、人工智能底层投资、工业互联网投资、物联网产业固定资产投资、数据中心拓展投资等为重点的新型基础设施建设需求将加快增加，形成规模巨大的投资需求。预计新型基础设施建设投资规模将从 2020 年的约 1.7 万亿元扩大到 2025 年的约 4.2 万亿元，到 2035 年进一步扩大到约 10 万亿元（见表1-6）。

表 1-6   2020~2025 年新型基础设施重点领域投资情况

单位：亿元

	2020 年	2021 年	2022 年	2023 年	2024 年	2025 年	合计
5G 基站投资规模	2500	5000	4400	3600	2100	1650	19650
人工智能底层投资规模	655	1156	2042	3337	5006	7510	19706
工业互联网投资规模	1243	1405	1587	1794	2027	2290	10346
物联网产业固定资产投资规模	2700	3101	3562	4091	4699	5398	23551
数据中心拓展投资规模	1958	2484	3200	4160	5366	6869	24037
云计算服务器投资规模	2268	2722	3266	3756	4319	4751	21082
固定宽带网络投资规模	2200	2398	2646	2916	3086	3230	16476
传统基础设施数字化智能化升级投资规模	3814	4852	5972	7183	8497	9918	40236
合计	17338	23118	27075	30837	35100	41616	175084

数据来源：徐宪平主编《新基建：数字时代的新结构性力量》，人民出版社，2020。

5. 顺应"双碳"发展趋势，绿色低碳投资潜力巨大

我国提出到 2030 年碳排放强度较 2005 年下降 65% 以上，二氧化碳排放力争于 2030 年前达到峰值，努力争取 2060 年前实现碳中和。当前，我国电力、交通、建筑和工业是我国碳排放的主要来源，需要加大这些领域绿色低碳投资，形成规模巨大的投资需求。未来一个时期，随着电力系统深度脱碳，光伏、风电、核能和绿色氢能等非化石能源的投资将比以往更快增长。随着推进车辆的电动化和电气化、加快城乡绿色基础设施建设、加快建设汽车充电基础设施等，将带来巨大投资需求。随着加大既有建筑节能改造力度，加强零碳建筑技术研发和推广应用等，将带动低碳甚至零碳建筑投资增长。随着加强工业技术的研发创新、开发

新的节能降碳工艺等，也将带来巨大的工业低碳改造投资需求。综合来看，未来 30 年，我国实现碳达峰碳中和所需绿色低碳投资的规模在 100 万亿元以上，到 2025 年约为 2.7 万亿元，到 2035 年约为 4.4 万亿元。

（三）内需对基本实现现代化的支撑力

1. 最终消费需求对经济增长形成更大支撑

以消费率为被解释变量，以人均 GDP 增长率、城镇化率、服务业增加值占 GDP 比重、就业人口占总人口比重、老龄人口占总人口比重、商品和服务出口占 GDP 比重为解释变量构建回归模型。采用模型对我国消费率的预测表明，未来一个时期我国消费率仍将延续稳步提高态势，但提升速度趋于放缓，到 2025 年，消费率有望达到 58%，其中居民消费率为 41.5%；到 2035 年，消费率有望达到 66.7%，较 2021 年提高 11 个百分点。到 2025 年、2035 年我国最终消费支出将分别达到 78.1 万亿元、137.1 万亿元，2021~2025 年年均增速为 6.9%、2026~2035 年年均增速降至 5.8%，对经济增长的拉动作用趋于减弱但贡献率上升（见表 1-7）。

表 1-7　"十四五"及到 2035 年我国消费变化预测

年份	最终消费（2020 年不变价，万亿元）	居民消费（2020 年不变价，万亿元）	消费率（%）	消费拉动的经济增长（个百分点）
2021	59.6	43.3	55.7	4.83
2022	63.6	46.2	56.0	4.73
2023	67.8	49.2	56.4	4.71
2024	72.3	52.5	56.8	4.65
2025	78.1	55.9	58.0	4.54
2030	107.7	78.0	64.4	3.92
2035	137.1	106.9	66.7	2.69

资料来源：课题组测算。

2. 投资需求增速放缓对经济增长的支撑力下降

以投资率为被解释变量，以劳动人口比重、工业增加值占 GDP 比重、常住人口城镇化率为解释变量构建回归模型，同时考虑模型本身及对相关解释变量预测的误差，对未来一个时期的模型估计值进行调整，调整后的估计值表明，我国投资率将从 2020 年的 43.1% 调整为 2025 年的 42.8%、2035 年的 37.6%，总体呈现"先稳后降"的趋势。到 2025 年、2035 年我国资本形成总额将分别达到 56.9 万亿元、73.9 万亿元，分别是 2020 年（43.8 万亿元）的约 1.3 倍、1.7 倍（见表 1-8）。这说明随着我国经济增长速度趋缓，资本形成总额增速也逐渐放缓，2021~2025 年年均增速为 5.4%、2026~2035 年年均增速降至 2.7%。

表 1-8　"十四五"及到 2035 年我国投资变化预测

年份	资本形成总额（调整后，2020 年不变价，万亿元）	投资率（调整后，%）	资本形成拉动的经济增长（个百分点）
2021	47.0	42.8	3.18
2022	49.4	42.9	2.24
2023	51.8	42.8	2.09
2024	54.4	42.9	2.14
2025	56.9	42.8	1.97
2030	68.8	41.7	1.34
2035	73.9	37.6	0.02

资料来源：课题组测算。

3. 内需可以对到 2035 年基本实现现代化形成有力支撑

中长期内世界经济仍然处于长周期回落阶段，国际环境更加不稳定、不确定，全球贸易将延续低速增长态势。同时，随着资源禀赋和比较优势变化，我国已经从以商品输出为主转向商品输出和资本输出并重的阶段，商品和服务进出口将更趋平衡、内部结构更趋优化。内需成为保障我国经济持续稳定增长的主要动力。综合来看，如果内需潜力得到充分释放，2021~2035 年内需对我国经济增长的拉动将达到年均 5.5 个百分点，其中 2021~2025 年为 7 个百分点、2026~2030 年为 5.7 个百分点、2031~2035 年为 3.8 个百分点，略高于采用生产函数法测算的同期潜在经济增长速度（见表 1-9）。这意味着内需可以有效保障潜在经济增长的实现，对到 2035 年基本实现现代化形成有力的需求支撑。

表 1-9　我国年均潜在经济增长速度及内需支撑的年均经济增长速度

年份	年均潜在经济增长速度（%）	内需支撑的年均经济增长速度（个百分点）
2021~2025	5.0~5.5	7.0
2026~2030	4.4~4.9	5.7
2031~2035	3.6~4.1	3.8
2021~2035	4.4~4.9	5.5

资料来源：课题组测算。

与此同时，新发展阶段我国扩大内需仍面临不少制约因素。一是我国科技创新能力还不能完全适应高质量发展要求，供给体系不能很好地适应消费升级需求变化，产品和服务的品种、质量难以满足居民多层次、多样化消费需求。二是居民收入占国民收入的比重仍然偏低，城乡间、区域间发展和收入分配差距较大，公共服务和社会保障发展不平衡不充分，消费潜力的释放仍然存在障碍。三是劳动、土地、环境等要素资源趋紧，财政金融领域风险隐患仍然较多，企业融资难、融资贵问题持续存在，地方政府投融资体制机制仍然存在障碍，制约有效投资潜力释放。四是大量农业转移人口尚未能享受城镇基本公共服务，部分城市群和都市圈协调发展机制不健全，中小城市和县城建设存在短板弱项，区域协调发展机制还不健全，重大基础设施网络建设和一体化程度还不高，城乡间、区域间协调互动的内需格局尚未形成。五是世界进入新的动荡变革期，经济全球化遭遇逆流，局部冲突和动荡频发，国家之间竞争日趋激烈，通过内外联动扩大内需面临更加复杂严峻的国际环境。

三　新发展阶段扩大内需的总体思路

为适应国际发展环境和国内发展条件的深刻变化，要立足新发展阶段，贯彻新发展理念，构建新发展格局，推动高质量发展，处理好供给与需求、投资与消费、内需与外需、政府与市场等几组关系，加快培育完整内需体系，畅通国内大循环，提升内需对经济发展的贡献，夯实现代化建设的需求基础。

（一）总体思路

以习近平新时代中国特色社会主义思想为指导，围绕更好满足人民日益增长的美好生活需要的根本目的，立足新发展阶段，完整、准确、全面贯彻新发展理念，加快构建以国内大循环为主体、国内国际双循环相互促进的新发展格局，协调推进供给侧结构性改革和需求侧改革，牢牢把握扩大内需这个战略基点，以推进高质量发展和构建现代化经济体系为依托，重点突破、系统解决制约内需扩大的关键矛盾和问题，加快培育完整内需体系，健全以扩大内需为导向的战略体系，完善内需尤其是消费需求长期稳定可持续增长的有效制度体系，形成以内需为主导、以消费为主体的比较稳定均衡的发展格局，持续增强发展内生动力，实现更高质量、更有效率、更加公平、更可持续、更为安全的发展，为基本实现现代化创造有力的需求支撑。

（二）需要处理的重大关系

供给与需求的关系。供给和需求是市场经济内在关系的两个基本方面，供给是因满足需求而存在，但也可创造新的需求，有效需求由现实的供给所决定，同时也可引领未来供给的发展。扩大国内需求，需要抓住供给不能满足需求的主要矛盾，提升供给体系对需求的匹配性、适应性，以高质量供给满足日益升级的国内市场需求。同时，也要不断调整优化需求结构，实现供给和需求更高水平的动态均衡。

投资与消费的关系。投资和消费是内需的主要组成部分。扩大国内需求，既要积极寻求投资与消费的结合点，通过扩大投资特别是消费性投资来扩大居民消费需求，通过增加科技、产业、民生、环保等薄弱环节投资来改善供给结构进而促进居民消费升级；也要增加新型工业化、信息化、城镇化和智能化发展带来的投资，进一步增强投资对优化供给结构的关键作用。同时，还要完善"能消费、愿消费"的有效制度体系，增加传统消费、培育新型消费，提升消费结构对投资结构的牵引作用，进一步巩固消费对经济增长的基础性作用。

内需与外需的关系。内需和外需是拉动经济增长的两个方面，内需是经济发展的基本立足点，外需在提升经济效率、转换增长动力、优化经济结构等方面也具有重要作用。坚持扩大内需战略基点，绝不是关起门来封闭运行，而是要通过提升自主开放水平、构建高水平自由贸易网络、防范化解重大风险，使国内市场和国际市场更好联通，在更高水平的对外开放中形成内需和外需的良性互动，使内外需求协同拉动经济高质量发展。同时，也要通过以优化出口结构、提升出口质量效益、扩大国内需求为导向的进口来更好地服务经济高质量发展，防止经济对外需的过度依赖。

政府与市场的关系。政府和市场是配置资源的两种方式。扩大国内需求，既要发挥市场在资源配置中的决定性作用，扩大居民消费、促进民间投资，更好地发挥其在扩大内需中的主导作用和积极作用。同时，也要发挥政府的作用，增加外溢性强、社会效益高的公共消费和政府投资，解决外部性、对冲重大风险冲击等问题，发挥其对居民消费、民间投资的稳定作用和引领撬动作用，并防止产生对居民消费、民间投资的"挤出效应"。

四　新发展阶段扩大内需的重大战略任务

把实施扩大内需战略同深化供给侧结构性改革、推动经济高质量发展有机结合起来，围绕深度工业化、新型城镇化、区域协调化、绿色低碳化、生活品质化、分配合理化，加快构建供需双向匹配、城乡有机协调、区域密切配合、发展导向目的相得益彰的内需体系，促进内需规模持续扩大、内需空间有效拓展和内需潜力充分释放。

（一）以深度工业化为途径促进内需有效扩大

工业化既是扩大内需的途径，也是扩大内需的结果。要发挥产业转型升级对投资的带动作用、对消费的引领作用和对就业的吸纳作用，以高质量供给、高水平收入支撑高品质消费，促进内需有效扩大。

促进产业转型升级。围绕建设制造强国，实施制造业竞争力提升和国产化替代工程，持续扩大对制造业重点行业、重点领域的有效投资，提升主要工业品和消费品的国产化能力和国际竞争力。聚焦"硬科技""新硬件"型技术创新，集聚优势资源，增加基础研发支出，推进创新攻关的"揭榜挂帅"体制机制，有序突破产业发展和技术创新的关键薄弱环节。

实施中间品供应安全保障行动，加快突破一批关键共性技术，加速创新突破与技术产业化，补齐关键材料和元器件、关键技术和工艺、关键软件的短板。瞄准新一代信息技术、高端装备、新材料、生物医药等重点领域，引导社会各类资源集聚，推动优势和战略性新兴产业发展。推进先进制造业与现代服务业深度融合，大力发展服务型制造，促进新一代人工智能、生命健康、文化创意等新兴产业发展。加强关键数字技术创新应用，推动数字产业化和产业数字化转型，培育壮大人工智能、大数据、区块链、云计算、网络安全等新兴数字产业。强化产业基础设施配套，完善多层次服务供给体系，提高现代服务业发展水平，强化对现代农业和先进制造业的全产业链支撑作用。加大对农业投资力度，推动农业提质增效，促进农村一二三产业融合发展。加强工业互联网平台、公共技术服务平台等建设。

大力发展新技术、新业态、新模式。充分利用新一轮科技革命和产业变革机遇，大力发展新技术、新业态、新模式，推动消费观念更新和消费行为形成，释放潜在需求。以技术衍生和产业融合为重点，大力开发新产品、新场景和新市场，推动加速数字技术在制造业、物流、金融、文体、养老等领域的应用，生物技术在精准医疗、健康养老等领域的应用，能源技术在清洁能源产业和新能源汽车等领域的应用，引领消费新潮流。

推动形成就业容量和收入效应大的产业结构。调整优化产业发展模式，利用"互联网+"等新技术创造新的就业创业岗位，形成以产业结构升级促进居民消费能力提升的动力。一是深入挖掘制造业的就业潜力，探索适应产业结构优化方向、就业弹性大的工业发展模式，大力发展劳动密集与技术密集兼备的产业，以及技术含量高的劳动密集型产业及高新技术产业中的劳动密集型环节。二是加快发展就业容量和收入效应大的生产性服务业。提高制造业加工度和生产迂回度，从"前向""后向""旁侧"多个方向带动生产性服务业发展。引导大型企业尤其是国有企业将非核心的生产性服务环节剥离为社会化专业服务。三是依托新业态、新模式不断衍生新的就业创业机会。开展数字经济新业态培育行动，实施灵活就业激励计划，降低灵活就业门槛。支持大学毕业生、退役军人、下岗职工等重点就业群体通过灵活就业、共享用工以及"互联网+"等方式就业创业。支持互联网企业、共享经济平台建立各类增值应用开发平台、共享用工平台、灵活就业保障平台。

前瞻布局支撑产业转型升级的新型基础设施。以技术和模式创新为驱动，推动以智能化、电气化、低碳化为导向的新型基础设施建设。加强信息基础设施建设，加快物联网、工业互联网、卫星互联网建设，加快5G网络规模化部署。加强融合型基础设施建设，推动5G、人工智能、大数据等技术与交通物流、能源、水利、公共服务等领域深度融合。适度超前布局建设重大科技基础设施，优化提升国家制造业创新中心、国家工程研究中心等产业创新基础设施。

（二）以新型城镇化为抓手促进内需潜力释放

新型城镇化是扩大内需的重要载体。要以新型城镇化为核心，以促进农业转移人口市民化、培育都市圈、推进以县城为载体的城镇化、推进城市设施建设和城市更新，催生有效投资和消费，在城乡协调发展中释放内需潜力。

以农业转移人口市民化释放内需潜力。深化户籍制度改革，推动超大、特大城市完善积分落户政策，放开放宽除个别超大城市外的城市落户限制，逐步试行并推广以经常居住地登记户口制度。建立健全财政转移支付、基础设施投资补助、保障性住房规模与吸纳农业转移人口落户数量挂钩机制，完善基本公共服务覆盖常住人口制度，保证落户人口享有与户籍居民同等的基本公共服务。依法保障进城落户农民农村土地承包权、宅基地使用权、集体收益分配权，健全"三权"市场化退出机制，增强落户人口在城镇生存发展和变革生活方式的能力。

以现代化都市圈培育打造内需新引擎。以轨道交通建设为重点推动干线铁路、城际铁路、市域（郊）铁路、城市轨道交通"四网融合"发展，完善城际公路联系，增强都市圈连接性、贯通性，构建"一小时通勤圈"。打造核心竞争力突出的专业化小镇，培育都市圈一体化发展的新载体。瞄准城市居民消费升级和生活方式变革，在更大范围内整合周边地区自然山水林草资源，增加旅游休闲、健康养生、运动体育、文化娱乐等空间设施供给，提升都市圈生态环境品质。

以县城补短板强弱项开拓内需空间。聚焦公共服务、环境卫生、市政公用、产业培育等领域，以县域为重点加大投资补短板力度。以提升县域经济和人口承载力为目标，加快推进县城、重点镇新型基础设施建设，完善公共服务体系，吸纳更多农业转移人口落户。

推进城市设施建设和城市更新。引导各类城市因地制宜、有序推进城市更新建设，推进保障性安居工程、城市公共设施、城市排水防涝设施建设，完成"最后一公里"水电气路邮建设，有条件的城镇老旧小区可加装电梯，配建停车设施，促进消费。

（三）以区域协调化为载体促进内需空间拓展

地区发展不平衡不充分是未来一个时期内需增长的重要来源。围绕实现基本公共服务均等化、基础设施通达程度比较均衡、人民基本生活保障水平大体相当的目标，加快完善区域协调协同发展新机制，在地区协调发展中拓展内需空间。

依托区域重大战略打造内需新增长极。深入推进京津冀协同发展、长江经济带发展、粤港澳大湾区建设、长三角区域一体化、黄河流域生态保护和高质量发展，加快启动一批对重大战略有重要支撑作用的基础设施项目，支持经济发展优势区域增强对高端要素承载力，培育壮大新增长极。充分发挥各地区比较优势，统筹推进西部大开发、东北全面振兴、中部地区崛起、东部率先发展，支持欠发达地区、革命老区、少数民族地区等与全国同步基本实现现代化，释放区域协调协同发展的内需潜力。

推动东部地区中心城市供需协同发展。发挥消费升级的强大动力，引领供给侧结构优化和技术进步，支持技术创新和商业模式创新，培育若干消费中心城市，打造中国制造、中国品牌、中国服务、中国文化名片，带动形成区域消费大市场，持续扩大健康消费、信息消费、体验消费、高端消费等新需求。研究制定与生活成本相匹配的地区差异化个税制度，减轻大城市居民个税负担，加强培育中等收入群体，释放东部沿海消费潜力。

释放中西部地区中心城市内需潜力。依托交通条件改善契机，增强中西部地区中心城市要素集聚和配置能力，积极融入"一带一路"，加快国际运输走廊和国际航空枢纽建设，优化航权开放、口岸开放布局，发挥通道对经济发展的带动作用，加快培育发展枢纽经济，增强对中西部内陆腹地的带动能力。以集聚人流、物流、资金流、信息流、技术流促进产业加快转型升级，推动中西部中心城市新能源汽车、新一代电子信息、生物医药等产业发展，释放内需巨大潜力。

发挥内需潜在增长地区和欠发达地区的市场潜力。发挥部分省域副中心城市、老工业基地城市、新兴工业城市的工业基础、交通区位和发展潜力，大力发展实体经济，激发内陆腹地市场潜力。加大对欠发达地区财政转移支付、对口支援、对口帮扶、对口协作等力度，努力提升基本公共服务水平，改善城乡居民消费预期。推进欠发达地区承接东中部地区产业转移，大力发展优势产业、适宜产业和劳动密集型产业，运用"互联网+"发展新的就业形态，多渠道增加居民就业，持续增加特殊类型地区居民收入，提高消费能力。

拓展区域协调协同发展中的内需空间。建立健全长效普惠性的扶持机制和精准有效的差别化支持机制，加快补齐欠发达地区基础设施、公共服务、生态环境、产业发展等短板。以承接产业转移示范区、跨省合作园区等为平台，支持发达地区与欠发达地区共建产业合作基地和资源深加工基地。打破行政性垄断，消除歧视性、隐蔽性的区域市场准入限制和区域市场壁垒，加快建立医疗卫生、劳动就业等基本公共服务流转衔接制度，促进劳动力、资金、创新资源在区域间自由流动。积极构建互利共赢的税收分享机制和征管协调机制，建立健全区际利益补偿和区域互助机制，在区域协调协同发展中激活有效投资和潜在消费需求。

（四）以绿色低碳化为导向促进内需持续扩大

实现"双碳"目标是扩大内需的重点领域。要围绕绿色低碳化，加大生态环境治理领域补短板投资，加强对工业的低碳化改造，大力促进绿色消费，从投资和消费两方面推动内需持续扩大。

加快补齐生态环境治理短板。开展重点区域和重点流域水环境综合治理，因地制宜加快城镇生活污水、生活垃圾、危险废物处理设施建设。进一步加大天然林资源保护、退耕还林还草、退牧还草、重点防护林体系建设、水土保持等重点生态工程投资力度，推进自然保护地体系建设和湿地保护修复。

推动制造业绿色低碳改造。在钢铁、有色、化工、建材、焦化等高耗能、高碳排放企业开展能源梯级综合利用、工业余压余热高效利用、原料燃料替代等低碳改造，大规模使用高能效、低排放甚至零碳技术，加快电气化升级。引导资源加工型产业补链、延链、强链，形成上下游配套、产业链互补、能源资源循环利用发展模式。全面推行绿色制造体系，加快重化工业绿色化改造，大力发展再制造产业，推动大数据、人工智能、5G等新兴技术与绿色低碳产业深度融合，打造创新驱动、绿色低碳型制造集群。

推动能源全面绿色转型。围绕提升电网安全性、清洁化、智能化水平，优化完善电力生产和输送通道布局，有序建设跨省跨区输电通道重点工程，加快对太阳能、风能、水能等清洁能源投资，构建满足风电、光伏发电等新能源大规模、高比例并网要求的新型电力系统。推动能源数字化和智能化发展，加快示范光储直柔、热电协同、新能源汽车与电网（V2G）能量互动等跨界融合创新能源基础设施项目，推进电网基础设施智能化改造和智能微电网建设。实施电气化行动，在重点工业园区、城乡供暖、交通等领域开展电能替代示范和新能源应用试点。

大力倡导绿色消费。建立统一的绿色产品标准、认证、标识体系，完善节能家电、高效照明产品、节水器具推广机制，大力推广节能环保低碳产品。倡导生态设计和绿色消费理念，引导消费者优先采购可循环、易回收、可再生的替代产品。加快城乡充电桩、加氢站建设，鼓励新能源汽车消费。推广绿色建材、装配式建筑和钢结构住宅。全面推行绿色产品政府采购制度。

（五）以生活品质化为目的促进内需持久增长

提高城乡居民生活品质是扩大内需的根本目的。要以居民消费优化升级同现代科技和生产方式相结合为抓手，加快多元化、高品质产品和服务供给，在顺应城乡居民消费升级和生活方式变革中为扩大内需提供持久动力。

提质发展传统消费。围绕居民生活品质提升，以增加种类、提高品质为重点，提升吃穿等基本消费品质。鼓励企业加快发展超高清视频、虚拟现实、可穿戴设备等新型信息化、智能化产品，引导城乡居民加大对智能家居、虚拟现实等电子产品的消费。完善智慧交通系统，加强配套设施建设，推动汽车由购买管理向使用管理转变，释放出行消费潜力。加快建立多主体供给、多渠道保障、租购并举的住房制度，支持居民合理自主需求，扩大保障性租赁住房供给，因地制宜发展共有产权住房，为低收入困难群体、新市民等提供多层次、可负担的保障性住房，建立公共服务同权的长租房政策，促进房地产消费健康发展。加大国产品牌培育力度，增加中高端消费品国内供应，满足中高端消费品需求。

积极发展服务消费。加强文化产业和文化市场体系建设，增加高品质文化产品供给，扩大文化旅游消费。建设居家社区机构相协调、医养康养相结合的养老服务体系，建设一批方便可及、价格可接受、质量有保障的托育服务机构，扩大养老育幼服务消费。深化医药卫生体制改革，鼓励社会力量提供多层次、多样化医疗服务，激发医疗健康服务消费潜力。完善普惠性学前教育和特殊教育、专门教育保障机制，完善职业教育和培训体系，规范发展民办教育，释放教育服务消费潜力。提升体育赛事活动质量，发展在线健身、线上赛事等新业态，促进群众体育消费。引导家政服务业专业化、规模化、网络化发展，鼓励发展家庭管家等高端家政服务。

加快培育新型消费。支持互联网平台企业依法向线下拓展，加快传统线下业态数字化改造，推动线上线下商品消费融合发展。培育壮大"互联网＋服务"新模式，有序发展在线教育、在线医疗健康服务、在线文娱、智慧旅游等。推动互联网和各类消费业态紧密融合，鼓励直播带货、反向定制、预约经济、无接触配送等新业态、新模式发展。鼓励共享出行、共享住宿、共享旅游等领域产品智能化升级和商业模式创新，大力发展共享经济。支持培育微商电商、网络直播等新模式，有序发展短视频平台，鼓励发展微创新、微应用、微产品、微电影等新业态。

促进供需有效衔接。以新亚欧大陆桥为载体，以沿线中心城市、产业园区、自由贸易试验区等为战略支点，加强跨境产业链、供应链合作，加强沿线交通基础设施的国家或区域统筹，打造陆海联动、东西互济的国际运输和贸易大通道，形成"一带一路"框架下的多元化国际运输与经贸合作走廊，畅通亚欧大陆经济循环。积极推进沿交通干线、沿大江大河、沿海沿边制造业产业大通道规划建设，依托沿线中心城市、产业园区等，打通东西向的产业转移、运输和贸易大通道，打造若干世界级制造业制造中心、创新中心，形成连线的若干世界级产业链集群。以新型基础设施建设为牵引，推进工业信息化、数字化、智能化进程，实现上下游要素链、企业链、产业链、供应链的无缝对接、协同联动的信息大通道。深入开展交通物流体系提速提质工程，打通城市群、都市圈内部交通物流体系，发展智慧物流等流通业新业态、新模式，以中心城市及国家级新区、高新区、经开区为战略支点，强化商贸和物流通道带动区域经济产业发展的能力。推动大型商业中心、精品商业街区等建设，加快培育发展体验型、休闲型特色商圈、特色购物小镇。充分发挥邮政系统、供销合作社系统现有农村网点布局优势，完善供应渠道，不断优化乡村商业网点布局。发挥海南自贸港、自贸区等重点开放平台作用，完善跨境电商等新业态的审慎监管和政策体系，引导境外购物、境外就医、留学等消费回流。

（六）以分配合理化为重点促进内需协调发展

合理的收入分配格局是扩大内需的根本途径。要坚持按劳分配为主体、多种分配方式并存，加快完善预分配、初次分配、再分配及第三次分配协调配套的制度安排，规范分配秩序，缩小居民收入差距，在促进共同富裕中扩大消费需求，实现投资与消费协调发展。

完善预分配制度。加大财政资金投入，引导社会力量参与，增加支持少儿营养供给、改善医疗卫生条件、提升父母养育能力、改善家庭和社区环境等的服务供给。通过制定完善标准、加大设施设备配备、加强师资培养培训等措施，提升学前教育、义务教育等基础类教育质量和均等程度。

完善初次分配制度。健全知识、技术、管理、数据等生产要素由市场评价贡献、按贡献决定报酬的机制，扩大人力资本投入，使更多普通劳动者通过自身努力进入中等收入群体。建立充分体现劳动要素各种具体形态实际贡献的分配制度体系，形成基本生活保障功能、产出贡献激励功能、特殊劳动补偿功能相结合的薪酬制度。进一步推广工资集体协商、劳动关系三方协商等制度，健全工资决定、正常增长和支付保障机制，提高劳动报酬在初次分配中的比重。健全并落实好自主创业、灵活就业、新就业形态的就业人员的相关保障制度，确保就业人员平等享有各类权益。完善股票发行、退市、信息披露和上市公司分红制度，扩大债券市场规模，丰富债券市场品种，拓宽发展基金等集合投资工具，拓宽居民投资渠道，提高居民的财产性收入。稳步推进农村集体建设用地入市等重大改革，建立兼顾国家、集体、农村的土地增值收益分配机制，提高农民的收益分配比例。稳慎推进宅基地使用权的流转、抵押、自愿有偿退出、有偿使用等，增加农户的财产性收入。

完善再分配及第三次分配制度。完善个人所得税综合征收制度，根据居民收入、家庭必需开支等，按照扩大级差、降低最高边际税率的方向进行调整，以减轻劳动者特别是高技能、高素质劳动者的税收负担。研究开征资本利得税、遗产与赠与税，加大对高收入群体的税收调节力度。完善社会保障制度，推进基本养老保险由制度全覆盖到法定人群全覆盖，完善基本医疗保险制度，健全灵活就业人员的社会保障制度。加大对农村教育资源投入力度，促进城乡教育资源均等化，防止贫困在代际传递。推进工伤、生育保险扩面参保，为农民工、灵活就业人员、临时就业人员、新就业形态就业人员等提供参保渠道、服务和保障。制定实施对符合一定条件的捐赠给予所得税前扣除的优惠政策，引导支持各类群体和企业参与慈善事业、民间捐赠、志愿行动等，发挥社会力量、公众主动调节收入分配的作用。

规范收入分配秩序。在保障个人信息和财产安全的前提下，建立完善个人收入和财产信息系统，加强对高收入人群的收入监管。加强对资本无序扩张的监管，防止以行政垄断和市场垄断妨碍公平竞争秩序的行为获得收益。深入推行国有企业薪酬制度改革。

五　新发展阶段扩大内需的有效制度

充分发挥市场在资源配置中的决定性作用，更好发挥政府的作用，加快建立起扩大内需的有效制度，促进消费持续稳定增长、投资内生增长、供需协调发展、内外需协调发展，为使建设超大规模的国内市场成为一个可持续的历史过程提供制度保障。

（一）消费持续稳定增长机制

以增强消费能力、改善消费预期和优化消费环境为重点，加快完善收入分配制度，重点建立居民收入和中等收入群体持续稳定增长机制，进而促进消费持续稳定增长。

健全扩大中等收入群体的相关制度。通过加快完善体现效率、促进公平的收入分配体系，同时针对中等收入群体的焦虑，减轻负担、稳定预期，增强中等收入群体自我认同感。将新型农民和城市新落户农民工作为扩大中等收入群体的新来源，加快消除制约新型职业农民、农民工、技能人才、专业技术人员等重点群体增收的体制机制障碍，拓宽更多家庭通过自身努力进入中等收入群体行列的渠道，发挥好支撑内需持续扩大的中坚力量。畅通纵向流动机制，推动更多人通过自身努力实现社会阶层跃升。

破除制约大宗消费和高端消费的制度障碍。破除住房消费的体制机制障碍，在房价上涨预期持续较高的城市扩大房地产税试点，鼓励住房金融创新，完善住房公积金制度，支持增加新市民群体和中低收入群体的住房消费。灵活采用实物补贴和货币补贴相结合的保障方式，完善对中低收入群体的住房保障体系。加快健全以消费税为主体的税收调节机制，适度降低大众消费品消费税税率，合理调整高档手表、珠宝首饰等奢侈消费品消费税税率，适时放开对高尔夫、电子竞技等产品和服务的消费限制，引导高端消费规范发展。精简游艇登记注册环节、扩大游艇航区范围。在严格执行境外视听节目内容审批政策规定的前提下，探索对不同类别视听节目采用差异化管理，释放文娱消费潜力。

创建安心消费、放心消费、舒心消费的制度环境。以建立集体诉讼制度、强化消费者权益保护为重点，加快建立安心、放心、舒心的消费环境。建立假冒伪劣产品惩罚性巨额赔偿制度，健全缺陷产品召回、产品质量担保等制度。建立更好保障消费者权益的新型消费者保护组织和维权机制，融通各类消费与信用大数据平台，重点维护服务市场秩序。建立健全适应消费新业态、新模式发展特点的新型监管机制，加强对新型消费的监管。建立健全以信用为基础的新型监管机制，完善失信惩戒机制和信用修复机制。

（二）投资内生增长机制

围绕发挥投资在优化供给中的关键作用，以提高投资效率和质量为重点，加快创新投资机制和融资方式，促进投资内生增长。

深化投资体制改革。优化政府投资安排方式，根据不同类型项目，分别采取直接投资、资本金注入、投资补助、贷款贴息等支持方式，充分发挥政府资金的引导作用和放大效应。深化投资审批制度改革，推行先建后验的管理模式，规范有序推广企业投资项目承诺制、区域评估等投资审批方式，确立企业投资主体地位。取消民间资本进入养老等服务市场准入前许可，实现税收、用地、收费和购买服务一视同仁。

创新政府项目融资机制。支持政策性银行发行支持重大项目建设的专项建设债，引导政策性银行为基础设施投资提供更多长期低息贷款，探索建立机关团体存款投资基础设施基金的机制，多渠道拓宽基础设施投资资金来源。支持地方政府依法依规发行政府债券和项目收益债等，支持重点领域投资项目通过债券市场筹措资金。支持有真实经济活动支撑的资产证券化，鼓励设立政府引导、市场化运作的产业投资基金，支持政策性、开发性金融机构发行专项金融债券用于支持重点项目建设。规范推广政府与社会资本合作（PPP）模式，创新运营模式，建立健全合理投资回报机制。多渠道盘活存量资产，探索推进基础设施领域不动产投资信托基金（REITs）试点。在依法合规、风险可控的前提下，鼓励全国社会保障基金、保险资金、金融机构资管产品等参与基础设施建设。探索重大项目境外融资渠道。

创新企业融资方式。引导金融机构创新产品和服务，加大对高技术制造业、战略性新兴产业和民营企业的信贷投放。大力发展民营中小银行，放宽利率浮动幅度，增强金融机构从事小微企业借贷的积极性。大力发展供应链金融，积极开展知识产权质押、应收账款质押、动产质押、订单质押、仓单质押等抵质押贷款，扩大小微企业抵质押物范围。

完善绿色低碳融资体系。构建绿色信贷、绿色债券、绿色基金、绿色保险、绿色租赁、绿色资产证券化及碳债券、碳基金、碳资产抵质押、碳回购、碳租赁、碳托管等融资体系，支持金融机构创新绿色金融工具。成立支持传统高耗能行业脱碳、工业绿色发展和数字化转型的国家低碳转型基金。支持银行发展能效信贷、环境权益抵质押信贷和绿色信贷资产证券化，开发支持能源和高碳行业绿色低碳转型的金融产品和服务，建立包含银行资产碳足迹的绿色银行考核评估机制。

创造良好的投资环境。逐步扩大土地指标跨省交易范围，通过土地入股、土地信托以及购买等市场化方式加快存量土地再利用，加快农村集体经营性建设用地直接入市，加强对投资的土地要素保障。强化对新技术、新模式、新业态的包容审慎监管，建立轻微失信免责、部分行为"首错免罚"、弹性容缺登记备案等机制。拓宽市场准入范围，严格落实负面清单制度，在能源、养老、医疗、金融等关键领域打破行业壁垒。继续改善政务环境、法治环境和服务环境，调整管理职能与服务职能的关系，不断提高服务意识。不断简化行政许可办理流程，推广"一站式办理""一枚印章管全部"等模式。加强民营经济人才市场、资本市场、法律服务、信用评价以及动态监管等公共服务体系建设。

（三）供需协调发展机制

围绕建设超大规模的国内市场，加强供给侧结构性改革和需求侧改革，促进有效投资与消费升级良性互动，实现供需在更高水平上动态均衡，畅通国内经济循环。

加大对供需共同受益领域的投资。通过加大促进城乡居民消费的城市更新、老旧小区改造、公租房建设、养老托幼等领域的投资，提高县城服务能力，推动更多资金投向供需共同受益的领域。顺应智能化、绿色化和品质化的消费升级趋势，激发新消费需求、拓展新投资空间，加快构建供需衔接、投资与消费相互促进的生态体系。以数字经济、智能经济和绿色经济发展为重点，进一步加大5G、数据中心、工业互联网、物联网等建设力度，支撑新兴消费潜力充分释放。以包容审慎监管为基本原则鼓励发展消费新业态、新模式，为新技术、新产业提供更多应用场景和市场空间，推动形成新供给引领新消费、新消费牵引新投资的供需高质量协调发展格局。

促进供需有效衔接。强化科技自立自强，通过技术创新提高产品和服务质量，适应、创造、引领居民新需求。加快关键核心技术攻关和产业化应用，强化优秀传统文化在产品和服务中的嵌入和应用，为城乡居民提供技术领先、品位高雅、功能齐全、低碳绿色的消费品。优化消费品供给品质，推动增品种、提品质、创品牌，持续扩大优质消费品、时尚消费品、中高端产品供给。加快传统消费品迭代创新，推广个性化定制、柔性化生产，推动基于材料选配、工艺美学、用户体验的产品质量变革。扩大优质消费品进口，探索建设中国特色免税体系，引导消费回流并扶持国货精品。简化出口产品进入国内市场的准入限制、冗余监管和审批程序，促进出口产品转内销。打造国产品牌矩阵，提升产品形象和供给质量。推动教育培训、医疗健康、养老托育、文旅体育和家政等服务标准修订与试点示范。

（四）内外需协调发展机制

围绕构建新发展格局，以内外需协调发展机制为牵引，协同推进强大国内市场和贸易强国建设，充分利用国内国际两个市场、两种资源，实现对外贸易和国际收支基本平衡。

以进出口平衡为重点促进内外需协调发展。加快培育技术、品牌、质量、服务等新优势，完善对外贸易促进和服务体系，继续提升一般贸易比重，延长加工贸易产业链，大力发展跨境电商、数字贸易等新型贸易业态，实现贸易转型升级。深度开拓"一带一路"市场，加快签署双边自贸协定，高标准共建自贸区，鼓励企业建立海外仓和分销网络，稳定在全球的出口份额。用好中国国际进口博览会，扩大优质消费品、先进技术、能源资源等进口，推动进出口协调发展和内外需良性循环。深化汇率市场化改革，保持人民币汇率在合理均衡水平上的基本稳定，发挥汇率调节促进贸易平衡的作用。

以高质量"引进来"和大踏步"走出去"为重点促进内外需在更高水平、更大范围协调发展。围绕构筑互利共赢的产业链、供应链，高水平利用外资和大踏步对外投资，扩大双向投资，促进内需和外需在更高水平、更大范围实现动态协调平衡。以补足产业链缺失环节和强化薄弱环节为重点，加大投资开放力度，进一步优化外商投资环境，持续推进投资自由化、便利化，确保外资企业投诉机制生效，持续削减外商投资准入负面清单，进一步放宽制造业等领域的限制，积极稳妥扩大金融、教育、文化、医疗等服务业领域开放。健全境外投资政策和服务体系，推动企业"走出去"参与建立全球生产网络，在创新治理、数字经济、贸易措施和标准制定方面加强与国际通行规则对接，巩固我国东亚生产网络中心地位，推动形成由我主导的全球价值链框架，实现国内国际产业链、供应链畅通。

（执笔：易信 等）

主要参考文献

1. 陈昌盛、许伟、兰宗敏、李承健：《我国消费倾向的基本特征、发展态势与提升策略》，《管理世界》2021 年第 8 期。

2. 丛书编写组：《坚定实施扩大内需战略》，中国市场出版社、中国计划出版社，2020。

3. 郭春丽：《扩大内需的长效机制研究》，经济科学出版社，2012。

4. 樊纲、郑宇劼、曹钟雄：《双循环 构建"十四五"新发展格局》，中信出版集团，2021。

5. 黄群慧：《论构建新发展格局的有效投资》，《中共中央党校（国家行政学院）学报》2021 年第 3 期。

6. 刘立峰：《未来的投资趋势与特征》，《宏观经济管理》2019 年第 10 期。

7. 罗楚亮、颜迪：《消费结构与城镇居民消费不平等：2002—2018 年》，《消费经济》2020 年第 6 期。

8. 马晓河：《挖掘内需潜力畅通双循环机制》，《前线》2021 年第 3 期。

9. 王一鸣：《加强需求侧管理的现实逻辑与重点任务》，《开放导报》2021 年第 2 期。

10. 王昌林：《新发展格局》，中信出版集团，2021。

11. 徐宪平主编《新基建：数字时代的新结构性力量》，人民出版社，2020。

分　论　篇

第二章

我国中长期消费的总体趋势、空间及制约因素

内容提要： 我国迈入高收入国家门槛、技术进步加快、人口抚养比提升和制度环境持续改善将有利于消费较快增长，而全球化趋势放缓将从供给侧和需求侧对消费增长产生不利影响。在此基础上，分别从消费发展的影响因素和汽车、住房、服务等重点领域消费变化两个角度预测我国中长期消费增长态势。综合来看，我国消费仍将维持平稳较快增长态势，到 2025 年最终消费总量将达到约 78 万亿元，消费率将达到 58% 左右。需要以增强消费对经济发展的基础性作用为目标，按照实现消费高质量发展的总体要求，以富乡强县战略为突破口，促进县乡消费均衡发展；以消费者优先战略为抓手，提高供需匹配效率；以实施可持续消费发展战略为重点，实现消费与经济社会可持续发展良性循环。

一　我国消费发展的总体趋势与基本特征

"十四五"时期是我国迈向现代化新征程的第一个五年，我国要构建以国内大循环为主体、国内国际双循环相互促进的新发展格局，关键在消费。预计"十四五"及未来一个时期，我国消费潜力将会不断释放，成为全球最大的消费品市场。

（一）我国消费发展的主要影响因素

消费受多种因素和条件影响，会随着经济发展阶段转变而发生规律性变化，也会随着经济全球化、技术进步、人口年龄结构变化以及制度环境改善而变动（见图2-1）。

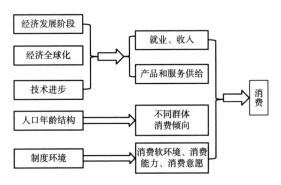

图2-1　各因素影响消费增长的传导机制

资料来源：课题组绘制。

经济发展阶段转变有利于消费增长。经济发展阶段的转变往往伴随着城镇化率的提升、居民收入水平的提高以及产品和服务供给水平的提升，由此影响消费增长。从发达国家经验看，当人均GDP超过1万美元时，一国将进入消费快速升级期和消费支出快速增长的高峰期。"十四五"时期我国将稳步迈入高收入国家门槛，居民收入有望保持与GDP同步增长态势，以人为核心的城镇化水平和质量将进一步提升，这都将有力支撑消费总量扩大和质量提升。

经济全球化趋势放缓或不利于消费增长。经济全球化能够同时通过供给侧和需求侧影响一国居民的消费。从供给侧看，经济全球化深入发展能够通过丰富产品供给、提升产品质量和推动价格下降等对消费产生积极影响。从需求侧看，经济全球化主要通过影响一国居民的就业和收入对消费产生影响。根据斯托尔帕-萨缪尔森定理（简称"S-S定理"），国际贸易能够使国内充裕生产要素所有者的收益上升、相对稀缺生产要素所有者的收益下降。"十四五"及未来一个时期，经济全球化放缓的趋势将更为明显，一方面，这将对劳动密集型出口行业发展产生不利影响，或对居民就业和收入产生负面影响；另一方面，国内中高端产品和服务有效供给不能满足居民需求的矛盾短期内仍将比较突出，制约居民消费增长。从这两方面看，经济全球化趋势放缓不利于我国居民消费增长。

技术进步有利于消费增长。技术进步通过影响消费品的供给和居民的收入对消费产生影响。近年来技术进步催生了消费新模式、新业态，极大地提高了产品和服务消费的便利性。当前我国第三产业成为吸纳就业的主渠道，就业占比已经达到48%，消费新模式、新业态的发展创造了更多新兴就业岗位，对提高劳动者报酬占比和优化收入分配格局产生积极作用，有助于促进居民消费增长。"十四五"及未来一个时期，我国技术进步将创造出更多消费新模式和新业态，产业发展的就业创造效应将更突出，未来技术进步将会为促进居民消费升级和消费增长提供良好的条件。

人口年龄结构变化有利于推动消费增长。根据生命周期假说，人口年龄结构变化影响当前消费群体的消费水平。当一国人口结构中青少年和老年人口所占比重扩大时，居民整体消费倾向会提高，消费水平也会相应提高；反之，当人口结构中中年人口所占比重较大时，居民整体消费倾向会下降，消费增速相对慢于收入增速。也就是说，人口抚养比与消费增长呈正比。当前，我国人口抚养比已经改变过去30多年持续下降的趋势转而上升，预计"十四五"及未来一个时期，我国人口抚养比将继续上升，这有助于居民整体消费倾向保持稳中有升，进而推动消费持续较快增长。

制度环境改善有利于消费增长。"十三五"时期以来，从顶层设计到各领域细化落实方案，各层次、各领域消费政策纷纷落地，为促进消费加快发展创造了良好的制度和政策环境。相关制度改革和政策调整将持续在中长期发挥作用，有助于提高居民消费能力和消费意愿，推动居民消费增长。另外，消费税改革在逐步推进，消费税征收环节的后移和下划地方将有利于推动地方进一步为消费增长创造良好条件。"十四五"及未来一个时期，促进消费增长的制度环境还将进一步改善，为消费增长创造更加有力的政策空间。

（二）发达经济体相似阶段消费发展的一般趋势

发达国家在人均 GDP 达到 1 万美元及以上时，消费领域发生了一些重要变化，并形成了一些共性的发展规律。这些发展规律对分析判断我国"十四五"及未来一个时期消费发展趋势具有一定的借鉴意义。

一是消费率在人均 GDP 达到 1 万美元时提升速度放缓。从美、英、德、日、韩等发达国家消费率变化趋势看，消费率随人均 GDP 增长呈现 U 形变化趋势，在人均 GDP 达到 6000 美元时进入 U 形曲线上升阶段，随着人均 GDP 达到 1 万美元平均消费率增长呈现放缓趋势，达到 2 万美元时平均消费率略有下降。如美国在人均 GDP 为 5000～10000 美元时，平均消费率为 77.76%；10001～20000 美元时，平均消费率为 77.55%，且个别年份出现反复，如 1979 年人均 GDP 为 11000 美元左右时，消费率下降了 0.5 个百分点。英国在人均 GDP 达到 10001～20000 美元时的平均消费率虽然略高于人均 GDP 为 5000～1 万美元时的平均水平，但增速明显放缓，且波动幅度相对较大。德国在人均 GDP 达到 1 万美元时平均消费率达到最高，为 80%，此后开始下降，到人均 GDP 为 22000 美元时，消费率降至 75%。日本和韩国等亚洲国家的消费率普遍低于欧美国家。日本在人均 GDP 低于 1 万美元时，平均消费率提高较快；在人均 GDP 为 10000～20000 美元时，平均消费率稳定在 67% 左右。韩国在人均 GDP 达到 13165 美元时，平均消费率处于相对较高水平 67%，此后则呈现波动下降的趋势。近年来我国消费率提高速度有所放缓，这与发达国家变化规律一致。"十四五"及未来一个时期，随着我国人均 GDP 超过 1 万美元，消费率会进一步提升但增速也会持续放缓。

二是居民消费结构按照"衣食—住行—康乐"的路径升级，且服务性消费在人均 GDP 达到 1 万美元后开始占主导地位。从发达国家发展经验看，随着人均 GDP 提高，与衣食相关的食品、服装等非耐用消费品支出占居民消费比重会逐渐下降，而与住行相关的中高端家电、汽车等耐用消费品支出占比会逐渐上升。当人均 GDP 进一步提高时，耐用消费品支出占居民消费比重提高有限，服务性消费所占比重上升空间较大，在人均 GDP 达到 1 万美元后，服务性消费占比开始居主导地位。如美国在人均 GDP 为 1000~3000 美元时，与衣食等相关的非耐用消费品支出占居民消费比重开始下降，而与住行相关的耐用消费品支出和服务性消费占居民消费的比重开始上升。这一时期，美国居民恩格尔系数从 34.3% 下降至 25.5%。人均 GDP 达到 5000 美元后，居民恩格尔系数下降至 23% 及以下，服务性消费占比开始超过 50%；人均 GDP 超过 1 万美元后，恩格尔系数下降至 21% 以下，服务性消费占比超过 53%，服务性消费的主导地位不断巩固和加强。英国在人均 GDP 为 10000~20000 美元时，服务性消费占比一直保持在 52% 以上。韩国和日本也呈现类似的发展趋势，如韩国在人均 GDP 达到 1 万美元时，服务性消费占比达到 52.7%，此后一直保持增长的趋势。因此，参考发达国家服务性消费占居民消费比重情况，"十四五"及未来一个时期，我国居民服务性消费占比还有较大提升空间。

三是发达国家居民消费倾向普遍相对较高。目前关于居民平均消费倾向的研究主要有家庭调查口径和宏观核算口径。两种口径下，发达国家居民平均消费倾向均相对较高。从家庭调查口径看，2000~2019 年，日本和韩国居民平均消费倾向分别为 77.6% 和 75.6%，分别较我国高 4.6 个和 2.6 个百分点（见图 2-2）。从宏观核算口径看，美国、日本和法国在与我国相似发展阶段时，居民平均消费倾向分别为 86%、78.9% 和 85.5%，比我国至少高 15 个百分点（见图 2-3）。近几年我国家庭调查口径的居民平均消费倾向有下降趋势，但下降速度在减缓；而宏观核算口径的居民平均消费倾向则呈现小幅上升趋势。预计"十四五"及未来一个时期，我国家庭调查口径的居民平均消费倾向下降速度将会进一步放缓，且有可能止跌回升；宏观核算口径的居民平均消费倾向则将有可能呈持续上升趋势。

（三）我国消费增长态势和总量预测

预测"十四五"时期我国消费增长态势可以从影响因素和重点领域消费变化两个角度来考虑，并相应地采取两种预测分析方法：其一，影响因素分析法。即在分析影响我国消费增长及消费率主要因素的基础上，通

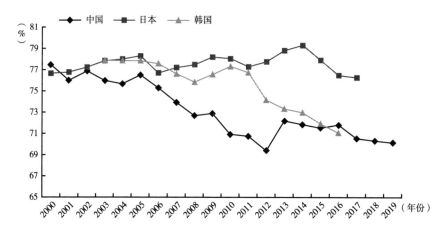

图 2-2　2000~2019 年家庭调查口径居民平均消费倾向

资料来源：根据 OECD 国家数据库、Wind 数据库相关数据整理得到。

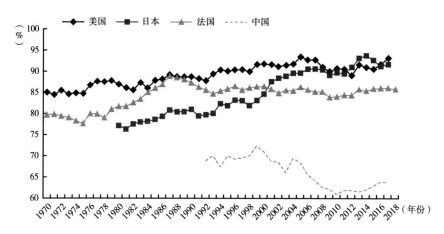

图 2-3　1970~2018 年宏观核算口径的居民平均消费倾向

资料来源：根据 OECD 国家数据库、Wind 数据库相关数据整理得到。

过分析主要影响因素的变化趋势，定量分析消费需求的变化趋势。其中一些影响因素如人均 GDP 增长率的变化会涉及对经济增速的判断。其二，板块式分析预测法。按照先预测重点领域消费再综合判断整体消费变化趋势的思路来预测。在预测分析重点领域消费变化时剔除经济增长的影响，更纯粹地考察导致变化的更一般、更细致的因素，以反映消费增长的自发规律性。

基于前文对消费影响因素的分析，进一步进行定量分析。利用世界银行发展指标数据库，选取 1960~2019 年 123 个国家人均 GDP 为 5000~25000 美元的截面数据进行分析。参考国内外相关研究，确定人均 GDP增长率、城镇化率、服务业增加值占 GDP 比重、劳动年龄人口占总人口比重、老龄人口占总人口比重、商品和服务出口占 GDP 比重等 6 个因素作为解释变量，考察其对被解释变量消费率的影响程度（见表 2-1）。

模型回归结果显示，一是城镇化率与消费率之间呈 U 形关系，即随着城镇化率提高，消费率呈现先降后升的变化趋势；二是人均 GDP 增长率、商品和服务出口占 GDP 比重、劳动年龄人口占总人口比重等与消费率呈负相关；三是服务业增加值占 GDP 比重与消费率显著正相关，即服务业增加值占 GDP 比重提高，消费率将会上升。

表 2-1　消费率影响因素模型回归结果

解释变量	模型回归结果
城镇化率	-0.726 *** (0.000)
城镇化率^2	0.004 *** (0.001)
商品和服务出口占 GDP 比重	-0.133 *** (0.000)
服务业增加值占 GDP 比重	0.503 *** (0.000)
劳动年龄人口占总人口比重	-0.372 *** (0.000)
老龄人口占总人口比重	0.491 *** (0.000)
人均 GDP 增长率	-0.200 (0.000)
常数项	100.360 *** (0.000)
观测数	978
R^2	0.46

注：圆括号内为 p 值，***、**、* 分别表示 1%、5%、10%显著性水平。

"十四五"时期，影响我国居民消费的几个因素变化趋势如下。

——**人均 GDP 增长率预测**。依据已有研究成果，课题组对"十四五"时期我国潜在经济增速进行了预测。潜在经济增速变化受供给因素、外需因素和资源约束等因素综合作用影响。在当前阶段，经济增速受技术进步等因素影响较大。在全要素生产率保持当前增速的情况下，预计

"十四五"时期 GDP 增速平均为 5.5%。人口增长采用联合国发布的有关预测数据，预计"十四五"时期我国人口平均增长率为 0.28%。在此基础上，推算出"十四五"时期我国人均 GDP 增长率平均为 5.22%。

——服务业增加值占 GDP 比重预测。根据动态 CGE 模拟结果显示，"十四五"时期，我国服务业增加值占 GDP 比重将呈现略微下降的趋势，预计"十四五"时期，我国服务业增加值占 GDP 比重平均为55.93%。

——商品和服务出口占 GDP 比重预测。2020 年，我国商品和服务业出口占 GDP 的比重大约为 18.5%。根据近些年我国商品和服务出口占GDP 比重的发展趋势，同时考虑到未来国际竞争加剧和国际分工体系可能变化会对我国出口造成一定压力，预计"十四五"时期我国商品和服务出口占 GDP 比重将继续下降，平均约为 17.62%。

——老龄人口占总人口比重预测。随着生育率持续下降，我国人口增长速度不断放缓，老龄化加速发展和劳动年龄人口增速放缓将使人口结构发生转折性变化。第七次全国人口普查数据显示，2020 年我国老龄人口占总人口的比重为 18.7%，预计"十四五"时期，我国老龄人口占总人口的比重平均为 19%。

——劳动年龄人口占总人口的比重。随着人口老龄化加快，劳动年龄人口占总人口的比重趋于下降。预计"十四五"时期，我国劳动年龄人口占总人口的比重将由 2020 年的 63.35%下降到 2025 年的 62.8%，下降0.55 个百分点，"十四五"时期平均值为 63.1%。

——城镇化率。2020 年，我国常住人口城镇化率为 63.89%。按照国际标准，我国已经基本实现城镇化，初步完成从乡村社会到城市社会的转型。从发达国家经验看，我国城镇化率还有上升空间，但城镇化步伐将进一步放缓，预计"十四五"时期我国城镇化率平均为 65.27%。

将上述影响因素的预测值代入模型并综合考虑其他可能影响，"十四五"时期我国消费率仍将延续稳步提高态势，到 2025 年，消费率有望达到 58%，其中居民消费率为 41.5%；最终消费将达到 78.11 万亿元，其中居民消费达到 55.93 万亿元（见表 2-2）。

表 2-2　"十四五"时期我国消费总量变化预测

单位：万亿元

年份	GDP（2020 年不变价人民币）	最终消费（2020 年不变价人民币）	居民消费（2020 年不变价人民币）
2020	102.59	55.70	38.72
2021	107.08	59.63	43.27
2022	113.57	63.62	46.17
2023	120.33	67.83	49.23
2024	127.36	72.33	52.49
2025	134.65	78.11	55.93
"十四五"平均增速	120.60	68.30	49.42

二　我国消费增长的重点领域与空间

基于对"十四五"及未来一个时期我国消费发展基本特征的判断，从响应人民对美好生活需要出发，深入分析消费增长的重点领域与空间，以促进形成强大国内市场和有效发挥内需优势。

（一）汽车消费转向质量提升型增长

从主要发达国家汽车消费发展历程和我国汽车消费发展历程看，人均 GDP 超过 1 万美元后，汽车消费市场将呈现一些新的阶段性特征。

一是汽车保有量增长明显放缓。当前，我国汽车保有量达到 3.19 亿辆，千人汽车保有量达到 226 辆，约为美国的 1/4、日本的 1/3、韩国的 1/2。相较于欧美发达国家，我国居民消费习惯与日韩等亚洲国家较为相近，从日韩发展经验看，日本千人汽车保有量于 20 世纪 70 年代初接近 200 辆，之后新车销量增速趋于稳定，1970~1975 年年均复合增长率为 1.9%，1970~1980 年为 2.6%。韩国千人汽车保有量于 1995 年前后接近 200 辆，自 2000 年后新车销量基本呈弱增长态势。"十四五"及未来一个时期，我国汽车保有量增速将会逐步放缓。从"80 后"和"90 后"等汽车消费主力群体的消费理念看，其在汽车消费上更加注重使用权而非拥有权，共享汽车市场的逐步发展也为满足这一消费理念提供了基础保障。"十三五"以来，我国汽车保有量从高速增长转向中高速增长，2015 年汽车保有量同比增长 11.5%，2019 年下降到 8.2%。预计"十四五"时期，我国汽车保有量增速平均为 7.5% 左右，到 2025 年汽车保有量有望达到 4 亿辆。

二是汽车消费逐步进入置换升级与普及型消费并重的阶段。突出表现为城镇消费市场以置换升级为主，农村消费市场以普及型消费为主。2000~2018 年，我国城乡家庭汽车保有率分别从 3.2% 和 0.2% 增长至 41.01% 和 19.3%，城镇家庭汽车普及率相对较高，农村家庭还处于快速普及的阶段。二手车销量占新车销量的比例 2007 年为 30%，也就是说，市场上每售出 3 辆车中有 1 辆为二手车；到 2020 年 10 月提升至 56%，由置换升级驱动的汽车销量占新车销量的一半左右。2008~2010 年为上一轮新注册民用汽车销量快速增长阶段，三年平均增速为 37%，此后增速快速下降。"十四五"时期将开启新一轮置换周期，二手车销量占新车销量的比例将进一步提升至约 60%。

三是汽车后消费趋势将更明显。汽车新零售、汽车后消费市场将会逐渐成为汽车消费新的增长点。狭义的汽车新零售是结合线上线下渠道多点触达客户，运用大数据和新技术提升消费者的购车和服务体验。广义的汽车新零售则是结合了大数据、人工智能、智能制造等技术，对汽车的生产、流通、营销、销售、服务的全链路进行数字化升级改造，重塑业态结构。我国庞大的汽车保有量和驾驶员数量带来巨大的汽车后消费市场空间。目前我国汽车保养、维修等汽车后消费市场规模达 1.2 万亿元。在汽车消费发展比较成熟的国家中，汽车后消费市场占比达 50%~60%，而我国目前只占 10% 左右，有很大的提升空间。未来更注重满足消费者个性化需求的汽车后服务市场将会快速发展，预计"十四五"时期我国汽车后消费市场规模将超过 2.5 万亿元。

（二）居住消费转向提质升级型增长

随着全面建成小康社会目标实现，人们对居住环境及其质量改善有了更高追求。2019 年城乡居民人均住房建筑面积分别达到 39.8 平方米和 48.9 平方米，在满足基本居住需求的基础上，人们对更高水平、更高质量住房的需求更加突出。近年来居住消费领域呈现刚性需求与改善性需求并重，居住消费新形态、新模式层出不穷的态势。"十四五"时期居住消费仍然是促进消费增长的重点之一。

一是改善性需求成为居住消费增长的主要拉动力量。随着经济社会发展，我国居民住房需求也在发生变化，2014 年开始逐步进入以改善性居住需求为主的市场阶段。"十四五"时期由城镇化驱动的居住消费的刚性需求增量总体将呈中低速增长，区域间、城市间会呈现较大差异。农村转移人口和新增劳动力人口将更多向大城市流动，高线级城市常住人口总体保持增长态势，而一些低线级城市的中青年人口则呈净流出状态。2019 年一、二线城市常住人口占比为 16.4%，比 2010 年提高 1.3个百分点，这类城市特别是数量更多的二线城市的住房刚性需求仍然比较旺盛。"十四五"时期，随着居民预期收入稳步提高和全面放开三孩政策实施后带来的家庭规模结构变化，居民改善居住环境的意愿更强烈，高品质的改善性居住需求总体将呈集中释放态势。"十四五"时期我国推动共同富裕将取得新进展，居民收入增长将保持与经济增长基本同步。二孩家庭占比持续提高，或将带动平均家庭规模由持续下降转为基本稳定。2020 年我国平均家庭户规模为 2.62 人，根据有关预测，到2025 年平均家庭户规模持平或将小幅增加。这些变化将有力支撑改善性居住需求增长。

二是居住消费范围扩大、内容更加丰富。在技术创新驱动和消费理念转变的支撑下，居住消费的新形态、新模式蓬勃发展，居住消费逐步从与住房有关的消费扩展到与居住需求有关的各类消费，范围更广、内容更加丰富多样。居住需求从"居者有其屋"逐步向"居者优其屋"转变，人们对居住品质的要求不断提升，而且对居住相关服务也有更高追求。"十四五"时期，随着新型城镇化的深入推进，以提升城市品质为目标的城市更新行动和以完善县城功能为目标的县城建设补短板行动将快速推进，多业态融合的人居环境、多功能复合的居住消费将成为发展的新方向。同时，居住服务行业数字化转型加速，通过构建包括居住服务、建筑管理、社区经营等在内的居住数字化产业链，带动传统居住消费向新居住消费跨越。

（三）新型消费呈现供需联动式快速增长

随着 5G、大数据、人工智能等新技术加速进步和广泛应用，以"智能+"消费为代表的消费新模式、新业态层出不穷。目前来看，"智能+"消费重点涵盖智能汽车、超高清视频、虚拟现实、可穿戴设备等新型信息产品，基于 5G 技术的信息服务消费，也包括在线医疗、网络教育、远程办公、生鲜配送、新零售等线上线下融合的生活性服务消费。"十四五"时期，随着"智能+"消费生态体系逐步构建，从生产智能化到需求智能化、从新型基础设施投资到智能业态和模式创造，将逐渐形成供需有效匹配、高效联动式发展格局。

一是新型休闲消费活力不断释放。线上线下融合的"互联网+服务"的新业态逆势上扬，成为服务性消费新的增长点。数据显示，2020 年 3 月，我国居民手机上网流量较上年同期增长 34.9%，户均移动互联网接入流量较上年同期增长 30.6%，居民逐步形成线上生活消费习惯。同时，"文娱直播×电商直播"市场规模不断扩大，促进线上流量转化，吸引了更多消费者。以"云旅游"为例，2020 年有 26.3% 的消费者观看云旅游直播，"十四五"时期，互联网技术持续升级、个性化消费不断增长都将推动在线休闲市场规模进一步增长。未来一个时期，促进新型消费提质扩容，创新无接触消费模式，促进健身、旅游等线上线下融合发展，休闲消费新业态、新模式驶入发展"快车道"，不仅能扩大就业，增加居民收入，也能更大地激发消费潜力，助推休闲消费升级。

二是"旅游+"和"+旅游"消费激活出游新动力。近年来，随着居民消费能力不断增强，旅游与其他业态融合不断发展，游客对出游品质提出越来越高的要求。观光旅游项目逐渐被融入式、体验型的旅游方式替代，深度游、品质游、长线游、慢行游等新的旅游产品成为吸引消费者的热门。"旅游+体育""旅游+文化"等多业态融合的创新旅游模式使得旅游产品更加丰富和多元，特色商业街街区、主题公园、文化创意园区、精品民俗群、VR 旅游体验等高品质休闲度假旅游产品成为游客的新选择。"互联网+旅游"不仅能够突破旅游的地域限制，更能在推动文旅深度融合、促进旅游提质增效等方面发挥重要作用。2020 年 12 月文旅部、国家发改委等十部门联合出台《关于深化"互联网+旅游"推动旅游业高质量发展的意见》，更为推动旅游业高质量发展增添动力。未来一个时期，"互联网+旅游"渗透率还将不断提升，推动旅游行业与更多行业融合，形成"乘数效应"。

三是体育消费具有巨大增长空间和潜力。越来越多的人更加注重健康的生活方式，尤其是在线健身、居家运动等新消费习惯的养成，成为带动体育消费的新增长点。同时，体育直播带货、云健身、云赛事等新业态迅速发展，让体育产业衍生出更多新增长点。目前，我国体育产业增加值占GDP比重仅为1%左右，在发达国家这一比例通常达到2%~3%，从这方面看，我国体育消费市场还有巨大的增长空间。

四是"宅经济"带动娱乐消费快速发展。Z世代成为娱乐消费主力群体，娱乐消费快速发展。Z世代的年轻消费群体成长于我国互联网经济快速发展时期，"宅经济"是他们的重要标签之一，相关数据显示，Z世代网民手机娱乐时间远超线下娱乐，71.7%的Z世代手机娱乐时间达日均3.54小时，而61.3%线下娱乐时间则为日均1.61小时。平台会员和游戏货币是Z世代最经常消费的网络虚拟内容。2022年，我国游戏市场销售收入2658.8亿元，略有下降，但未来仍有较大发展空间。同时，以音视频、社交、直播、游戏为核心内容的"宅娱乐"成为拉动娱乐消费的"C位"。

五是"智能+"消费场景和内容的创新扩展将加速。随着5G商用步伐加快推进、大数据和人工智能等技术消费端应用加快发展，智能化消费场景的创新拓展将成为消费领域发展重点和热点。生活方式的智能化将突破智能家电、家居用品的范围，进一步延伸到对日常消费活动的管理。比如将可穿戴设备监测收集的消费者个人健康数据及时转变为消费者饮食等消费行为的指导信息，实时推荐更符合营养需求的食品，有针对性地提供营养补给。"智能+"社会服务将呈现快速增长态势。在城镇地区，以社区为主要载体，集成养老照护、托幼、家政、家庭医生等服务消费的社区智能服务消费平台将加快发展，为社区居民提供真正贴近需求、随时可能的服务。在农村地区，以乡镇为单元构建线上综合服务平台和线下多点布局的服务中心，其能为农村居民提供更加便利的社会服务。

（四）健康消费更关注提高生命质量

从社会整体发展角度看，健康改善对经济增长的催化作用将再次获得重视，健康对经济增长的重要性将会更加突出。"十四五"时期，15~64周岁的劳动年龄人口趋势性减少将会加速，到2025年将减至9亿人以下，较2019年减少8900多万人，这将削弱劳动要素对经济增长的支撑作用，加大经济持续快速增长的难度。而改善健康状况能够应对人口增速放缓造成的增长乏力。提高人口健康水平，延长劳动年龄人口及更年长人群的健康寿命，将有助于提升劳动生产率、对冲人口绝对数量减少的冲击，换言之，健康就是生产力。根据麦肯锡有关研究，从全球范围看，未来20年，在健康改善方面每投资1美元可带来2~4美元的经济收益；对中国而言，在健康改善方面每投资1美元可带来2.2美元的经济收益。从个体角度看，健康是人的全面发展中最基础和最重要的方面，健康状况将直接影响生活水平和质量，随着收入水平持续提高，追求更健康、更有质量的生活状态成为美好生活需要的重要内容，换言之，健康就是生命力。总体来看，健康消费将更加突出提高生命质量的发展重点具体表现在以下几个方面。

一是公共健康消费将成为发挥公共消费杠杆作用的重要领域。人民健康状况的有效改善首先依赖于完善和强大的公共健康体系。"十四五"及未来一个时期，重点增加公共健康消费支出将成为适当增加公共消费发挥对居民消费促进作用的主要方面。公共健康消费支出的扩大将主要体现在三个方面：第一，增加疾病预防方面的公共健康消费支出，包括提高全民健康素养，普遍开展并加强健康日常管理，推进健康包容的工作环境建设。第二，增加重大疾病兜底保障方面的公共健康消费支出，包括健全重特大疾病医疗保障机制。第三，增加完善重大传染性疾病公共防控体系的公共健康消费支出。

二是健康消费融合化发展趋势将更明显。"十四五"及未来一个时期，健康生活理念将更深入人心，居民对健康生活质量的追求将会更加强烈，健康观念从侧重"治和补"发展为兼顾"养和防"。从商品消费到服务性消费，对健康的需求将会贯穿始终，渗透在各个方面。健康消费将表现出健康产品（或设备）与健康服务需求的融合化发展，即体现为全方位、全周期的健康消费活动。与吃穿用等相关的传统实物消费将更突出促进健康的内涵，健康服务提升发展将越来越多地以高品质的健康产品（或设备）为支撑。健康消费的融合化发展还体现为不同业态的融合以及线上线下的有机融合。健康服务消费的范畴将会进一步拓展，除了传统意义上以治疗和保健为目的的医疗健康服务，提高活力和促进身心愉悦的体育、文化旅游娱乐等服务将占据越来越重要的地位；除了线下健康服务消费，在线健康服务（问诊、健康咨询和指导、日常健康管理）消费等将显著提高健康消费频次、丰富健康消费内容和扩大健康消费覆盖群体范围。根据有关数据估算，到 2025 年大健康产业（包括相关产品和服务）总规模将达到 11 万亿元左右，这意味着居民健康消费规模将进入 10 万亿元级。

三　我国消费增长的制约因素

根据我国经济社会发展的实际情况判断，"十四五"时期有效发挥消费驱动作用和建设消费型社会面临着一系列新要求和新挑战，这些既是发展和转型中存在的突出短板和薄弱环节，同时也决定了推动消费型社会建设的重点方向。

（一）居民收入对消费较快增长的支撑力下降

为了有效发挥消费驱动经济社会发展的作用，客观上要求居民消费需求能够持续扩大，而消费能力的持续提高是其根本支撑。从近年的发展趋势来看，居民收入增速放缓将会制约消费需求的快速增长。我国居民收入水平仍然不高，伴随经济增速下行而增速放缓，并且下行态势仍在持续。

一是居民收入实际增速明显放缓。2013 年以来，全国居民人均可支配收入实际增速明显放缓，2019 年同比实际增长 5.8%，虽快于人均 GDP 增速 0.1 个百分点，但慢于 GDP 增速 0.3 个百分点。从城乡收入数据看，2019 年城镇、农村居民人均可支配收入实际增速分别为 5% 和 6.2%，比 2013 年分别降低了 1.9 个百分点和 3 个百分点。从收入分层数据看，作为消费升级主体的中等收入群体的收入增速已经呈现放缓态势。

二是中等收入群体收入增长乏力。在居民收入五等分分组中，与"中等收入群体"概念相对应的中等与中等偏上收入家庭名义增速分别从2014年的12.3%和10.6%，大幅回落至2018年的3.1%和5.6%。中等收入群体的收入增速不仅显著滞后于同期 GDP 增速，也明显慢于其他收入阶层收入增速，加之抚幼养老等负担较重，家庭消费结构性挤压加大，中等收入群体存在普遍焦虑现象，直接导致收入对消费支撑力下降。

三是居民平均消费倾向趋于下降。居民消费能力提高速度放缓的同时，居民消费倾向也出现稳中有降的变化态势。2013~2019 年，全国居民平均消费倾向从 72.2% 下降到 70.2%，下降了 2 个百分点。分城乡来看，居民消费倾向的下降主要体现在城镇居民，2019 年城镇居民平均消费倾向较 2013 年下降了 3.6 个百分点，而农村居民平均消费倾向则呈波动上升态势。

四是收入分配状况持续改善面临的困难较大。从发展趋势看，我国居民收入分配差距扩大的势头已经基本得到遏制，收入分配差距将会逐渐缩小；但我国收入基尼系数仍然处于 0.46 以上的高位，并且 2016~2018 年连续三年有所反弹，这说明收入分配差距有效缩小的过程可能会比较波折。相比收入流量差距，财富存量的差距更大。北京大学中国社会科学调查中心发布的《中国民生发展报告 2014》显示，2012 年我国的家庭净财产的基尼系数达到 0.73，顶端 1% 的家庭占有全国 1/3 的财产，而底端25% 的家庭仅拥有全国财产总量的 1% 左右。瑞信研究院《全球财富报告》显示，2020 年我国人均财富基尼系数达到 0.704，高于韩国的 0.676和日本的 0.644，2015 年最高值时曾达到 0.819，高于大部分发达国家。

总体来看，未来一个时期，发展阶段转变决定了我国经济潜在增速将进一步下行，居民收入增速下行态势仍将持续，收入分配状况持续改善面临的困难较大，持续增强消费对经济社会发展的驱动作用将面临压力。这决定了要特别重视采取措施来保障居民收入对消费的支撑力能够持续提高。

（二）供给体系还不能有效适应消费升级

适应消费升级变化的供给体系创新是形成高水平供需动态均衡的关键，更是发挥消费驱动经济社会发展作用和建设消费型社会的基础保障。

但目前相对于居民日趋品质化、多样化和服务化的消费升级需求，国内供给体系不能完全适应需求变化，尤其是高品质产品和服务与需求之间存在较大缺口。

一是传统消费领域普遍存在中高端产品有效供给不足的问题。有效供给不足突出表现在消费外流方面。《中国公民出境（城市）旅游消费市场调查报告（2017—2018）》显示，接近60%的出境游客在出行前拟定购物清单。据世界旅游组织发布的报告，2018年，中国游客境外消费总额达2500亿美元，位居全球榜首。中国消费者不仅大量购买国外奢侈品，如2018年奢侈品消费约7700亿元，其中超过70%为境外消费；同时，还大量购买奶粉、婴幼儿用品、化妆洗护用品、电饭锅等一般消费品。此外，由于国内中高端产品供给不足，部分消费者的升级需求可能存在被抑制的情况，消费者选择不消费或少消费。增加国内中高端产品和服务的供给实质上要实现产业和消费"双升级"，这不仅要求相关产业链的整体转型升级，而且包括产业发展生态环境、消费与供给良性匹配关系的构建等，这些不是短期内可以完成的，需要重点持续推进。

二是服务消费领域普遍存在供给不足和质量不高的问题。从健康服务看，居民健康需求已经迈入多层次全服务时代，但国内健康服务供给仍存在较大缺口。健康服务业增加值占GDP比重仅为6%左右，低于OECD国家平均水平（9%~11%）和美国的水平（15%）。医疗服务资源分布不均，人均医疗服务资源质量不高，健康体检、健康咨询、康复护理等服务供给尤为短缺。从养老服务看，我国已进入快速老龄化阶段，到2025年，老年人口占比将超过20%。养老服务领域发展不平衡不充分的问题仍比较突出，基本养老服务体系不健全，非基本养老服务供给明显不足，养老服务质量整体偏低。从旅游服务看，旅游服务设施比较落后、产品类型比较单一、旅游体验不佳等问题制约了更多旅游需求的释放。从文化服务看，我国文化产业增加值占GDP比重低于5.3%的世界平均水平，文化产品和服务内容相对单一、形式比较简单，难以满足快速增长的多样化需求。

（三）城乡协调互动的消费格局尚未形成

城乡二元发展结构既是现实国情，又为加快发展提供了潜在空间。在保持合理差距的前提下，城镇与农村消费市场如能在消费结构、层次和规模方面形成协调互动格局，则有助于形成多层次的供给体系，有助于增强国内市场结构完整和成长性强的优势，对于发挥消费驱动经济社会发展作用和建设消费型社会都具有重要意义。但目前我国还未形成城乡协调互动的消费格局。

一是城乡居民消费支出差距仍较大。 2004 年以来，城乡居民人均消费支出的相对差距总体呈现缩小态势，2013~2019 年，城乡居民人均消费支出的倍差由 2.47∶1 逐步缩小到 2.11∶1，与城乡居民收入差距缩小的态势保持一致。但值得注意的是，城乡居民人均消费支出的绝对差距仍在扩大，2013~2019 年，城乡居民人均消费支出绝对差距从 11002 元扩大到 14735 元，增加了 3733 元。从区域差异的角度看，农村居民消费支出差距大是重要因素。比如东北地区与东部地区居民消费支出差距中，2018 年农村居民消费支出差距占比达到 53.3%。从对消费的实际影响看，城乡居民人均消费支出绝对差距的直接作用更明显，这说明相对于城镇居民的消费水平，农村居民消费水平更加滞后。

二是城乡消费市场发展差距较大。 农村消费市场是我国消费市场建设和发展的薄弱环节。因为农村消费市场相对比较分散，商品流通体系不健全以及生产企业对农村消费市场不重视等，农村市场商品和服务供给不能有效满足农村居民消费需求的问题更加突出。农村水电路气信网等基础设施水平较低、条件较差，制约了农村居民消费升级需求的有效满足。农村消费便利性滞后于发展需求，突出表现在农村金融服务体系建设相对滞后。部分地区服务农村的金融机构出现了收缩现象，仍然存在金融机构空白的乡镇，基本金融服务缺位；农村消费金融服务门槛相对城镇偏高，农村消费者使用消费信贷成本较高；消费金融普遍存在服务种类不丰富等问题，主要集中于住房抵押贷款，满足服务性消费需求、购买耐用消费品等小额消费贷款产品比较缺乏。农村消费市场发展水平不高，还体现在引导城镇居民消费"下乡"方面与实际需求有差距。这既包括农村地区一二三产业融合发展程度较低、不能提供更适应消费升级需求的商品和服务的原因，也包括农村产业发展用地制度不完善、市场机制不健全导致资源要素难以向农村地区有效配置、农村产业发展的社会化服务体系不配套等原因。

（四）适应消费升级需求的消费软硬环境还不完善

一是消费领域仍然存在较多政策干预，限制了消费选择自由和多样性、个性化消费需求释放。以禁止或限制的行政方式来干预居民的消费行为，损害了居民消费的自由选择权。这使原本正常的消费需求被迫转成不正常，既影响了需求满足，也影响了国内相关产业的健康发展，使部分国内需求转向国外。

二是适应新兴服务消费和新消费需求的硬件设施不完善问题突出。比如在一些新兴城镇地区、中西部地区，还不同程度地存在现代商业服务设施不完善，宽带网络设施落后、互联网普及率较低等问题。消费软环境建设，如消费者权益保护力度有待强化。消费者协会（消协）作为履行法定职责的组织，在事业单位改革、市场监管体制转轨过程中，基层消协整体被弱化，部分基层消协有名无实，无法履行消协法定职责；部分消协机构被撤销、合并，经费难以保障，工作无人承接。这些都给消费者权益保护带来困难。

三是消费监管体系建设滞后于发展需要。价格歧视、不公平竞争、垄断经营、侵犯知识产权以及假冒伪劣等现象时有发生。特别在农村消费市场，假冒伪劣问题尤为突出，2018 年对全国 81 个地市/区的农村集贸市场调查显示，47.1% 的市场存在"三无"产品问题，近 80% 的市场存在假冒或伪劣产品问题。《2019 全国网民网络安全感满意度调查统计报告》显示，66.86% 的网民表示遇到过虚假广告、网络谣言、违法有害信息，58.8% 的网民遇到过侵犯个人信息的行为。这既与监管体系不健全、监管执法力度不足和处罚力度较弱有关，也与商业信用体系不健全、信用监管作用发挥不充分有关。

四 全面促进消费的总体战略和对策建议

（一）总体战略

全面促进消费是加快构建新发展格局的重大任务之一，我国有 14 亿人口，其中 4 亿多人属于中等收入群体，人均 GDP 突破 1 万美元，巨大的市场规模不仅能够为加快构建新发展格局提供重要条件，也为我国实现高质量发展提供更大空间。我国拥有全球最完整、规模最大的工业体系和完善的配套能力。以国内大循环为主体，使国内市场主导国民经济循环，成为最终需求的主要来源，进一步提高供给体系对国内需求的适配性，形成需求牵引供给、供给创造需求的更高水平供需动态均衡，不仅有利于提高自主创新能力，还有利于稳定产业链、供应链。在我国全面建成小康社会，向第二个百年目标奋进的征程中，实现全体人民共同富裕与消费高质量发展是相辅相成、相互促进的。全体人民共同富裕是满足居民高质量消费和高品质生活的前提，高质量消费是创造高品质生活的基础，是全体人民共同富裕的重要方面。还应看到，在实现"双碳"目标背景下，促进消费增长，需要深入实施消费领域的碳减排，促进消费可持续发展。因此，应着眼长远，促进消费高质量发展，探索实施一系列战略。

一是以富乡强县战略为突破口，促进县乡消费均衡发展。中央经济工作会议提出，要"充分挖掘县乡消费潜力"。这是基于我国县乡消费增长快、潜力大的基础和条件做出的部署，体现出把扩大消费与改善人民生活品质有机结合的重要思路。从未来发展看，我国县乡消费增长潜力大、升级空间广。但县乡居民消费能力明显弱于城镇居民，2020 年，我国农村居民人均可支配收入不足城镇居民人均可支配收入的 40%，县城既是县乡居民消费的重要载体，又是增加县乡居民收入的主要渠道之一。**必须实施富乡强县战略，提高县乡居民收入水平，增强县乡消费承载力。**高质量发展县域经济，推动农村一二三产业融合发展，丰富县乡经济业态。完善县乡消费基础设施，便利化县乡居民消费的"车轮子"。加快建设县乡综合消费平台，加强县域乡镇商贸设施和到村物流站点建设。切实提高农村居民社会保障水平，持续提升农村居民养老保险水平，建设县城强大、乡镇富裕、农民富足、县乡消费循环畅通的市场。

二是以消费者优先战略为抓手，提高供需匹配效率。相对于居民日趋品质化、多样化和服务化的消费升级需求，国内供给仍然较普遍地存在低端过剩和高端不足的结构性问题。为此，应探索实施消费者优先战略，提高供需匹配效率，更好满足居民消费需求。通过政府规划引导和市场主体充分参与，加快形成现代化经济体系，顺应居民消费新趋势、新特点，实现制造业和服务业高质量发展，更好匹配居民消费需求。同时，探索从需求侧出发，激发居民消费潜力，更好地实现更高水平的供需动态均衡。

三是以实施可持续消费发展战略为重点，实现消费与经济社会可持续发展良性循环。促进消费发展不是简单粗暴地实现消费数量的增长，而是要实现消费发展的可持续性。相关数据表明，每年食品产品中有约 1/3 会在消费者和零售商的垃圾箱里腐烂，或者因运输和收货不当而变质。实施可持续消费发展战略，既是满足居民对高品质消费需求的必然选择，也是联合国可持续发展目标之一，更是我国实现"双碳"目标的必经之路。应在"双碳"目标框架下，制定可持续消费战略规划，确定可持续消费路线图和时间表，综合运用监管、税收、信贷、价格、核算等手段，调控生态型消费主体行为。

（二）主要对策建议

以增强消费对经济发展的基础性作用为目标，按照实现消费高质量发展的总体要求，以提升消费治理为重点，加快完善消费治理体系和增强消费治理能力。

1. 以提高经济增长的居民收入获得感为重点提高居民消费能力

"十四五"时期我国即将迈入高收入国家门槛，但居民可支配收入即居民消费能力大幅低于高收入国家水平。使经济增长更有效地转化为居民实实在在的收入，即提高经济增长的居民收入获得感，是增强消费能力的基础。这不仅要求居民收入增长与经济增长基本同步，而且要求人民创造的财富能有效转化为可支配收入。因此要通过实现居民收入增长与经济增长基本同步和优化收入结构来保障居民收入持续增长和消费能力稳步提高。

一是积极促进稳定就业。坚持实施就业优先战略和更加积极的就业政策，扩大就业容量，提升就业质量，促进充分就业。完善减免税费、增设公益性岗位、加大培训力度、发放技术技能提升补贴等政策，促进以高校毕业生为重点的青年、农村转移劳动力、城镇困难人员、退役军人等群体就业。深入推进"大众创业、万众创新"，完善促进创业带动就业、多渠道灵活就业的保障制度，支持和规范发展新就业形态。将灵活就业平台纳入就业补贴政策范畴，以提供基本保障为主调整灵活就业人员社会保险参保门槛、支付标准。有针对性地缓解产业结构调整带来的就业压力，鼓励企业拓展就业渠道，支持企业扩大见习岗位规模。鼓励地方政府开发更多公益性岗位，鼓励地方政府与社会资本共同设立创业基金，支持新就业大学生与企业合作创业。

二是合理优化初次分配格局。 坚持按劳分配为主体、多种分配方式并存的基本经济制度，提高劳动报酬在初次分配中的比重。全面完善劳动、资本、土地、知识、技术、管理、数据等各类生产要素由市场评价贡献、按贡献决定报酬的机制。丰富居民收入来源，在工资性收入稳步增加的基础上，推动来自资本、土地、知识、技术、管理等其他要素收入的持续增长。加快推动农村土地、资本等要素产权改革，积极拓展中低收入群体收入来源。推进实施重点群体增收激励计划，推动农村转移劳动力等重点群体跨入中等收入群体。

三是建立健全科学合理的薪酬福利制度。 按照分类管理思路，建立健全反映人力资源市场供求关系和市场主体经济效益的工资决定及正常增长机制。对高度市场化的非公有制部门，应充分尊重其自主性，积极推行企业工资集体协商制度和行业性、区域性工资集体协商制度。对机关事业单位、国企等部门，健全科学的薪酬福利水平决定机制、正常增长机制和支付保障机制。建立公务员和市场机构相当人员薪酬福利水平的调查比较制度，完善职务与职级并行制度。对行政管理类事业单位，薪酬福利参照机关事业单位管理。对其他公益性事业单位，特别是科研单位和高校，应取消绩效工资总额管理，尽快实施"保基本、重奖励"的薪酬福利制度。鼓励企事业单位对紧缺急需的高层次、高技能人才实行协议工资、项目工资等。加强对垄断行业收入水平的宏观指导，督促企业内部完善分配机制。科学确定国有企业负责人薪酬福利水平，推动形成企业负责人和企业职工之间的合理分配关系。

四是健全多层次、多渠道的财产性收入通道。 拓宽城乡居民依靠合法动产和不动产获得收益的渠道。加快健全多层次资本市场体系，稳定资本市场财产性收入预期，完善分红激励制度，强化对上市公司行为的严格监管，保护投资者特别是中小投资者合法权益。鼓励和规范金融机构创新金融服务产品，适度扩大国债、地方政府债券面向个人投资者的发行额度，鼓励专业化、机构化房地产租赁公司发展，拓宽居民租金、股息、红利等增收渠道。积极稳妥实施农村集体经营性建设用地入市制度，探索农村宅基地所有权、资格权、使用权"三权分置"，合理提高农民在土地增值收益中的分配比例，探索赋予农民对集体资产股份的占有、收益、有偿退出及抵押、担保、继承权等。

2. 以改善分配结构和加强托底保障为重点提升居民消费意愿

一是强化再分配调节作用。健全以税收、社会保障、转移支付等为主要手段的再分配调节机制，合理调节城乡间、区域间、不同群体间分配关系。适当增加个税专项附加扣除，建立基本减除费用标准、专项扣除、专项附加扣除等与物价指数、平均工资水平挂钩的动态调整机制，逐步建立综合和分类相结合的个人所得税制度。优化个税税率结构，减少税率档次，拉大3%～25%中低档级距，减轻中等收入群体负担，逐步实现劳动所得、资本所得与经营所得税率相衔接。加强国际税收协调，限制高净值人群以避税为目的进行资产转移。加快推进房地产税立法和实施，发挥其调节财富分配、促进社会公平的积极效应。研究开征遗产赠与税。综合运用现代技术手段推进精准识别，合理确定并动态调整社会救助、抚恤优待等标准，加大社保兜底和转移支付力度。

二是有效发挥第三次分配作用。健全慈善政策、社会帮扶政策体系。充分发挥民间机构在调节分配中的独特优势，积极培育慈善组织，简化公益慈善组织的审批程序，鼓励有条件的企业、个人和社会组织参与举办医院和学校、提供养老服务等公益事业。落实并完善慈善捐赠税收优惠政策，研究建立个人捐赠个人所得税优惠政策长效机制，对企业公益性捐赠支出超过年度利润总额12%的部分，允许结转以后年度扣除。加强规范化管理，支持基于互联网平台的慈善捐赠事业健康发展。

三是规范收入分配秩序。进一步强化制度建设，遏制以权力、行政垄断等非市场因素获取收入，规范灰色收入，取缔非法收入。持续推进反腐倡廉工作，通过科学合理的制度设计有效规避权力寻租。完善公务员工资、奖金、津贴制度，实施领导干部财产公开制度。开展高收入群体增量收入专项督导行动，打击通过"阴阳合同"等方式进行的偷税漏税行为。完善劳动合同制度，严格规范劳务派遣用工行为，依法保障被派遣劳动者的同工同酬权利。

四是加快推动社会保障缴费费率和结构改革。研究确定合理的社保综合缴费费率，将部分国有资本股权划转社保基金账户，设计渐进的调整方案。尽快制定差异化的国有资本收益分享制度，提升国有金融资本持有主体的收益上缴比例，并将收益更多用于提升低收入群体的医疗、养老等基本保障水平，减轻个人缴费负担。逐步调整社保筹资结构，缓解工薪阶层缴费负担明显较其他群体重的状况。增加财政对社保支出的补贴，以开征房产税、遗产赠与税、资本利得税等增加的税收收入，提高财政支出负担能力。构建社会保障资金投入长效机制，稳定扩大社会保障资金来源。

五是加快提升基本养老和医疗保险统筹层次。加快推进基本养老保险全国统筹，发展多层次、多支柱养老保险体系。加快健全养老服务支出分担机制。全面建立长期护理险制度，降低家庭负担比例。逐步提升基本医疗保险、失业保险、工伤保险统筹层级，健全重大疾病医疗保险和救助制度，落实异地就医结算，积极发展商业医疗保险。鼓励创新医保政策，在推进职工医保与居民医保统筹合并以及提升医保统筹层次的过程中，可根据各地情况鼓励推进家庭联保，建立以家庭为单元的医疗保险，将一部分居民吸收进入职工医保以实现两者统筹合并。

六是健全社会保障动态兜底机制。进一步扩大社会保障范围，完善社会救助体系，应用大数据分析等新技术手段，不断提升社会救助精准性和执行效率。提高优抚对象抚恤补助标准，建立健全高龄、独居、失能等老年人补贴制度，完善孤儿基本生活保障制度，建立其他困境儿童生活救助制度，建立困难残疾人生活补贴和重度残疾人护理补贴制度。鼓励地方采用低收入群体基本生活现金救助、实物救助和救助服务相结合的社会救助方式，按满足基本生活需求的标准核定救助标准，并根据价格水平动态调整。

3. 继续深化消费领域供给侧结构性改革

构建完整的内需体系、充分释放居民消费潜力，需要着力解决供给体系与国内需求的适配性问题，贯通生产、分配、流通、消费各环节。这就需要坚持以供给侧结构性改革为主线，继续深入推进消费领域供给侧改革，促进形成需求牵引供给、供给创造需求的更高水平供需动态均衡。

一是以质量提升和品牌强化为重点，完善产品和服务供给体系建设。加快塑造自主品牌，实施增品种、提品质、创品牌的"三品"战略，保护和发展中华老字号品牌，打造国产品牌矩阵。鼓励和引导电商平台、大型零售企业等，为国产品牌提供更多展示空间和销售渠道，扩大"中国品牌日"等鼓励自主品牌发展的活动范围，培育和发展更多体现中国发展标识度的本土品牌。鼓励生活性服务连锁化、品牌化发展。深入推进驰名商标品牌培育工作，建立具有国际影响力的品牌评价机构，增强中国品牌在国际评价中的话语权。加强知识产权保护，严厉打击商标恶意抢注、假冒伪劣等侵犯知识产权行为，构建品牌维权发展机制。强化标准体系建设引导质量提升的作用，健全商品和服务质量标准体系。根据新技术应用和国内外新兴产业发展情况，及时组织相关产品和服务质量标准的制订和修订，积极发挥行业龙头企业、第三方评估机构以及消费者团体等各方作用，促进国内外质量标准衔接，使产品质量标准更贴近消费者需求。积极总结推广家政服务等领域服务标准化试点经验，以增加奖励性补贴、税收优惠等形式鼓励各行业开展服务标准化和规范化行动。

二是以适应需求、鼓励供给为重点进一步放宽服务消费领域市场准入限制。全面推行"全国一张清单"管理模式，建立市场准入负面清单动态调整机制和第三方评估机制。立足于更好满足服务消费需求，放宽服务消费领域市场准入限制，鼓励增加优质服务供给。在上海浦东新区试点"一业一证"的基础上，尽快在全国范围内推广实施，推动政府审批管理服务从"以政府供给为中心"转向"以市场主体需求为中心"。整合再造行业牵头管理职能架构，明确各行业牵头部门和协同部门，实现"一帽牵头"，按照精简、协同、高效的原则，梳理集成行业准入条件，推动优化放宽行业准入限制。落实在职业教育、医疗服务、体育培训、教育培训、养老服务、托育服务等方面民营资本的平等待遇，引导各地开展降低市场准入门槛专项清理行动，清理对企业资质、资金、人员、场所等设置的不合理条件。推动服务消费领域内外资同等开放，享受同等市场准入待遇。聚焦居民消费需求，增强对服务消费供给管理的灵活性。

三是增强市场监管促进供给创新和保护生产者权益、消费者权益的作用。有效市场监管的核心在于营造公平、良性竞争的市场环境，保护生产者和消费者权益，促进市场运行效率提高。随着消费新业态和新模式不断发展壮大，传统消费与新型消费之间的监管公平问题逐渐凸显。一方面，从促进消费新业态、新模式发展的角度应该实施包容审慎监管。坚持包容审慎监管在本质上强调适应市场发展需要的有效监管，更突出地体现在为业态和模式的创新提供一定空间，允许为之付出一定试错成本，监管部门不需要"时时现身"，但要保持"时时关注"。另一方面，从保障监管公平的角度，包容审慎监管同样适用于传统业态和模式，避免因其更符合监管习惯而承受过多的监管成本。优化市场监管的一个重要方向就是应更突出对市场活动的监管，突破线上线下界限，对同类市场活动适用同样的监管规则。作为基础性条件，监管部门应与时俱进科学界定违法违规行为，明确线上线下市场活动的法律界限，维护不同类型生产者的合法权益，并通过规范市场秩序有效维护消费者合法权益。在强化消费者权益保护方面，"十四五"时期应重点探索建立集体诉讼制度，在厘清公益诉讼和集体诉讼界限的前提下，加快形成支持发展集体诉讼的相关政策框架，发挥多元化救济手段合力。

四是着力改善消费环境，抓住时机引导境外消费回流。加强国外品牌商品的价格监管。探索建立主要消费品国际价格监测比价机制，以国际平均价格水平为参照，设定国内售价的上限，引导国际中高端品牌零售商建立合理的定价体系，减少境内外价差，严格控制不合理的涨价和惜售行为。配合减税降费措施，监测进口品牌商品价格变动，开展转移定价审核，引导国外品牌商品价格透明化，对国家已下调税收但终端价格未做调整的企业进行约谈，督促企业将降税红利传导给国内消费者，严厉打击个别品牌恶意串通、纵向协议和操纵价格等价格垄断行为，依据《价格法》《反垄断法》《消费者权益保护法》等法律法规实施价格监管，防止降税不降价。深化商品流通体制改革，改善商业经营环境。国内商品的多级代理体制和商场的联营出租经营模式，对于商品流通体制的快速普及式发展曾经发挥了积极作用。但随着市场环境的变化和新业态、新模式的发展，现有商品流通体制带来的成本叠加和成本偏高问题更加突出，要求改革的呼声较高。当前应聚焦有效解决消费者被迫负担较高流通成本的问题来探索深化商品流通体制改革。比如，在商业地产费用方面进行"基础租金制"或"扣点封顶制"改革，支持为优质自主品牌商品提供流通平台，逐步有效控制流通成本。同时，还应注意新型零售平台可能出现的"平台垄断"问题，通过完善相关法律法规以及监管制度，防止平台型企业利用销售渠道垄断侵害消费者权益。

4. 重点消费领域加快发展计划

"十四五"及未来一个时期，汽车消费、传统服务性消费、居住消费和"智能+"消费将是带动我国消费增长的重点领域，应从多方面着手，实施重点消费领域加快发展计划，进一步扩大国内消费市场，为构建新发展格局奠定基础。

一是促进汽车消费增量与存量市场并进。汽车消费体量大、可延伸拓展的空间比较广，对整体消费增长的影响较大。目前我国汽车消费市场已经由增量市场转化到增量市场与存量市场并进的阶段，促进汽车消费发展需要从以下几方面着手。

——加快释放增量市场潜力。对于限购的大城市，在明确汽车由购买管理转向使用管理的前提下，进一步优化使用管理政策。鼓励大城市通过构建交通信息大数据处理平台，对交通拥堵提前进行预警与疏导，同时与收费系统联网，对进入交通拥堵频次较高地段的车辆征收交通拥堵费。通过征收排量税、增收车辆购置税、增设充电桩和专供新能源汽车使用的停车场等方式，鼓励居民购买新能源汽车。当前由汽车普及发展所带动的汽车消费的增量市场主要来自县城三、四线及以下的小镇消费者市场。这部分群体汽车购买意愿较强，但该群体汽车购买能力相对较低，也是汽车金融覆盖较少的群体，因此，应因地制宜促进汽车金融下沉，满足这部分群体的购车需求，扩展增量市场。如可以通过降低汽车首付款、延长还款期限等方式，促进汽车金融下沉。

——优化发展汽车存量市场，促进汽车消费升级。引导汽车消费更新换代，在便利化二手车交易的同时引导汽车向中高档、新能源汽车消费置换升级。应进一步推动落实取消二手车限迁政策，尽快推动二手车出口业务，更加便利化车辆异地交易登记。同时要规范二手车经营主体行为，促进二手车市场健康发展。现有传统汽车置换升级为新能源汽车时可给予相应的补贴。完善新能源汽车回收政策，提高新能源汽车淘汰后的保值率。

——加快培育壮大汽车后消费市场。加快打破汽车零部件的渠道垄断格局，在规范质量标准体系管理的前提下，鼓励发展汽车零部件大型批发商和零售商，通过有效竞争来促进提升国产汽车零部件质量。汽车价值链上游企业应提高线上渗透率，利用技术及供应链优势布局非标维修业务。价值链中游企业应从消费者和下游汽修厂的核心痛点出发，提升数字化能力，提高平台对下游汽修厂的赋能水平。价值链下游企业应强化保险续保能力以及拓展地方出险车辆资源，积极对接供应链平台，提升服务水平。相关部门优化有关机动车管理措施，允许汽车合理改装等。鼓励政府和社会力量发展汽车赛事、赛车体验服务等。

二是以提质扩容为抓手促进传统服务性消费发展。应尽快打破中高品质服务性消费有效供给不足的状况，补足服务性消费发展短板、提升服务性消费质量。

——**激发文化和旅游消费活力。**补足文化消费短板，充分挖掘文化旅游资源，提升文化旅游产品供给质量，推动文化旅游产品结构优化。鼓励和支持文化旅游数字化升级，鼓励地方发展"文化云"公共文化服务平台，为消费者提供更多文化消费选择。鼓励企业积极发展云游览、云演艺、云博物馆、云旅游、云娱乐等数字化体验形式。探索放宽影院经营范围，通过发放影院直播许可证牌照的方式加强规范化管理。此外，可积极盘活农村闲置资源，促进乡村旅游产品和服务提质升级，促进乡村旅游高质量发展。

——**充分挖掘体育消费潜力。**积极培育居民体育消费习惯，推动提升体育消费参与率，奠定体育消费基础，提升体育消费可持续性。拓展体育消费新热点，借助互联网传播优势，加强与新媒体平台合作，开设体育明星或运动医学专家在线直播，激发居民体育消费热情。支持社会力量举办高水平体育赛事，鼓励地方政府开展更多兼具表演性和观赏性且参与性强的赛事活动。建立健全现代体育产业体系，以市场为主体，充分发展"体育+"产业，延伸体育产业链条，扎实推进体育产业持续健康发展。

　　——提高康养消费质量。积极培育壮大健康养老消费市场，开展全民健康素养促进活动，提高全社会对健康的关注。打造优质康养服务供给体系，让更多的人享受到更优质的康养服务。依托社区发展以居家养老为基础的多样化养老服务，为老年人提供助餐、助医、助行、助洁等便捷服务。鼓励企业研发生产优质适用的老年用品，发展适合老年人消费的旅游、养生等服务。细分老年消费市场，满足老年人多层次、多样化的需求，进一步激发老年群体消费活力。

　　——促进家政、托幼和教育等消费健康发展。深入实施家政培训提升、家政服务企业标准"领跑者"和家政信用建设三大专项行动。鼓励地方政府和企业搭建家政服务信用信息平台，促进消费者、家政服务从业人员、企业和整个行业健康有序发展，为促进家政消费奠定基础。引导和规范社会力量提供普惠性托育服务，支持公共托育服务建设。鼓励地方政府在发展规划、用地保障、场地提供、融资优惠、税费减免等方面支持托育产业发展，带动社会力量和托育机构投入，改善基础设施和硬件条件。加大力度支持培育托育服务人才。加强对托育机构规范管理，严控准入标准，提升托育服务质量。鼓励开发研学旅行、实践营地、特色课程、线上线下相结合的课程等教育服务产品。完善相关法律法规，加强对民办教育机构的准入、收费、质量等监管，提高教育培训质量。

　　三是以"住有良居"为目标满足居住消费需求，促进住房消费健康发展。

　　——促进房地产市场健康平稳发展。坚持"房子是用来住的、不是用来炒的"定位，健全房地产市场健康发展长效机制。适时推出房产税及住房遗产税，引导房地产价格逐渐回归理性，充分释放住房消费需求。加快构建多元化的住房供应体系，挖掘住房消费潜力。科学规划土地供给，合理调节改善性户型和中小户型商品房比例，规范发展二手房市场。倡导住房租赁消费，盘活住房租赁资源，规范住房租赁市场发展。加快完善长租房政策，严格管控租金贷等高风险住房租赁金融活动。鼓励各地结合实际加强保障性住房建设，支持居民租购保障性住房，有效保障城镇户籍家庭和在城镇稳定就业的外来务工人员中的低收入者住房消费。

——加快推进以人为核心的新型城镇化建设。着力引导农业转移人口市民化，有序扩充城镇住房消费基础。打通重点群体的落户通道，着力提高城镇公共设施和基本公共服务保障能力，确保有意愿、有能力、有条件的农村转移人口在城市"应落尽落"。实施城市更新行动，提升城市功能和宜居品质。加快推进城镇老旧小区改造，进一步创新完善改造政策，建立多主体参与、可持续的改造发展机制。完善城乡社区建设，补齐社区服务短板。为拓展住房消费范围和提升居住质量创造有利条件。

四是加快构建"智能+"消费生态体系。

——**加快推进新一代信息基础设施建设，扩大"智能+"消费受众规模。**进一步完善高线级城市5G网络等新一代信息基础设施，提高设备布点密度。加速推进新一代信息基础设施向低线级城市和农村地区布局，提升5G网络、智能设施等普及水平，降低新一代信息技术使用成本，实现新消费硬件设施的空间全覆盖。加快普及智能手机等智能终端设备，针对不同消费群体设计个性化消费补贴措施，刺激智能终端设备相关消费。针对老年消费群体，以填平"数字鸿沟"为重点，引导智能产品和服务特别是智能养老产品和服务体现适老化、实惠性和人文性。

——**加大新消费模式推广力度，推动新旧消费业态融合发展。**加大新消费模式推广力度，建设一批新消费"体验馆"，打造一批样板社区，培养居民新消费习惯。鼓励新消费模式积极向传统消费领域渗透，有效促进线上线下融合，帮助一些有转型困难的传统消费部门与"智能+"融合，实现新消费业态的普及应用。

——**加大对智能化应用的政策扶持和资金支持力度，从供给侧促进发展。**鼓励各地积极创新财政资金引导作用，鼓励金融机构加大对新一代信息技术研发平台建设、创新应用等的金融支持力度。帮助和引导一批5G、人工智能等新领域龙头企业整合行业资源，完善供应链体系，在组织咨询服务和培训方面发挥积极作用。

（执笔：姜雪）

主要参考文献

1. 白重恩、钱震杰：《谁在挤占居民的收入——中国国民收入分配格局分析》，《中国社会科学》2009 年第 5 期。

2. 陈东琪、马晓河：《消费引领 供给创新："十三五"经济持续稳定增长的动力》，人民出版社，2016。

3. 陈君：《农村消费升级背景下城乡双向商贸流通服务体系构建》，《改革与战略》2015 年第 7 期。

4. 储德银、经庭如：《促进消费需求的公共财政政策探讨》，《消费经济》2007 年第 1 期。

5. 杜丹清：《互联网助推消费升级的动力机制研究》，《经济学家》2017 年第 3 期。

6. 段文斌：《新发展阶段促进消费升级的几个关键点》，《国家治理》2021 年第 24 期。

7. 关利欣：《消费升级的国际比较及其借鉴意义》，《国际经济合作》2018 年第 5 期。

8. 贾康：《合理促进消费的财税政策与机制创新》，《税务研究》2010 年第 1 期。

9. 刘哲希、陈彦斌：《消费疲软之谜与扩大消费之策》，《财经问题研究》2018 年第 11 期。

10. 刘长庚、张磊、韩雷、刘振晓：《发展服务业新业态促进消费升级的实现路径》，《经济纵横》2016 年第 11 期。

11. 刘典：《消费金融数字化发展新机遇》，《中国金融》2021 年第 11 期。

12. 刘国光：《促进消费需求提高消费率是扩大内需的必由之路》，《财贸经济》2005 年第 5 期。

13. 刘尧飞、管志杰：《双循环新发展格局下国内消费扩容升级研究》，《当代经济管理》2021 年第 7 期。

14. 马晓河：《新时代高质量增长需要新动能》，《决策》2018 年第 6 期。

15. 马晓河：《促进国民经济可持续发展的宏观经济政策思考》，《经济研究参考》2017 年第 60 期。

16. 麦肯锡研究院：《健康第一：通往繁荣的处方》，2020 年 10 月。

17. 齐红倩、马援君：《互联网促进中国家庭消费结构升级研究》，《社会科学展现》2021 年第 11 期。

18. 石明明、江舟、周小焱：《消费升级还是消费降级》，《中国工业经济》2019 年第 7 期。

19. 闫坤、程瑜：《新形势下促进居民消费的财政政策研究》，《宏观经济研究》2009 年第 5 期。

20. 依绍华：《新发展格局下我国居民消费发展态势与促进策略》，《改革》2021

年第 12 期。

21. 尹世杰：《消费需求与经济增长》，《消费经济》2004 年第 5 期。

22. 周波、肖承睿：《财政补贴真能促进消费吗——来自家电下乡微观数据的证据》，《中国经济问题》2021 年第 3 期。

23. 张勋、杨桐、汪晨、万广华：《数字金融发展与居民消费增长：理论与中国实践》，《管理世界》2020 年第 11 期。

第三章
我国中长期固定资产投资的总体
趋势、空间及制约因素

内容提要： 有效投资是扩大内需的主要组成部分，我国投资进入低速增长阶段，投资率呈先稳后降态势，产业投资结构加快优化，基础设施投资进入补短板、优结构阶段，消费引领投资成为主要动力，绿色低碳投资进入高增长时期，城市群和都市圈成为投资新增长点，房地产投资见顶下降并进入低速增长阶段，产业转型升级、新基建、绿色低碳、城乡区域等重点领域有效投资具有较大的增长潜力和扩张空间，对现代化建设形成有力支撑。有效投资潜力释放和空间扩大仍面临投资渠道不畅、融资渠道不足、投资能力不强、投资环境不优等制约因素。应顺应投资变动趋势，抢抓重点领域投资需求空间大的机遇，聚焦以上制约因素，完善投资全链条的体制机制，充分挖掘投资潜力，增强有效投资对新发展格局和现代化建设的支撑作用。

投资是我国内需的主要组成部分，对保障过去高速经济增长发挥了重要作用，但同时也使得我国经济增长呈现明显的投资驱动型特征。随着我国经济由高速增长阶段转向高质量发展阶段，并开启全面建设社会主义现代化国家新征程，加快构建新发展格局，需要进一步优化投资结构、拓展投资空间、挖掘投资潜力，发挥投资对优化供给结构的关键性作用，增强有效投资对新发展格局和社会主义现代化建设的支撑作用。

一　投资变动的国际一般规律

受消费升级牵引、人口老龄化带动、工业化和城镇化驱动等因素叠加影响，主要国家的固定资产投资呈现系列趋势性、规律性特征。

（一）投资率随经济发展水平提高而呈倒 U 形变化态势

从国际规律看，投资率随经济发展水平提升而呈倒 U 形变化态势。当经济体人均 GDP 很低时，由于温饱问题没有解决、资本积累较少，投资率会很低；当人均 GDP 达到一定水平，温饱问题基本解决后，为实现工业化、加速经济增长，需加速资本积累，这时投资率就会上升，并持续较长时间；随着人均 GDP 进一步提高，城镇化和工业化逐步完成，投资率会下降或在较低水平上维持基本不变。如日本 1952 年的投资率仅为21%，1961 年则上升到 40%，1962~1973 年一直保持在 30%~40%，1971年达到中等收入国家水平、基本完成工业化后，投资率逐渐下降，到2000 年降至 25.2%。从不同发展阶段来看，拉美和东南亚的许多新兴市场国家在经济快速发展时期也相继出现过高投资率。日本、韩国、新加坡、中国香港等成功迈入高收入行列的经济体，在经济追赶阶段也普遍保持了持续较高的投资率。日本 1970~2015 年年均投资率达 29.6%，峰值为 40.9%；韩国 1961~2016 年年均投资率为 30.4%，峰值为 41.4%；新加坡 1961~2016 年年均投资率为 31.9%，峰值高达 47.0%；中国香港1962~2016 年年均投资率为 26%，峰值为 36.2%（见表 1-2）。

（二）投资结构随工业化、城镇化而向内涵型优化转变

从国际规律看，随着经济发展水平提升，受工业化和城镇化驱动，投资结构出现向内涵型优化转变。一般而言，在工业化、城镇化初期，为满足居民对一般消费品和耐用消费品的需求，工业比重不断提升，第二产业投资占比不断提升。随着工业化和城镇化快速推进，城镇住房、基础设施

及相关重化工业需求快速增长，相关投资比重不断提升。随着工业化和城镇化进程向中后期转变，医疗、教育、金融、保险、旅游等服务性消费需求增加，第三产业比重不断提高，**投资由外延型扩张向内涵型增长转变，服务业投资比重不断提升，而基础设施、制造业投资比重相对下降。**当人均GDP为1万~2万美元时，美国的基建投资比重和制造业投资比重明显降低；日本的私人采矿和制造业投资比重也明显下降，而公共基础设施投资比重明显提高；韩国的知识产权投资比重明显提高（见图1-5、图1-6、图1-7）。

二 我国有效投资变动的总体趋势与基本特征

结合国际经验及影响我国有效投资增长的主要因素，综合分析"十四五"时期及展望到2035年我国有效投资增长的总体趋势、基本特征及其对未来我国经济增长的支撑性作用。

（一）影响投资增长的主要因素

近年来我国固定资产投资增速已出现趋势性放缓，从"十二五"时期的年均17.6%降至"十三五"时期的年均5.7%；同期，投资率也出现趋势性下降，已经从年均45.6%降至年均43.2%。理论及经验研究表明，投资主要由国民储蓄、工业化、城镇化等供需双侧因素共同决定，"十四五"时期及到2035年，随着我国人口老龄化加快、工业化进入尾声、城镇化进入"速减质增"阶段及新时期安全发展需求更为迫切，有效投资也将相应出现趋势性变化。

一是人口老龄化加快导致投资率下降。资本形成取决于国民储蓄，而储蓄率则主要受人口年龄结构的影响。从国际经验来看，劳动人口比重（15~64岁年龄人口占总人口比重）越高，储蓄率也越高。从我国发展实际来看，劳动人口比重与储蓄率总体保持了相似变动趋势，2010年我国劳动人口比重达到峰值后储蓄率也随之呈下降趋势。我国人口老龄化和少子化趋势不可逆转，尤其是未来一个时期老龄化还有加快趋势，劳动人口比重仍将持续下降。根据联合国人口署的预测，我国劳动人口比重将从2020年的70.3%降至2025年的69.1%、2035年的64.7%。这意味着国民储蓄率下行也将是长期趋势，并将进一步带动投资率下降。

二是工业化进入尾声导致投资率下行。工业化阶段，重化工业加快发展对投资形成大量需求。从国际经验来看，在快速工业化时期，投资率通常会保持较高水平。当前，我国已经基本完成工业化，总体上进入了工业化后期，经济运行相应出现了一些阶段性变化，尤其是经济由高速增长转向高质量发展、产业结构由重工业主导转向服务业及技术密集型产业主导，工业增加值占 GDP 比重已经跨过峰值，但随着我国加大力度支持制造业高质量发展，工业增加值比重在一段时期内将保持相对稳定。根据课题组预测，我国工业增加值占 GDP 比重将从 2020 年的 30.8% 调整为 2025 年的 32.5%、2035 年的 30.1%，制造业增加值占 GDP 比重基本稳定在 30% 左右。未来一个时期，我国工业化还将继续深化，制造业投资领域仍具有较强吸引力，但基础设施、房地产投资已进入阶段性拐点，尤其是随着高技术制造业和现代服务业的发展，其投资强度将明显低于重化工业时期，投资率趋稳甚至缓慢下降。

三是城镇化进入"速减质增"阶段带动投资率下降。城镇化过程中人口从农村向城市流动，将带动市政基础设施、基本公共服务等领域的投资需求。国际经验表明，在城镇化快速发展阶段，投资需求增速往往快于消费需求增速，投资率趋于上升，但随着城镇化进程放缓，投资需求增速也会明显放缓。当前，我国城镇化率已经超过 60%，已进入缓慢提高阶段，同时随着我国纵深推进以人为核心的新型城镇化战略，城镇化质量将加快上升，总体呈现"速减质增"的趋势。根据课题组预测，我国常住人口城镇化率将从 2020 年的 63.89% 提高为 2025 年的 65%、2035 年的 75% 左右。我国城镇化进入"速减质增"的新阶段，意味着未来一个时期，城市规模快速扩张已基本结束，进入以城市群和都市圈为形态的存量城镇化阶段，重点领域基础设施和基本公共服务领域补短板仍将继续加强，但投资率下降趋势会放缓。

四是安全发展需求带动投资率提升。我国逐步走向国际舞台中央，国际地缘政治环境更趋复杂，全球产业链分散化、多中心化，增大国内产业链高端"回流"和中低端"分流"压力，加大我国产业链"不稳"挑战；逆全球化风险增加，叠加美对我持续打压，我国科技创新出现短板，对产业循环形成瓶颈制约，产业链"不强""不安全"问题凸显。我国油气对外依存度仍然较高，石油对外依存度由 2000 年的 28%升至 2020 年的 73%、天然气对外依存度由 2007 年的 1.8%跃升到 2020 年的 43%，而我国能源需求还没有达到峰值，国内油气储量少且开采成本高，因此油气对外依存度还将持续上升。我国农业发展质量效益和竞争力还不高，种子安全、部分农产品对外依存度较高等问题日益突出。为保障产业安全、能源安全、粮食安全，保障经济社会持续稳定发展，对重点技术、重点环节、重点行业的投资将会增加。同时，为应对极端气候灾害等非常规性风险对经济社会发展的冲击，需要加大应急保障、战略物资储备、防洪减灾等领域的投资。这均需要增加相关领域的投资，带动全社会投资率提升。

（二）我国投资变动趋势

基于主要影响因素变化趋势及其与投资之间的量化关系，并结合投资关键性指标变化趋势，综合研判并测算未来一个时期投资关键性指标变动趋势。

一是投资进入低速增长阶段。2015 年以来我国全社会固定资产投资从前期的两位数的增长速度进入个位数的增长速度，并呈现继续下行态势。21 世纪以来，全社会固定资产投资增速均高于经济增速，但 2018～2019 年出现了新的变化，全社会固定资产投资增速低于经济增速1 个百分点（见图 3-1）。采用弹性系数法综合测算未来一个时期全社会固定资产投资，测算结果表明，21 世纪以来，我国全社会固定资产投资相对 GDP 的弹性系数总体呈现波动下降态势，并具有明显的阶段性特征。"十三五"时期之前全社会固定资产投资相对 GDP 的弹性系数保持相对稳定，其中"十五"时期年均为 2.2，"十一五"时期年均为 2.3，"十二五"时期年均为 2.2，但进入"十三五"时期之后，随着我国经济从高速增长阶段转向高质量发展阶段，更加注重投资的质量和效率，该弹性系数降至 1（见图 3-2）。未来一个时期，高质量发展仍将是经济发展的主题，预计全社会固定资产投资相对 GDP 的弹性系数仍将保持"十三五"时期的年均为 1 的水平。由此预测，2021～2025 年全社会固定资产投资增速为年均 5.5%、2026～2035 年为年均 4%，增速将呈现放缓态势。

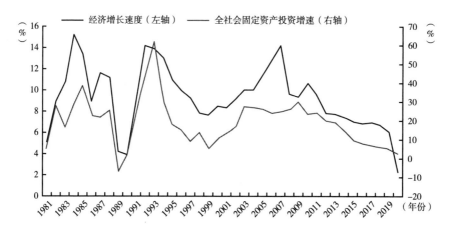

图 3-1　经济增速与全社会固定资产投资增速的关系

资料来源：《中国统计年鉴 2020》。

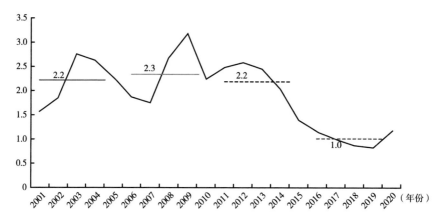

图 3-2　全社会固定资产投资相对 GDP 的弹性系数变化趋势

资料来源：课题组根据《中国统计年鉴 2020》测算得出。

二是投资率呈先稳后降态势。 2001～2020 年，我国投资率呈现先升后降态势，在 2011 年达到峰值 47% 后降至 2019 年的 43.1%（见表 3-1）。同期，投资对经济增长的贡献率在 2009 年达到峰值 85.3% 后波动降至 2019 年的 28.9%。基于 1990～2019 年全国层面的时间序列数据，以投资率为被解释变量，以劳动人口比重、工业增加值占 GDP 比重、常住人口城镇化率为解释变量构建回归模型，采用最小二乘法估计模型得到：

投资率＝－7.00+0.56×劳动人口比重+0.16×常住人口城镇化率+
0.03×工业增加值占 GDP 比重

进一步，将劳动人口比重、工业增加值占 GDP 比重、常住人口城镇化率的预测值代入上述模型，得到历史及未来一个时期我国投资率的估计值。考虑到模型本身及对相关解释变量预测的误差，且安全发展等应对不确定性的投资需求增加，我们结合"十三五"时期投资率变动趋势、模型估计值与实际值之间的误差，对估计值进行调整，调整后的投资率估计值表明，**到 2025 年我国投资率将从 2020 年的 43.1%调整为 2025 年的42.8%、2035 年的 37.6%，总体呈现"先稳后降"的趋势。**

表 3-1　2001~2020 年我国投资相关指标变化趋势

单位：亿元，%

年份	全社会固定资产投资	全社会固定资产投资增速	资本形成总额	投资率
2001	37214	13.0	39403	39.8
2005	88774	26.0	75576	40.3
2010	278122	23.8	191867	47.0
2011	311485	23.8	227673	47.0
2012	374695	20.3	248960	46.2
2013	446294	19.1	275129	46.1
2014	512021	15.2	294906	45.6
2015	562000	9.8	297827	43.0
2016	606466	7.9	318198	42.7
2017	641238	7.0	357886	43.2
2018	645675	5.9	402585	44.0
2019	560874	5.1	428628	43.1
2020	527270	2.7	437890	43.1

资料来源：《中国统计年鉴 2021》及统计公报。

三是产业投资结构加快优化。近年来，随着我国发展阶段不断变化，尤其是满足基本需求的重大基础设施日益完善、房地产行业供求关系出现逆转、家庭汽车刚需日渐饱和，一些传统的重化工业投资已经出现明显下降，这意味着持续近 20 年的重化工业高速增长周期在"十三五"末期进入尾声，而高技术制造业投资、高端服务业投资等增长动力仍然十分强劲，投资增长动力正在发生转换，产业投资结构正向高端化、绿色化、智能化、现代化转变。"十四五"及到 2035 年投资结构将继续优化，以新一代信息技术、生物医药、高端装备、新材料等为主的高端制造业，以现代金融、现代物流、商贸服务、文化创意、旅游休闲、健康养老等为主的现代服务业，以绿色低碳、节能环保、新能源、生态农业等为主的绿色产业，以及以大数据、云计算、物联网、人工智能及其广泛应用的新技术、新业态、新模式均将仍是产业发展的主要方向和产业投资的重点领域。

四是基础设施投资进入补短板、优结构阶段。随着满足基本需求的重大基础设施日益完善，近年来，基础设施投资增速已出现断崖式下滑，从 2018 年之前保持两位数增速降至个位数增速，尤其是交通、水利、环境、公共设施等传统基础设施投资增速出现了明显下滑。与此同时，基础设施内部的结构性矛盾仍然十分突出，供给能力和水平难以有效满足多样化需求，区域间、城乡间、不同群体间发展不平衡问题仍然突出，绿色、安全的基础设施发展不充分问题依然存在。未来一个时期，适应经济社会发展需要、新一轮科技革命和产业变革趋势，加快促进 5G、人工智能、工业互联网、物联网、数据中心等新型基础设施发展，并通过信息技术、智能技术升级改造传统基础设施，提升基础设施质量和效率，同时加大对应急设施、应对极端气候灾害等经济社会发展薄弱环节的补短板投资。

五是消费引领投资成为主要动力。随着我国经济发展阶段转变，尤其是人均 GDP 超过 1 万美元，进而从中高等收入阶段向高收入阶段迈进，居民消费需求已逐步从注重数量转向追求质量、从生存型消费转向发展型和享受型消费、从以商品消费为主转向以服务性消费为主，制约消费升级的主要矛盾转向供给端的生产。需要顺应消费升级的趋势，积极寻求投资与消费的结合点，以消费需求为潮流和方向确定投资结构、改善生产结构，实现投资与消费的良性互动。当前制约我国消费增长的瓶颈因素很多，尤其是教育培训、文化创意、旅游休闲、健康养老、家政服务、托育托幼、农村现代物流等民生性服务消费供给不足问题十分突出。需要加大公办养老机构、养老服务设施、护理型床位建设力度，加大公立教育培训体系建设力度，促进普惠制幼儿园所发展，完善托育托幼设施，加强农村便捷化物流体系建设等，为消费活动创造更便捷、更高效、更高质量的设施条件和环境。

六是绿色低碳投资进入高增长时期。2020 年 9 月，习近平总书记在第七十五届联合国大会一般性辩论上发表重要讲话时提出我国二氧化碳排放力争于 2030 年前达到峰值，努力争取 2060 年前实现碳中和。由于我国能源消费结构以化石能源为主，2020 年原煤消费占化石能源消费比重仍高达 56.8%，化石能源消费总量占能源消费总量比重仍达 84.2%，能源消耗是二氧化碳排放的主要来源。根据《BP 世界能源统计年鉴》，2019 年我国由化石能源燃烧产生的二氧化碳排放量约 98 亿吨，其中，煤炭消耗带来的二氧化碳排放量超过 75 亿吨，占化石能源燃烧产生的二氧化碳排放总量的比重超过 75%。2020 年我国二氧化碳排放量增至 98.9 亿吨，单位 GDP 二氧化碳排放降至 1 吨/万元，但仍然是世界平均水平的 3 倍多、欧盟的 6 倍多。"十四五"时期是我国推进实现碳达峰、碳中和目标的关键时期，能源体系绿色低碳转型，交通、建筑和工业领域的大规模去碳化投资将大幅增加。

七是城市群和都市圈成为投资新增长点。2020 年我国常住人口城镇化率提高到 63.89%。随着城镇化率超过 60%，城镇化开始进入下半程，进入新的发展阶段，人口向中心城市尤其是都市圈集聚的特点愈加突出。目前全国已经形成上海、北京、广州、杭州、深圳等 20 余个 1000 万人甚至 2000 万人以上的大都市圈。到 2030 年，我国城镇化率将达到 70% 左右，新增的 2 亿多城镇人口的 80% 将集中在 19 个城市群，其中 60% 将在长三角、粤港澳、京津冀等 7 个城市群和都市圈。随着人口和经济要素的集聚，轨道交通、城际铁路、教育、医疗、5G 等基础设施将面临严重短缺，需要吸纳更多投资，因而成为新型城镇化投资的新增长点。

八是房地产投资见顶下降并进入低速增长阶段。近年来，由于政策严控以及取消棚改货币化安置，重点城市新房和二手房成交规模持续萎缩，房地产开发投资增速已经出现断崖式下降，从 2013 年前的 20%~30% 降至 2015~2020 年的年均 6.8%，且各年增速都是个位数。2018 年城乡居民人均住房建筑面积分别达到 39 平方米和 47.3 平方米。2019 年以来中央多次重提"房住不炒"，在坚持"房住不炒"的基本原则下，加之劳动年龄人口、就业人口、出生人口趋势性下降和城镇化率超过 60%，由人口年龄结构决定的住房内生需求增长动力不足，城镇新增人口数量持续减少导致住房刚需下降，这意味着未来住房需求逐步减少，房地产开发投资高增长趋势难以再现，预计未来房地产开发投资增速还将出现明显下滑，投资空间缩小，进入低速增长阶段。

三　重点领域有效投资增长的潜力及空间

重点领域有效投资是我国投资增长的主要支撑。结合我国有效投资增长的总体趋势及基本特征，根据未来一个时期我国经济社会发展需要，重点分析产业转型升级、城乡区域、基础设施、绿色低碳等重点领域有效投资增长的潜力及空间。

（一）顺应科技发展趋势，产业转型升级投资潜力巨大

以信息化、数字化、智能化为主要特征的新一轮科技革命和产业变革加快发展，全球技术创新呈现新的发展态势，将催生大量新技术、新模式、新产业和新业态。我国在关键核心技术领域仍存在短板，产业链、供应链不稳不强，需要加大重点行业、重点领域、重点环节的有效投资，提升产业链、供应链、创新链水平，加快建设现代化产业体系，全面提高发展质量和核心竞争力。

一是工业技术水平、产品装备等改造升级投资持续扩大。随着我国经济社会发展水平的提升，工业化、城镇化的推进，工业投资占全社会固定资产投资的比重呈现先升后降再升再降的"马鞍形"变化趋势，近年来稳定在 40%左右（见图 3-3）。技术改造投资对于优化工业结构、提升工业产品档次和促进工业向价值链中高端迈进发挥了重要作用，其增速一直显著高于工业投资增速，2020 年其占工业投资的比重提高到 47.1%。我国工业增加值占 GDP 比重在 2006 年达到峰值（42%）后呈现稳中有降态势，但新时期为加强产业安全、保障制造业比重的相对稳定，预计到2025 年工业增加值占 GDP 比重将调整为 32.5%左右，同期工业投资占全社会固定资产投资比重将保持相对稳定。同时，随着我国深入实施创新驱

动发展战略，不断加大对企业技术改造的经费投入，加大对中小微企业的技术改造扶持力度，技术改造投资占工业投资的比重还将稳步上升。综合来看，预计未来一个时期我国技术改造投资增速将明显高于工业投资增速，到 2025 年技术改造投资占工业投资的比重将提高到 55% 左右，到 2035 年将进一步提升到 65% 左右。

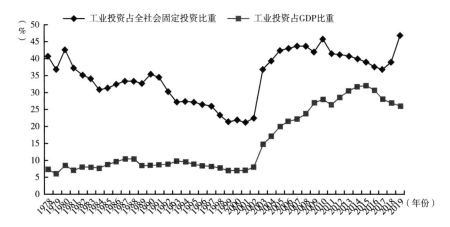

图 3-3 1978~2019 年工业投资占全社会固定资产投资比重、占 GDP 比重

资料来源：国家据统计局。

二是高技术产业①投资是主要增长点。 以信息化、数字化、智能化为主要特征的新一轮科技革命和产业变革加快发展，新技术的发展及其广泛应用带动工业和制造业转型升级，劳动密集型产业将出现产业外迁和转移，资本密集型产业和技术密集型产业加快发展，2020 年我国高技术产业增加值占规模以上工业增加值比重已提高到 15.1%，到 2025 年还将进一步提到 20% 以上。实现高水平自立自强是我国构建新发展格局的本质特征，高技术产业和战略性新兴产业将成为工业投资的重点和热点。近年来，高技术产业投资占制造业投资比重及其占全社会固定资产投资比重均在不断提高，2019 年分别提高到了 16.38%、6.49%（见图 3-4）。未

---

① 依据国家统计局印发的《高技术产业（制造业）分类（2017）》，高技术产业（制造业）是指国民经济行业中 R&D 投入强度相对高的制造业行业，包括医药制造，航空、航天器及设备制造，电子及通信设备制造，计算机及办公设备制造，医疗仪器设备及仪器仪表制造，信息化学品制造六大类。

来一个时期，预计高技术产业投资增速仍将远高于全社会固定资产投资增速，到 2025 年占全社会固定资产投资的比重将提高到 11% 左右，到 2035 年将进一步提高到 20% 左右。

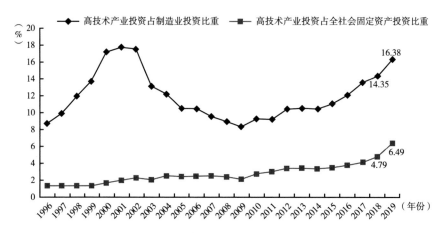

图 3-4   1996~2019 年高技术产业投资占制造业投资比重、占全社会固定资产投资比重

资料来源：历年《中国固定资产投资统计年鉴》。

（二）顺应协调发展趋势，区域间、城乡间投资潜力更趋平衡

我国区域间、城乡间经济社会发展不平衡性突出，结合城乡经济发展，东、中、西部地区经济发展阶段和实际需要，推进区域协调发展和新型城镇化建设，优化投资空间布局的潜力和空间还很大。

一是区域协调高质量发展推动中西部地区投资需求加快增加。长期以来，区域差异大、发展不平衡是我国的基本国情。以国内大循环为主体构建新发展格局，需要推进区域协调发展，充分发挥各地区比较优势，形成强大的国内统一市场。随着京津冀协同发展、粤港澳大湾区建设、长江经济带发展、长三角一体化发展、黄河流域生态保护和高质量发展等区域重大战略的深入实施，西部大开发、中部地区高质量发展等区域发展战略的实施，区域经济发展的动力和活力将进一步增强，发展的新增长极、新增长带加快形成，尤其是公共服务更加均衡，区域发展的协同性、联动性、整体性加快提高。我国中西部地区资源富集、人口

较多，但发展水平相对较低，经济社会发展补短板投资需求大，扩大投资具有巨大的空间和潜力，是新发展阶段扩大内需的重点区域。而东部沿海省份和经济发达地区，产业发展层次较高，部分城市人均收入已经达到发达国家标准，经济社会发展锻长板的投资需求空间大。随着区域协调发展战略的深入推进，各地区尤其是中西部地区投资潜力加快释放和空间加快扩大，有效投资增长的空间布局将更加均衡，到 2025 年东部地区投资潜力及空间占全国比重将降至 38.9%，而中西部地区合计将升至 52.3%（见图 3-5）。

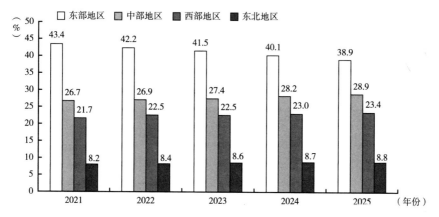

图 3-5　"十四五"时期各地区投资潜力及空间占全国比重预测

资料来源：课题组测算。

二是新型城镇化高质量发展带动城乡投资需求加快扩容。近年来我国常住人口城镇化率持续提高但增长速度趋于放缓，城镇化已进入"速减质增"的新阶段，农业转移人口融入城市并带动家属"进城"加快，中心城市及都市圈对优质生产要素和人口吸纳能力进一步增强，城市大规模向外扩展的趋势得到遏制并逐步演化至"存量更新"的阶段，同时城乡融合加速深化、城镇品质加快提升。这都将带动城镇投资需求扩张，尤其是农业转移人口市民化将带动教育、医疗、养老等公共服务投资需求增加，中心城市及都市圈建设将带动城市群、都市圈之间及城市群、都市圈内部不同城市之间的城际轨道交通基础设施建设投资加大，城市更新改造直接带动老旧小区、老旧厂区、老旧街

区、城中村等"三区一村"改造投资增加。综合来看，考虑到各地区
推进农业转移人口落户自由化和公共服务均等化，到 2025 年我国城镇
化率预测将提高到 65% 左右，"十四五"时期将累计增加农业转移人口
约 5000 万人，年均约 1000 万人；将累计带动城镇固定资产投资增加
约 25 万亿元，年均约 5 万亿元（见表 3-2）。①

表 3-2　"十四五"时期带动的新增城镇固定资产投资需求

单位：万亿元

2021 年	2022 年	2023 年	2024 年	2025 年	合计
5	5	5	5	5	25

资料来源：课题组测算。

三是乡村振兴全面推进助力农村投资需求提质扩容。我国已进入全面
推进乡村振兴、加快农业农村现代化的新发展阶段，但农村基础设施建设
仍然滞后、农村环境和生态问题仍然比较突出、农村民生领域"欠账"
仍然较多、城乡基本公共服务和收入水平差距仍然较大，发展不平衡不充
分问题十分突出。"十四五"及未来一个时期，随着我国持续巩固拓展脱
贫攻坚成果、推动实施乡村建设行动、加快发展农村社会事业、加强和改
进乡村治理等，将会推进公共资源、治理资源向乡村配置，改善农村生产
生活生态环境，带来农村投资需求提质扩容。尤其是，推进农村人居环境
整治提升改造、因地制宜建设污水处理设施、健全农村生活垃圾收运处置
体系等将带来大量基础设施投资需求，提升农村公共服务覆盖率和水平等
也将带来大量补短板投资需求。综合来看，"十四五"时期将累计增加农
村固定资产投资需求约 5 万亿元，年均约 1 万亿元。

（三）顺应经济社会发展需要，基础设施投资潜力巨大

基础设施建设仍然是现阶段我国国民经济发展中的薄弱环节，农林水
利、交通通信、城市基础设施、战略性物资储备等传统基础设施领域仍有

---

①　据相关研究，城镇人口每增加 1 人需增加城镇固定资产投资约 50 万元。

巨大的补短板投资空间和潜力，同时顺应新一轮科技革命和产业变革趋势、加快建设现代化产业体系的需要，5G、物联网、人工智能、工业互联网等新型基础设施领域也创造了巨大投资需求。

一是传统基础设施补短板、提质量投资需求还将持续扩大。从"十二五""十三五"期间看，公路、铁路、水路、民航、轨道交通等传统基础设施投资持续增加，分别累计达到 12.95 万亿元和 23.73 万亿元，十年平均增速为 3.8%。这带动了重大基础设施加快完善，"五纵五横"的综合运输大通道基本贯通，高速铁路网、高速公路网基本建成，高速铁路营业里程占全球的 60% 以上，高速公路里程位居全球第一，全球机场旅客吞吐量前 10 位中占 3 位，港口货物吞吐量前 10 位中占 7 位。但我国人均基础设施还只有前沿发达国家的 20%~30%，与快速的经济社会发展需要相比仍然有差距。"十四五"及未来一个时期，随着推进能源革命、建设交通强国、提高水利安全等，还需继续加强能源、交通运输、水利等重大基础设施建设，补足短板、提升质量。具体来看，随着能源革命全面推进，需要加快完善能源供储销体系、加强国际国内能源勘探开发、加快油气储备设施和全国干线油气管道建设、建设智慧能源系统等，这将带来能源基础设施投资增加；随着交通强国战略全面实施，需要加快完善运输大通道、综合交通枢纽和物流网络、加快健全都市圈轨道交通网络，以及提高农村和边境地区交通通达度等，这将形成巨量交通基础设施投资需求；提高水利安全水平，需要提高农田水利设施水平、提升水资源优化配置和水旱灾害防御能力等，这也将带来水利基础设施投资需求。然而，受传统基础设施边际效应递减、地方政府债务约束加强影响，由政府主导的传统基础设施投资增速将有较大幅度下降，预计"十四五"时期将降至年均 3% 左右。到 2025 年，传统基础设施投资规模将达到 6 万亿元，"十四五"时期累计投资约 30 万亿元。

二是新型基础设施投资需求增长十分快速。当前关于新型基础设施的界定仍未达成共识。一般而言，新型基础设施包括数字基础设施（数字产业化）和产业数字化两个方面，前者包括 5G 网络、数据中心、计算中心、工业互联网、信息网络安全、重大研发机构和基地，后者包括利用数字技术提升已有基础设施效能、新兴产业的基础设施、城市公用基础设施及传统产业数字化转型。从"十二五""十三五"期间看，以信息基础设施等为代表的新型基础设施投资还处于起步阶段，信息基础设施投资分别累计达2万亿元、1.9万亿元，10年平均增速为2.1%，比同期传统基础设施投资增速低1.7个百分点。与传统基础设施建设基本上由政府主导不同，新型基础设施与新产业、新业态、新商业模式以及新产品、新服务联系紧密，直接作用并服务于工业、农业、交通运输业、能源等垂直行业，以市场化、企业化运作为主，投资主体、投资模式呈现更加多元化的特征。未来一个时期，顺应以信息化、数字化、智能化为特征的新一轮科技革命和产业变革加快发展，以5G、人工智能、工业互联网、物联网、数据中心等为重点的新型基础设施建设需求将加快增加，形成增长迅速、规模巨大的投资需求。结合相关研究测算，预计到2025年新型基础设施建设投资规模将扩大到4.2万亿元，"十四五"时期累计投资规模将扩大到17.5万亿元。

（四）顺应"双碳"发展趋势，绿色低碳投资潜力巨大

我国提出到2030年碳排放强度较2005年下降65%以上，二氧化碳排放力争于2030年前达到峰值，努力争取2060年前实现碳中和。这将加速推动电力、交通、建筑和工业等领域的大规模去碳化，加快争取在大多数产业生产和发展中实现自身的近零排放，不断加强林业碳汇吸收固碳，这些将形成规模巨大的投资需求。

一是电力低碳化、清洁化投资需求加快增加。近年来，随着大力发展水能、核能、风能、太阳能等非化石能源，以煤炭、石油、天然气为代表的化石能源的主体地位虽未发生动摇，但比重已趋于下降，尤其是煤炭比重逐年下降，能源供给结构更加多元，清洁化、低碳化日趋显著。截至2020年，我国煤炭消费比重继续降至60%以下，非化石能源消费比重提升至18.8%。在碳达峰、碳中和路径下，电力系统需要深度"脱碳"，太阳能、风能、核能和绿色氢能等非化石能源的投资和生产将比以往更快增长。国网研究院、风电协会等机构预计，"十四五"时期新增风光装机容量将达到年均100吉瓦（GW）左右，比"十三五"时期增加约1倍；到2050年，风光的总装机容量将达到4000GW左右，比2020年的水平（约

350GW）提高 10 倍以上，占 2050 年我国发电量的 65% 以上。

二是交通电动化、绿色化投资需求持续扩大。 交通运输行业是我国碳排放的重要来源之一，2019 年交通运输领域碳排放总量占全国碳排放总量的 10% 左右，其中公路占 74%、水运占 8%、铁路占 8%、航空占 10% 左右。根据世界能源研究所的研究，交通运输行业碳减排措施中，车辆电动化贡献碳减排的 49%，缩短年驶里程、削减小汽车使用量贡献约 30%，运输结构调整贡献 21%。通过推进车辆的电动化和电气化，可以有效降低交通运输领域的碳排放，尤其是能基本解决道路交通（公路、铁路）的碳排放问题。进一步推进交通运输行业用能结构优化，推广低碳交通运输设备，鼓励船舶和航空运输使用天然气、电能等清洁能源，加速淘汰高耗能交通运输设备和技术，大力推广氢燃料电池汽车。同时，加快城乡绿色基础设施建设，推进交通基础设施绿色低碳化建设改造，加大轨道、快速公交等公共交通设施投资，加快建设汽车充电基础设施，超前建设加氢基础设施，建设城市骑行、步行等绿色出行设施等，这均将带来巨大的投资需求。

三是建筑低碳化甚至零碳化建设带来巨量投资需求。 我国建筑碳排放总量（直接碳排放和间接碳排放）总体呈持续增长趋势，2019 年达到 21 亿吨，占全国碳排放总量的 21%（其中，直接碳排放约占碳排放总量的 13%）。目前我国建筑面积约 650 亿平方米，每年新增建筑面积约 20 亿平方米，到 2030 年将达到 900 亿平方米。为遏制建筑碳排放的持续增长态势和解决建筑碳排放问题，需提高新建建筑物节能标准，制定和实施超低能耗和零碳建筑标准，推广零碳建筑，加大既有建筑节能改造力度，加强零碳建筑技术研发和推广应用，提高建筑用能电气化率，推广节能和智能化高效用能的产品和设施等，这将带动低碳甚至零碳建筑建设投资需求增长。

四是工业提能效、降排放改造投资需求快速增加。 工业（不包括电力和热力行业）是我国碳排放的重点领域，约占全国碳排放总量的 30%，是我国除电力和热力外第二大碳排放来源。工业碳排放主要包括高温工艺、生产排放、报废处理排放三大来源，据 Materials Economy 的数据，这三项合计约占工业碳排放的 84%。根据世界资源研究所的研究，到 2050 年，通过优化工业生产、提升工业能效可分别贡献总减排的 20.7% 和 21.2%。为推进工业节能降碳，需要加强工业技术的研发创新，开发新的节能降碳工艺，大规模使用高能效、低排放甚至零碳技术，通过使用新材料、新能源替代化石能源来降低生产过程中的碳排放，通过提高工业体系能源和资源利用效率降低碳排放。同时，考虑到我国工业仍然大量使用燃煤锅炉，电气化率约为 26%，远低于前沿发达国家水平，还需要提高电气化率并使用绿电，这将带来巨大的工业改造投资需求。

综合来看，推进碳达峰、实现碳中和是个系统工程，需要加大电力、交通、建筑和工业等领域的绿色低碳投资。根据清华大学课题组的研究，为实现升温不高于 2℃ 的目标，2020~2050 年我国能源系统需新增投资累计约 100 万亿元，年均投资占 GDP 的 1.5%~2%；而要实现升温不高于 1.5℃ 的目标，则需新增投资约 138 万亿元，年均投资超过 GDP 的 2.5%。而根据中国投资协会估计，在碳中和愿景下，我国在可再生能源、能效、零碳技术和储能技术等七个领域需要投资 70 万亿元。平均来看，未来 30 年，我国实现碳中和所需绿色低碳投资的规模在 100 万亿元以上，年均投资占 GDP 比重为 2% 左右，到 2025 年投资约为 2.7 万亿元，"十四五"时期累计投资规模需达到 12 万亿元以上。

四　我国投资增长的主要制约因素

我国有效投资空间仍然很大，但受投资渠道不畅、融资渠道不足、投资能力不强、投资环境不优等多重因素影响，民间投资"不愿投、不敢投、不能投"交织，政府投资也存在"不会投、低效投、不能投"等问题，制约有效投资的扩大。

（一）投资渠道不畅

一是民间投资仍缺乏公平的市场准入机制。"玻璃门""弹簧门""旋转门"等"三重门"依然存在，部分垄断性行业的竞争性环节尚未市场化，民企进入金融、保险、证券、邮政、通信、石化、电力等行业难度较大，行业垄断和其他歧视性的准入政策还未完全消除，导致民企融资门槛高、中标难、投资渠道不顺畅。即便很多行业已对外开放，但仍然有准入的隐形门槛或者障碍，在实际操作中多数民企仍然会因"高标准"的准入条件限制而难以进入，也存在"准入不准营"难题，尤其是部分行业或者领域的准入前置条件是为国有企业量身定制的，如对参与竞标的机构设置高额保证金、资质等级等明显偏高等不合理条件。

二是合作企业的经营机制、投资回报机制、投资退出机制不完善。即便民间投资可以通过 PPP 等渠道进入环保、交通、能源、社会事业等服务业领域，但在具体经营过程中仍然缺乏话语权，而且在进入项目后的定价机制、利益分配机制等也不明确，民间投资权益缺乏保障，同时缺乏高效的交易平台，民间投资资金的退出渠道比较单一，使得民间投资面临较大风险，不利于激发民间投资动力。

（二）融资渠道不足

一是企业融资难持续存在。我国企业融资渠道较少且不畅通，银行等间接融资仍然占主导地位，但受对投资项目的投资效益要求、信息披露要求和市场监管要求等限制，占据主导地位的大银行在提供信贷服务时仍然存在"规模歧视""所有制歧视"等现象，广大中小微企业、民营企业的融资需求难以得到满足。尤其是对于具有缺乏足够抵押物、抗风险能力弱、财务核算不规范、企业主个人信息不透明等特征的小微企业，在担保体系建设滞后、社会信用体系不完善的环境下，银行不愿贷款的倾向较强，小微企业面临的"融资难、融资贵"问题也更加突出。加之，实体经济下行压力大、盈利能力不高，大量可贷资金涌入房地产、金融等虚拟经济，导致各类资产价格急剧上升，而资产增值又进一步推动虚拟经济吸收更多可贷资金，削弱金融体系对实业投资和实体经济发展的支持力度。而且，银行具有较强的议价能力，还通过抵押物登记评估费用、承诺费、资金管理费、财务顾问费、咨询费等形式向贷款企业收取额外费用，或通过捆绑销售理财产品锁定贷款、预先存款等方式使贷款企业的实际贷款额度缩水、成本增加。同时，资本市场等直接融资发育仍然相对滞后，股票市场制度尚不完善、债券市场产品种类不齐全，普惠金融、科创金融、绿色金融等不能满足企业融资需要。

二是政府融资渠道有限。我国地方债务融资的规范机制尚未建立，融资渠道较窄、融资能力有限，长期过度依赖政府融资平台模式，而《国务院关于加强地方政府性债务管理的意见》（国发〔2014〕43号）的发布实施则加强了地方政府性债务管理，取消了融资平台公司为地方政府举债融资的职能。随着地方政府融资渠道受到更为严格的限制，地方政府债券已成为地方政府最主要的融资模式，到2020年末其余额已达到254864亿元，但地方政府债券规模扩大，加之长期积累的约15万亿元隐性债务需要稳妥化解，对后期扩大债务融资规模形成刚性约束。同时，近年来快速发展的政府与社会资本合作（PPP），也已成为地方政府融资的重要模式，截至2020年12月底，财政部PPP在库项目总计13298项，总投资额达19.2万亿元，但因相关配套措施和规范文件不完善，PPP市场发展不规范积累的隐性债务风险也给扩大融资带来约束。

（三）投资能力不强

一是企业经营成本高企挤压盈利空间。2013年以来我国劳动力规模已经开始收缩，劳动力成本经过轮番上涨之后，劳动力成本低的比较优势已经消失，"招工难""用工荒""用工贵"问题凸显。城镇化发展加剧土地供需矛盾，传统低价供给模式已经不可持续，土地要素成本大幅上涨。金融资本脱实向虚，中小企业"融资难、融资贵"问题长期存在，加之企业尤其是中小企业应收账款积压降低资金流动性，推动企业资金成本上升。同时，2021年以来，原油、铁矿石、有色金属等大宗商品价格持续高位运行，能源价格上涨冲击或将继续加大，能源和原材料成本高企且难以下降。劳动力、土地、资金、原材料等综合成本过快上升压缩了企业利润空间，降低了企业投资意愿和投资能力。

二是政府投融资能力受到多重因素制约。由于部分地方专项债额度不足、分散化使用、缺乏滚动支持等，专项债券对基础设施建设投资的撬动作用难以充分发挥。近年来，土地出让收入在地方政府性基金预算中的比重很高且逐年上升，在部分地区甚至已经高达90%以上，但2021年以来，随着房地产市场"降温"，土地整体流拍撤牌率高企，地方政府土地出让收入锐减，对地方基础设施建设资金来源形成很大制约。近年来，在遏制地方隐性债务的政策导向下，城投公司面临的融资约束明显加强，尤其是《银行保险机构进一步做好地方政府隐性债务风险防范化解的工作指导意见》（银保监发〔2021〕15 号）的发布实施，使城投公司融资成本和空间受到极大挤压，弱区域、弱资质平台公司面临的流动性压力更大，城投公司参与基础设施建设能力越来越弱。

（四）投资环境不优

"放管服"改革仍然存在"不到位"问题，制约了投资环境的持续优化，尤其是该审批而不批的政府职责"错位"、上级取代下级的审批"越位"与该管而放任不管或管不到位的"缺位"等问题仍未完全根除，部分领域存在审批环节多、时间长、手续繁杂等问题，安检、环检等中介评估信息不能共享共用。同时，审批权取消或下放是一项系统工程，部分部门行政权力互为前置条件，而各部门放权不同步，取消或下放的也不是全部权力，应配套的法律法规未及时修订、应配套的人财物资源未相应调整等系统性不足的问题，导致基层接不好权、用不好权，出现改革"最后一公里"卡壳。例如，工程咨询服务和市场监管不到位，政府投资终身责任追究制度没有建立且投资公开透明度不高，投资监管还未完全适应"放"的进程。政府服务需求表达机制不畅、绩效评估机制缺失等情况也未完全改变，公共服务薄弱的局面没有根本转变，服务碎片化、差异化、属地化、低水平、低效率等问题依然存在，也降低了企业对投资环境优化的感受度。

五　促进有效投资的思路和对策建议

要顺应投资变动趋势，抢抓重点领域投资需求空间大的机遇，聚焦投资渠道不畅、融资渠道不足、投资能力不强、投资环境不优等薄弱环节，坚持辩证思维、系统思维和战略思维，加快完善投资全链条的体制机制，激发民间投资积极性，提升政府投资效率效益，充分挖掘投资潜力，加快扩大有效投资。

（一）实施投资渠道疏浚工程，畅通投资渠道

要加快建立破除隐形准入壁垒的常态化工作机制，扩大隐形壁垒排查范围，强化公平竞争审查刚性约束，探索开展市场准入效能评估结果运用，持续清除所有制和地域性歧视。要持续完善市场准入负面清单管理制度，进一步压减市场准入负面清单，及时修订或调整与市场准入负面清单不一致的法律法规、部门规章及行政审批文件。要以降低门槛、放宽市场准入条件为重点，破除行政性、行业性和地区性壁垒，进一步放开能源、电力、通信、市政等领域的市场准入，有序推进垄断行业上、中、下游全链条准入条件放宽。鼓励和引导社会资本进入法律法规未明确禁止的行业和领域，支持民营企业参与盘活政府性存量资产，鼓励民营企业通过资本联合、产业协同、模式创新等方式参与国有企业重大投资项目、成果转化项目和资产整合项目。尽快明确资本"红绿灯"设置，推出"绿灯"投资案例，出台促进互联网平台规范健康发展等的具体措施。对国有企业设立"正面清单"和"项目指导目录"。加强政府投资的战略性引导，适应经济高质量发展及碳达峰、碳中和工作需要，加大新型基础设施、战略性新兴产业等升级和更新改造领域投资，加大公共安全、公共卫生、物资储备、防灾减灾、民生服务、公立教育等补短板投资，加大生态环保、可再生能源、节能降碳、碳捕集利用和封存等绿色低碳投资。

（二）实施融资渠道扩容工程，拓宽融资渠道

要适度调整监管机构对商业银行的业绩考核要求，进一步下放授信审批权限，赋予贴近企业的基层金融机构合理信贷权。引导金融机构加强绿色金融、供应链金融、动产抵押和贸易融资等金融产品创新。健全政策性融资担保和增信体系，建立贷款风险补偿机制、民企信贷专项风险补偿基金，建立中小微企业信用保证基金，大力发展与贷款企业规模结构相匹配的中小微金融机构。构建多层次股权投资体系，积极发展私募债、公司债、可转债、绿色债、中期票据等融资工具，拓宽中小微企业应用债权、股权融资渠道。进一步完善政府和社会资本合作模式，做强政府产业基金，发挥财政资金"酵母"和"杠杆"作用，建立完善重大产业、重大

项目和重点企业的产融对接机制。加大国家融资担保基金对省级再担保公司股权投资力度，壮大担保机构的风险抵御能力。推进基础设施领域不动产投资信托基金（REITs）健康发展，引入社会资本盘活基础设施存量资产。抓住全球长期低利率融资环境机遇，加快扩大一般债发行规模，拓展专项债发行领域、创设新品种，鼓励有实力的政府背景企业发行永续债，拓宽地方政府债务融资渠道，加快地方政府融资平台市场化转型。

（三）实施企业降本增效行动，提升投资能力

要积极探索建立投资规划调控方式，明确投资总体目标和分区域目标、投资资金来源渠道、重点项目数量及其建设时序与区域空间安排等，完善投资调控方式。强化各级各类规划支撑、协同，加强重大项目用地用海用能、金融支持等各类资源要素保障，确保重大工程项目落地生效。强化中央预算内投资项目事中事后监管，加快完善中央和地方推进重大项目投资的协同、协调机制，提高项目建设质量和资金使用效益。加强政府投资项目的经济效益、社会效益等综合评估，防止盲目投资和重复建设。加强对企业投资的引导，在提出鼓励、限制或禁止发展的产业导向时，同步推出分区域的产业发展导向，避免盲目过度竞争和盲目投资。同时，要加快推进土地、劳动力、资本、技术、数据等要素市场化配置体制机制改革，持续推动减税降费，进一步提高小规模纳税人增值税起征点，继续实施小微企业所得税优惠政策，进一步清理规范政府定价经营服务性收费，降低一般工商业平均用能用电价格，降低企业综合经营成本。尤其是要继续简并增值税税率档次，将制造业增值税税率由 13% 下调到 12%，进一步降低重点行业高新技术企业所得税税率，持续实施研发费用加计扣除政策，实施企业创新再投资减免税收政策。鼓励企业参与组建多种形式的产业联盟，以资本为纽带、以项目为载体、以技术为平台、以上下游企业为链条，加强资源整合与创新协同，提升整体的投资能力。引导金融机构适度让利，加大对实体经济特别是小微企业科技创新、绿色发展的支持。强化契约精神，有效治理恶意拖欠账款和逃废债行为。加强对企业家的关怀和保护，营造激励企业家干事创业的浓厚氛围，增强企业家投资创业信心，稳定民间投资预期。

（四）实施营商环境提升行动，优化投资环境

要对标国际先进水平，继续深化"放管服"改革，减少行政审批事项、简化审批环节，着力提升政务服务能力，为各类市场主体投资兴业营造市场化、法治化、国际化的营商环境。以深化企业投资项目"最多跑一次"改革为统领，进一步深化行政审批制度改革，持续优化开办企业、工程建设项目审批、跨境投资和贸易、注册商标等事项的办理环节，提升企业全生命周期服务质量和效率。加快推进行政审批事项目录清单、行政权力清单、政府责任清单制度建设，明确政商交往"正面清单"和"负面清单"。进一步简化投资项目审批流程，整合建设项目并联审批系统资源，建设"横向到边、纵向到底"的审批管理系统，协同推进环境评价、用地审批、工程方案审核等，实现统一受理、并联审批、实时流转、跟踪督办、信息共享。强化社会信用体系建设，加快推进政务诚信、商务诚信、社会诚信、司法诚信等重点领域制度化建设。

（执笔：易信、宋傅天）

主要参考文献

1. 丛书编写组：《坚定实施扩大内需战略》，中国市场出版社、中国计划出版社，2020。

2. 黄群慧：《论构建新发展格局的有效投资》，《中共中央党校（国家行政学院）学报》2021 年第 3 期。

3. 黄群慧：《新发展格局的理论逻辑、战略内涵与政策体系——基于经济现代化的视角》，《经济研究》2021 年第 4 期。

4. 黄群慧：《从高质量发展看新型基础设施建设》，《学习时报》2020 年 3 月 18 日。

5. 刘立峰：《未来的投资趋势与特征》，《宏观经济管理》2019 年第 10 期。

6. 刘立峰：《新时期实现投资内生增长的机制研究》，《宏观经济研究》2021 年第 10 期。

7. 李晓华：《面向智慧社会的"新基建"及其政策取向》，《改革》2020 年第

5 期。

8. 任荣荣、徐文舸：《城市更新是扩内需和促转型的有效抓手 未来每年将产生数万亿级的投资需求》，《中国经贸导刊》2021 年 6 月下。

9. 任泽平、熊柴、孙婉莹、梁颖：《中国新基建研究报告》，《发展研究》2020 年第 4 期。

10. 汪红驹：《当前增加有效投资的重点是补短板》，《中国发展观察》2018 年第 17 期。

11. 徐文舸：《"十四五"时期我国制造业投资增长趋势预测》，《中国物价》2020 年第 7 期。

12. 徐宪平主编《新基建：数字时代的新结构性力量》，人民出版社，2020。

13. 张晓强：《加大基础设施投资力度 推进经济社会发展》，《全球化》2020 年第 2 期。

第四章

我国中长期以新型城镇化建设
扩大内需的重点方向

内容提要："十四五"时期我国新型城镇化步入"速减质增"并行的城镇化中后期、"极化分化"交织的城镇结构变动期、"存量增量"交替的城镇发展演化期、"硬件软件"互促的城镇品质提升期、"城乡融合"加速的城镇化深度调整期，面临加快提升新型城镇化质量、促进农业转移人口融入城市、提升重点地区综合承载能力、加快建设现代化新型城市、构筑新时代新型城乡关系等五大任务。以新型城镇化建设扩大内需的重点方向在于增强城市承载能力，强化关键领域精准投资；全面激发消费潜力，提升城乡消费服务供给；实施城市更新行动，扩大城市更新改造投资；提升城市管治水平，加大新型基础设施投资；畅通城乡要素交换，提升城乡要素循环水平。

一 我国新型城镇化的阶段特征

（一）步入"速减质增"并行的城镇化中后期

从城镇化发展阶段来看，2015～2019 年城镇化率分别同比增长 1.3 个、1.2 个、1.2 个、1.1 个、1.0 个百分点，2020 年我国城镇化率达到 63.89%，"十三五"期间我国城镇化率增速呈现逐年下滑的态势（见图

4-1）。"十四五"及未来一个时期，我国城镇化率将迈入65%以后的中后期发展阶段，城镇化率仍将保持一定增长速度，尤其是处于城镇化中期的中西部地区城镇化率将保持较快增长速度，但我国城镇化率整体增长速度将继续呈现放缓态势。特别是"十四五"时期，全球和我国经济发展将迎来巨大挑战。此外，我国城镇化质量不高，常住人口城镇化率与户籍人口城镇化率仍然有巨大差距，2019年2.9亿名农民工长期徘徊于城乡之间（见图4-2），陷入"城里留不下、农村回不去"的困境，这将给我国经济社会发展带来巨大的挑战。"十四五"及未来一个时期，如何有序有效促进农村转移人口顺利融入城市并带动家属"进城"进而实现城镇化、提高城镇化质量是重点趋势。总体来看，"十四五"时期，我国城镇化将步入"速减"和"质增"并行的城镇化中后期发展阶段。

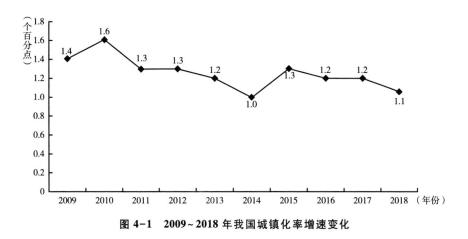

图 4-1 2009~2018 年我国城镇化率增速变化

（二）步入"极化分化"交织的城镇结构变动期

"十四五"时期，城镇结构呈现"极化"与"分化"交织的变动期。**一方面，城镇结构将呈现"极化"现象，中心城市及都市圈动力源功能愈发突出。**以九大国家中心城市、重点省会城市及以其为核心的都市圈极化效应更加突出，带动辐射周边地区的动力源功能更加彰显。2010~2019年，北京、上海、广州等九大国家中心城市GDP占比由18.8%提升至19.1%，省会城市GDP占比由20.7%提升至21.3%。尤其是"十三五"

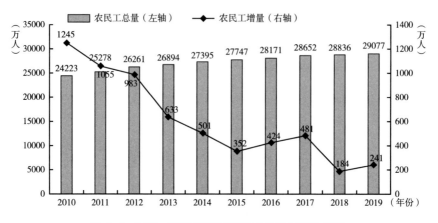

图4-2　2010~2019年我国农民工总量与变动情况

时期，人口向少数中心城市及都市圈集聚态势更加明显，2016~2019年，深圳、广州、杭州、长沙年均净流入人口规模超20万人，广佛肇、杭州、上海、深莞惠等10个都市圈年均净流入超10万人，珠三角、长三角城市群年均净流入均超60万人。与此同时，哈尔滨、长吉、乌鲁木齐都市圈和三、四线城市人口整体呈现净流出状态。"十四五"及未来一个时期，随着我国产业结构服务化转型和新型城镇化政策进一步调整，中心城市及都市圈对优质生产要素和人口吸纳的能力将进一步增强，区域格局的极化效应将更加明显。

另一方面，城镇结构将呈现"分化"现象，横向分化与纵向分化复杂交织。 从横向看，一是南北分化仍将是板块之间分化的突出特征，2012~2019年南北方城镇化率差距由14个百分点扩大到29个百分点、人均GDP差距从0.97增至1.30，在市场化进展、新旧动能转换速度和改革开放力度等因素深刻影响下，南北分化态势仍将持续。二是板块内部分化将更加明显，各省区内部也逐步分化，尤其是以贵州、四川、重庆、云南和西藏为主的西南板块与以青海、甘肃、新疆、宁夏和内蒙古为主的西北板块之间分化凸显，西南板块无论从经济增速还是发展活力等方面都将表现出更强态势。从纵向看，一是城市之间分化更加突出，高层级城市人口呈现持续净流入态势，低层级城市、欠发达地区城市、资源枯竭型城市等将呈现人口流入放缓或人口净流出状态，呈现一定程度的"城市收缩"

现象。二是以县城为载体的就地城镇化趋势凸显，在我国城镇化率步入60%～70%区间后，公共服务导向型的城镇化趋势更加明显，县城居于城"尾"乡"头"的独特地位，成为县域居民子女就学、老年人养老和年轻人居住的共同选择，必将成为新型城镇化的战略重点区域。

（三）步入"存量增量"交替的城镇发展演化期

改革开放以来，我们经历了世界历史上规模最大、速度最快的城镇化进程。当前我国城镇化率已经超过60%，步入城镇化中后期，城市发展进入城市更新的重要时期，由大规模增量建设转为存量提质改造和增量结构调整并重。"十四五"时期，随着我国生态文明建设加快推进，城市建设空间扩展的生态红线约束趋紧，城市大规模向外扩展的趋势将得到进一步遏制，城市发展将从"增量扩张"阶段逐步演化到"存量更新"阶段，从追求"有没有"转向解决"好不好"。这既是主动适应我国社会主要矛盾转化的具体体现，也是实现高质量发展的必然要求。以推进城镇老旧小区改造为抓手，推动存量优化、管理提升、制度完善，实现城市的可持续发展，让人民群众在城市生活得更方便、更舒心、更美好，是"十四五"及未来一个时期的重要方向。

（四）步入"硬件软件"互促的城镇品质提升期

改革开放以来，我国开展了大规模的城市建设，但城市治理相对滞后，形成了"重建设、轻治理"的局面，"城市病"问题越来越突出，城市建设品质不高的问题依然突出，主要表现在城市建设重规模扩张、轻品质提升，重"形象工程"、轻民生工程，重经济效益、轻保护传承，严重影响了人民生产生活。"十四五"时期，城镇化中后期城市集聚不经济效应快速释放，人口和经济活动在城市空间上的高度集聚给城市交通、城市资源和环境、城市基础设施、城市治理等带来巨大挑战，"城市病"问题面临集中暴发。随着人民生活水平的提高，市民的诉求更趋多元和迫切，城市发展"重建设、轻治理"的局面面临重大挑战，亟待扭转。"十四五"及未来一个时期，我国人口结构呈现老龄化、高收入化、高文化素质化的发展趋势，随着我国人口结构发生这些重大变化，人民期盼有更舒适便利的工作和生活条件、更可靠的社会保障和医疗保障、更丰富的精神文化生活，这与当前城市建设品质不高之间的矛盾将愈发突出，亟待在未来城镇化转型发展中加快解决。

（五）步入"城乡融合"加速的城镇化深度调整期

当前，我国城乡发展差距依然较大，协调发展体系不够健全、协调发展机制尚未理顺、协调发展动能弱化等发展不平衡不充分问题凸显。"十四五"时期，我国将步入"城乡融合"加速的城镇化深度调整期。第一，我国人均 GDP 接近 1 万美元，城镇化率接近 60%，已经成为以城市人口为主的国家，城镇化水平还在继续提升，城市居民对优质农产品、乡村生态产品和文化产品的需求快速增长，城市对乡村的带动作用越来越强。第二，农业农村优先发展总方针的落实会加快公共资源、治理资源向乡村配置，农村人居环境整治等重大行动的开展使农村生产生活条件加快改善，农村的生态价值、文化价值、多元经济价值日益显现。第三，随着城镇新增固定资产投资的下降，城镇对资本、土地等的需求峰值已经过去，而农村的稀缺性和投资价值日益显现，对资本、土地、劳动力、技术等要素的需求上升，市场驱动的城乡要素流动在加快。第四，随着我国进入刘易斯转折区间，新增农业转移劳动力的峰值也已过去，乡—城人口转移增速放缓，城—乡人口流动开始加速，城乡人口互动也在加速。第五，城市要素供需关系开始改善，为深化农村产权制度改革、推进城乡要素市场一体化创造了更宽松的环境。可以说，城乡之间正在进入商品、人口、要素双向流动、良性互动、加速融合的新阶段。

二 我国新型城镇化的五大任务

（一）坚持分区施策，加快提升新型城镇化质量

以提升新型城镇化质量为主攻方向，充分考虑不同地区差异，坚持分区施策，制定不同地区的个性化新型城镇化路径，是"十四五"及未来一个时期的重点任务。东部地区等人口密度较高的城市群，要优化其内部

人口和经济空间结构，合理控制大城市规模，试行积分落户政策，避免盲目"摊大饼"。形成多中心、多层级、多节点的网络型城市群结构体系。城市之间既要加强互联互通，也要有必要的生态和安全屏障。中西部地区因发展水平较弱，实行"强省会"战略，通过壮大省会城市经济、人口资源，最终带动周边城市发展。但"一市独大"的发展模式，使得人口、产业、公共服务过度集中，一旦发生公共卫生事件，易造成巨大损失。因此，中西部地区有条件的省区，要有意识地培育多个中心城市，避免"一市独大"的弊端。

（二）坚持以人为核心，促进农业转移人口融入城市

坚持以人为核心，协同推进户籍制度改革和城镇基本公共服务常住人口全覆盖，提高农业转移人口市民化质量，是"十四五"及未来一个时期新型城镇化的重要任务。一是有序放开宽城市落户限制。各类城市要根据资源环境承载能力和经济社会发展实际需求，合理确定落户条件，整体谋划、周密设计，统筹做好放开放宽落户、人才引进和房地产调控工作。二是推动城镇基本公共服务覆盖未落户常住人口。鼓励在人口集中流入城市扩大义务教育阶段公办学校学位供给，支持有条件的地区将未落户常住人口纳入普惠性学前教育保障范围。简化社保转移接续程序，完成养老保险全国统筹信息系统建设。三是提升农业转移人口技能。高质量推进补贴性培训，支持企业开展新型学徒制培训并按规定给予培训补贴。适时加大农民工稳就业职业技能培训计划力度。结合促进农民工返乡就业创业和农村承接产业转移政策，开展针对性的创业技能培训。

（三）统筹城镇布局，提升重点地区综合承载能力

统筹优化城镇空间布局，提升人口净流入重点地区的综合承载能力，促进城市合理分工、协调联动，优化城镇规模结构。一是促进超大、特大城市优化发展。推动开发建设方式从规模扩张向内涵提升转变，有序疏解中心城区一般性制造业、区域性物流基地、专业市场等功能和设施，以及过度集中的医疗和高等教育等公共服务资源，合理降低开发强度和人口密度。提升市政交通、生态环保和社区等治理能力，有效破解"大城市

病"。系统评估排查风险隐患，提高风险防控能力。二是推进县城补短板、强弱项。加快补齐县城公共服务设施、环境基础设施、市政公用设施、产业配套设施等短板弱项。加强项目谋划设计，分类设计公益性、准公益性和经营性项目，加快推进项目前期工作。在债务风险可控的前提下，加大中央预算内投资和地方政府专项债券等财政性资金统筹支持力度，有序发行县城新型城镇化建设专项企业债券。

（四）提升城市品质，加快建设现代化新型城市

顺应城市发展新理念、新趋势，建设宜居、创新、智慧、绿色、人文、韧性城市，使城市成为人民高品质生活的空间。一是着力解决与大城市住房相关的突出问题。因地制宜、多措并举，稳定地价、房价和预期，促进房地产市场平稳健康发展，着力解决城市困难群体和农业转移人口、新就业大学生等新市民住房问题。二是建设新型智慧城市。推进市政公用设施智能化升级，改造交通、公安和水电气热等重点领域终端系统。建设"城市数据大脑"等数字化、智慧化管理平台，推动数据整合共享，提升城市运行管理和应急处置能力。全面推行城市运行"一网通管"，丰富拓展智慧城市应用场景。三是建设低碳绿色城市。全面推进生活垃圾分类，加快建设生活垃圾焚烧处理设施，完善医疗废弃物和危险废弃物处置设施。提升污水管网收集能力，推行污水资源化利用，推进污泥无害化处置。加强城市大气质量达标管理，推进细颗粒物（PM2.5）和臭氧（O_3）协同控制。推动重点城市群消除城区黑臭水体和劣Ⅴ类水体断面。开展爱国卫生运动，推广文明健康生活习惯，加强背街小巷等环境卫生死角整治。控制城市温室气体排放，推动能源清洁低碳安全高效利用，深入推进工业、建筑、交通等领域绿色低碳转型。四是增强城市发展韧性。补齐县城公共卫生防控救治短板，统筹推进城市内涝治理和海绵城市建设，健全重要应急物资收储调配机制、基本生活用品保障机制。五是优化城市交通服务体系。深入建设公交都市，开展绿色出行创建行动，完善定制公交、自行车道和步行道。完善以配建停车场为主、以公共停车场为辅、以路侧停车位为补充的停车设施体系，健全住宅小区和公共停车场充电设施，采用创新筹资方式支持停车场建设试点。

（五）促进城乡融合，构筑新时代新型城乡关系

坚持以工补农、以城带乡，推进城乡要素双向自由流动和公共资源合理配置，以县域为基本单元推进城乡融合发展，构筑新时代新型城乡关系。一是促进人才入乡就业创业。鼓励各地制定人才落户乡村制度细则，允许入乡就业创业人员在原籍地或就业创业地落户并享有相关权益，探索以投资入股、合作等多种方式吸收人才入乡。建立科研人员入乡兼职和离岗创业制度，探索建立其在涉农企业技术入股、兼职兼薪机制。深入推行科技特派员制度。完善农民工返乡就业创业服务体系。引导工商资本入乡发展，培育一批城乡融合典型项目。二是深化改革农村土地制度。积极探索实施农村集体经营性建设用地入市制度，出台稳妥有序推进农村集体经营性建设用地入市的指导意见。推动深化农村宅基地制度改革，试点地区率先健全宅基地分配、流转、抵押、退出、使用、收益、审批、监管等制度。鼓励农村集体经济组织及其成员采取自营、出租、入股、合作等方式，盘活农村闲置宅基地和地上房屋。三是推动公用设施向乡村延伸。统筹规划水电气热等市政公用设施，推动向城市郊区乡村和规模较大中心镇延伸。推进城乡道路客运一体化发展，推进公路客运站改建迁建和功能提升。推进城郊承接城市专业市场和物流基地，在县、乡、村合理布局冷链物流设施、配送投递设施和农贸市场网络，畅通农产品进城和工业品入乡通道。推进义务教育优质均衡发展和城乡一体化，促进义务教育教师"县管校聘"管理改革。实施医师区域注册，推进医师多机构执业，积极发展医疗联合体。依托国家城乡融合发展试验区等开展县域内城乡融合发展试点示范。

三　以新型城镇化建设扩大内需的重点方向

（一）增强城市承载能力，强化关键领域精准投资

以增强城市承载能力、强化关键领域精准投资为重点方向，以城市群及都市圈、人口大县县城等区域为重点，强化基础设施、公共服务设施等

领域的弱项，提升城市综合承载能力。当前，我国人均基础设施存量水平相当于发达国家的 20%~30%，在社会民生领域也存在不少短板弱项，未来拓展投资空间具有较大潜力，并可为我国经济发展提供持续的动力。强化重点领域精准投资，一是要加强城市群、都市圈之间及城市群、都市圈内部不同城市之间的城际轨道交通建设；二是要加大城市群、都市圈以及人口大县县城等重点区域的公共服务设施投资，尤其是要加大教育、医疗和养老服务设施投资；三是要加强城市绿色基础设施投资，提高城市绿色发展能力和发展水平。

（二）全面激发消费潜力，提升城乡消费服务供给

以全面激发消费潜力、提升城乡消费服务供给为重点方向，顺应消费升级趋势，增强城乡消费对扩大内需的基础性作用。一是大力培育城乡新型消费，结合数字经济发展新趋势，大力培育网络消费、定制消费、体验消费和信息产品消费等新业态，顺应城乡居民消费升级趋势，拓展新型消费增长空间。二是大力发展城乡服务性消费，随着收入水平的提高，居民消费由以商品消费为主转向以服务性消费为主是客观规律，大力发展城乡育幼、养老、健康、文化、体育等服务业，推动生活服务业向高品质和多样化升级。三是加大城乡公共服务消费。根据城镇化人口流向，合理提高教育、医疗、卫生、文化、体育等公共服务消费支出水平。

（三）实施城市更新行动，扩大城市更新改造投资

以实施城市更新行动、扩大城市更新改造投资为重点方向，践行以习近平同志为核心的党中央对进一步提升城市发展质量做出的重大决策部署，在老城区推进以老旧小区、老旧厂区、老旧街区、城中村等"三区一村"改造为主要内容的城市更新行动。加快推进老旧小区改造，有条件的城市可同步开展建筑节能改造，到"十四五"期末，各地力争基本完成 2000 年底前建成的城镇老旧小区改造任务。在城市群、都市圈和大城市等具有经济发展优势的地区，探索老旧厂区和大型老旧街区改造，并因地制宜地将一批城中村改造为城市社区或其他空间。

（四）提升城市管治水平，加大新型基础设施投资

一方面，以提升城市管治水平、加大新型基础设施投资为重点方向，充分运用新一代信息技术，整合共享公共数据资源，建设城市综合运行管理服务平台，完善城市信息基础设施，丰富应用场景，建设智慧城市。另一方面，深度应用互联网、大数据、人工智能等技术，支撑传统基础设施转型升级，推进智慧交通、智慧水务、智慧能源等融合基础设施发展，提升城市治理效率，尤其应针对城市治理中存在的突出问题和风险隐患，加快补齐短板，切实提高城市应对风险的能力。

（五）畅通城乡要素交换，提升城乡要素循环水平

以畅通城乡要素交换、提升城乡要素循环水平为重点方向，推动公共资源在城乡间均衡配置，促进城乡公共服务均等化和基础设施互联互通，提高农村居民公共服务的可及性和公平性。推动治理资源向乡镇和村域调配，推进乡村治理体系和治理能力现代化。推动城乡联动改革、扩大双向开放，坚持城乡改革一体设计、一体实施。下大力气深化农村改革，特别是农村产权制度和要素市场化改革，增强开放性和流动性。加快建立城市科技、人才、资本下乡的激励机制，促进各类要素更多向乡村流动，实现城乡之间劳动力、土地、资金、技术、信息等要素的良性互动，提升城乡要素循环水平，激发城乡间互相需求潜力。

（执笔：王利伟）

主要参考文献

1. 程芳：《社会资本如何助力新型城镇化建设》，《经济》2021 年第 5 期。
2. 边杨、商圆月、李兰冰：《扩大内需战略下的新型城镇化发展路径研究》，《新金融》2021 年第 9 期。
3. 国家发展改革委：《2021 年新型城镇化和城乡融合发展重点任务》（发改规划〔2021〕493 号），2021 年 4 月 8 日。

4. 金三林：《新时期推进城乡融合发展的总体思路和重大举措》，《中国经济时报》2019 年 7 月 1 日。

5. 孟晓倩：《"十四五"时期的新型城镇化战略重在质量》，《决策与信息》2020年第 12 期。

6. 欧阳慧、李智：《适应未来发展需要的城镇化战略研究》，《宏观经济研究》2021 年第 7 期。

7. 王昌林：《全面解读新发展格局的理论逻辑和主要标志》，《新华财经》2021年 1 月 19 日。

8. 徐文舸：《"十四五"：推进以人为核心的新型城镇化积极拓展投资空间》，《中国经贸导刊》2021 年第 5 期。

9. 徐文舸、赵惠：《"十四五"时期新型城镇化拓展投资空间的趋势和潜力》，《宏观经济管理》2021 年第 6 期。

10. 杨飞虎、张玉雯、孟祥慧：《新型城镇化建设中公共投资效率驱动效应研究》，《新金融》2021 年第 3 期。

第五章

我国中长期以区域协调发展扩大内需的总体趋势、空间及制约因素

内容提要： 推进区域协调发展，发挥各地比较优势、深化区域合作，积极融入和服务构建新发展格局，打造国内大循环体系，是新时代新阶段扩大内需的有效途径。"十四五"及未来一个时期，我国区域经济格局将呈现新的变化，在充分发挥各地区比较优势的基础上，通过改善欠发达地区发展环境、打造新增长空间、实现公共服务均等化、缩小区域收入差距，畅通内循环，有助于扩大消费和投资需求。欠发达地区、城市群和都市圈是区域协调发展扩内需的重点区域，但也需警惕欠发达地区内生发展动力不足、新的内需增长点具有不确定性以及居民消费能力不足、消费环境不优等问题，阻碍内需潜力释放。建议重点从增强区域协作、培育新增长极、补齐欠发达地区短板、增加居民收入等方面突破。

我国幅员辽阔，各地区资源禀赋和区域经济发展条件差异较大，统筹区域发展从来都是一个重大问题。新中国成立以来，党中央高度重视推进区域协调发展，区域发展格局经历从均衡发展到非均衡发展再到统筹区域协调发展等阶段。改革开放前，我国实行计划经济体制，区域分工和产业布局由国家指令安排，实现了形式上的区域均衡发展。改革开放后，在"先富带动后富"思想指导下，我国开始实施区域优先发展战略，接轨国

际市场，倡导优质要素资源向东部沿海地区集中，促进了东部沿海地区经济高速增长，但也为区域发展不均衡问题埋下隐患。从 20 世纪 90 年代起，我国逐渐改变区域非均衡发展思路，提出区域协调发展的新理念，确立了缩小区域发展差距、促进区域协调发展的指导方针，制定和实施了西部大开发战略、振兴东北老工业基地战略、促进中部地区崛起战略、鼓励东部地区率先发展战略以及主体功能区战略等，区域发展的协调性显著增强。

改革开放以来，依赖外需市场、依靠要素资源高投入的经济发展模式使得我国出现了较大的区域间发展差距，不平衡发展的问题引起广泛关注。2019 年，习近平总书记在中央财经委员会第五次会议上明确指出，要改变当前地区间发展差距过大的格局，逐步解决发展不平衡不充分问题，要在发展中促进相对平衡。在客观认识各地区资源禀赋环境的基础上，根据"宜水则水、宜山则山、宜粮则粮、宜农则农、宜工则工、宜商则商"的区域分工合作思路，为形成区域协调联动的高质量发展指明了方向。党的十九届五中全会提出，坚持实施区域重大战略、区域协调发展战略、主体功能区战略，健全区域协调发展体制机制，完善新型城镇化战略，构建高质量发展的国土空间布局和支撑体系。这表明区域协调发展战略已上升到党和国家事业发展全局的高度。当今世界正经历百年未有之大变局，国内外环境发生了深刻而复杂的变化。面对需求收缩、供给冲击、预期转弱三重压力，党中央着眼于我国经济社会发展新形势，提出"牢牢把握扩大内需这个战略基点，加快形成以国内大循环为主体、国内国际双循环相互促进的新发展格局"。"十四五"及未来一个时期，发挥各地比较优势、深化区域合作，积极融入和服务构建新发展格局，打造国内大循环体系，成为新时代新阶段扩大内需的有效途径。

一　区域协调发展带动内需扩大的机理和路径

我国明确提出新时代区域协调发展的三大目标：一是实现基本公共服务均等化，二是实现基础设施通达程度比较均衡，三是实现人民基本生活保障水平大体相当。促进高质量的区域协调发展，既要着力破解难题、补齐短板，又要考虑巩固和厚植原有优势，进一步加强不同区域间的互利协作。推进区域协调发展需要补齐欠发达地区基础设施短板，培育带动力强的增长极、增长带，实现公共服务均等化，缩小地区间居民收入差距，这均有助于有效扩大投资和消费。

（一）加大欠发达地区基础设施建设力度有利于释放投资潜力

推进区域协调发展就是要打破地区分割，缩小区域发展绝对差，重点在于补齐欠发达地区短板。习近平总书记始终强调要加快完善基础设施网络，通过推动基础设施均衡发展落实区域协调发展，保障不同地区发展机会。

一是欠发达地区基础设施投资仍有较大需求空间。从区域看，西部地区、沿边地区、革命老区等欠发达地区的基础设施仍然薄弱，与东部沿海地区差距较大。目前，西部地区铁路密度和等级公路密度仅分别为东部地区的 21% 和 24%，中部地区人均年乘飞机次数仅为东部地区的 30%，中西部地区互联网普及率仍落后东部地区 10 个百分点以上。欠发达地区仍是我国扩大有效投资的重要支撑，亟待补齐高速铁路、货运铁路、公路、机场、电力、信息通信等基础设施建设的短板。考虑到欠发达地区基础设施要适度超前，特别是在新型基础设施领域更应加大对中西部欠发达地区投资，尽快缩小城乡区域"数字鸿沟"，加快推动形成全国统一的通信网络体系和信息网络平台。

二是欠发达地区基础设施投资拉动的"乘数效应"更明显。中西部地区后发优势明显，是未来一个时期我国发展新型城镇化和新型工业化的"主战场"，人口、资源等要素向中西部地区梯度转移的内在需求大。通过优化重大基础设施、重大生产力和公共资源布局，降低要素流动成本，将有助于促进人口、资源等要素合理流动，进而带动产业投资、居民消费需求增长。特别是随着欠发达地区的交通、能源、信息通信等基础设施逐渐优化，其内生发展动力也将增强，并进一步带动人口和资源要素集聚。

三是加大对欠发达地区基础设施投入力度是保障我国发展与安全的内在要求。2020 年 5 月，中共中央、国务院印发的《关于新时代推进西部大开发形成新格局的指导意见》为新时代深入实施西部大开发战略指明了方向。西部地区要抢抓"一带一路"建设战略机遇，重点要不断改善交通条件，继续完善陆路国际运输通道、中西部地区连接沿海主要港口运输通道以及城市群之间运输通道，推进与京津冀、长江三角洲等城市群内部主要城市之间形成互联互通的高铁网络。党的十八大以来，党中央把支持革命老区、民族地区、沿边地区提高生产生活基础设施配套水平放在更加重要的位置，形成"大规模、高水平"的基础设施投资增长点。围绕革命老区、民族地区特色优势资源，加大资金投入补齐基础设施短板，建立健全长效普惠性的扶持机制；超前建设沿边地区基础设施，推进兴边富民、稳边固边。

（二）打造新的增长极、增长带有利于扩大投资增长空间

中心城市和城市群正成为贯通生产、分配、流通、消费各个环节，促进区域发展的主要空间载体。中心城市和城市群依托良好的对外开放条件、资源配置能力和产业发展优势，将进一步集聚人口和生产要素，在加速新一代科技革命和产业变革、培育新经济增长点、促进更高水平对外开放等方面继续领跑，引领区域高质量发展，同时也是支撑我国投资增长的重点地区。

一是中心城市和城市群正在成为集聚发展要素的主要载体，是投资增长的重要策源地。我国区域发展动力极化现象日益突出，经济和人口向大城市及城市群集聚的趋势比较明显。中心城市和城市群是支撑国民经济社会发展的重要增长极。目前，全国已经形成了 19 个城市群，其中重庆、成都、西安等中心城市和成渝、关中平原、兰州—西宁等城市群的辐射带动作用已经成为西部地区产业集群、产业结构调整和升级带动区域经济跃升的关键。以投资锻长板是发挥空间极化辐射带动作用的重要手段，也是投资增长的重要空间。中心城市建设，一是要增强高端生产要素和创新要素的集聚能力；二是要强化对全球和全国生产要素的配置能力；三是要进一步提升交通和信息枢纽功能；四是要加强人力资本培育，增强城市可持续、高质量发展的内生动力。

二是发挥中心城市的带动作用需要以投资促辐射效应。当前，我国区域经济发展模式已经进入由增长极、点轴向串珠式、网络化演进的阶段，中心城市与周边地区在要素流动和产业分工合作方面的诉求日益强烈。党的十九大报告进一步明确，要以城市群为主体构建大中小城市和小城镇协调发展的城镇格局。加快中心城市建设，增强区域辐射带动能力。以 19 个城市群中心城市为重点，加快完善世界级城市、国家中心城市和区域性中心城市功能，增强区域辐射带动能力，引领区域经济发展。中心城市与周边中小城市在高速铁路、高速公路、信息通信网络等基础设施方面便捷联通的投资空间巨大。以长三角城市群为例，通过向内陆西北、西南两个方向的辐射通道建设，增大长江经济带龙头与内陆地区的联系强度，形成以长三角为龙头的新的发展带。以县城为重要载体的城镇化建设，是推动城乡要素平等交换、双向流动的重要环节，也是推动内需扩大向乡村地区延伸的支撑点。

三是扫清城市群和都市圈的内部障碍需要投资先行。 目前，我国跨区域利益共享共担机制仍不完善，一些地方政府各自为政，采取本地利益最大化和短期化的发展思路，导致城市群和都市圈跨省、跨市等跨行政区经济管理体制机制不畅。这在轨道交通建设领域表现得尤为突出，大多数中心城市的城市轨道交通、市郊铁路很少突破行政辖区范围，大多数城市群的城市轨道网还没有真正形成，在一些省际、市际交接地区还存在大量"断头路"，影响人员往来、要素流动和区域合作。

（三）提升欠发达地区公共服务水平有利于改善消费预期

欠发达地区在公共服务领域与发达地区仍有较大差距，特别是在教育、医疗、养老、文体等民生领域，导致居民不得不增加教育、医疗、养老、文体等支出，从而"挤出"欠发达地区居民的其他消费支出。党的十九届五中全会明确提出到 2035 年实现基本公共服务均等化。在区域层面，区域协调发展战略要求在所有地区全部实现在教育培训、劳动就业、社会保障、医疗卫生、住房保障、文化体育和信息服务等领域享受到普惠、可及、均等的基本公共服务。这意味着欠发达地区将获得更加均衡优质的公共服务供给，居民的消费预期有望改善。**一是有利于加大对欠发达地区公共服务供给力度，为更多人口解决后顾之忧。** 长期以来，生活在革命老区、老工业区、沿边地区、资源枯竭型地区、生态退化地区等的人们公共服务供给不足，如果让这部分人口能够享受均等化的公共服务，将释放更多消费潜力。**二是有利于欠发达地区的城市和县城的农业转移人口获得基本公共服务，增加消费支出。**随着新型城镇化的推进，大量农村人口尤其是年轻人不断迁往城镇。实现基本公共服务城乡常住人口全覆盖，特别是覆盖欠发达地区的城镇常住人口，将有利于欠发达地区的城市和县城的农业转移人口缓解消费的后顾之忧。**三是有利于增加欠发达地区的新型公共服务供给，促进消费升级。**以向欠发达地区布局新型基础设施为基础，推动优质公共服务资源向贫困落后地区辐射下沉，促进欠发达地区公共服务提档升级，进一步激发消费潜力。

（四）缩小地区之间居民收入差距有利于提升消费能力

区域协调发展是我国推动高质量发展的重要途径和动力，通过区域协调发展缩小发达地区与欠发达地区发展差距，解决城乡间与区域间发展不平衡问题，有助于有效挖掘广大农村与欠发达地区的内需潜力。

一是提高欠发达地区居民收入水平，直接提升消费水平。目前，我国中等收入群体规模达到约4亿人。在东部地区、东北地区就业的农民工人数减少，而在中西部地区就业的农民工人数持续快速增加。通过推动东西部地区协调发展，将东部地区产业转移同中西部地区产业升级结合起来，将中西部地区新型城镇化和新型工业化结合起来，有助于拓展中西部地区居民的增收渠道，将农民工等培育成中等收入群体。

二是推动区域一体化有利于挖掘内需潜力。通过破除城乡二元壁垒，逐步放宽大城市落户限制，促进城乡间、区域间劳动力自由流动，推动农村人力资本、土地等要素流入城市，有助于释放巨大的内需潜力。另外，通过统筹城乡基础设施建设，引导优质资源向农村流动，从而拉动农村内需市场提质扩容。比如，农村公共设施的人均投资远低于城市，如果促进城乡基础设施和基本公共服务一体化发展，那么将会开辟巨大的投资空间。

二　我国区域协调发展的新趋势和新特征

习近平总书记强调，要"按照客观经济规律调整完善区域政策体系，发挥各地区比较优势，促进各类要素合理流动和高效集聚，增强创新发展动力，加快构建高质量发展的动力系统""形成优势互补、高质量发展的区域经济布局"。目前我国已经形成由四大板块战略、区域重大战略、主体功能区战略等构成的区域发展战略体系。随着区域发展战略的深入实施，未来一个时期，我国区域协调发展将呈现一系列新趋势和新特征。

（一）以四大板块为基础的各区域功能定位和发展导向更为明晰

习近平总书记高度重视四大板块协调发展，提出分类助推四大板块高质量发展，创新引领率先实现东部地区发展，发挥优势推动中部地区崛起，强化举措推进西部大开发形成新格局，深化改革加快东北等老工业基地振兴。

首先，东部地区要继续发挥改革开放先行、综合创新能力强、现代制造领先、服务业高端等优势，着力提升国际竞争力、全球影响力和可持续发展能力，既要在畅通国际经济循环中发挥核心支撑作用，又要不断增强参与国内大循环的能力，充分发挥其示范、引领和带动作用。未来一个时期，要以建设世界级城市群为目标，实施好京津冀协同发展、粤港澳大湾区建设、长三角一体化发展等区域重大战略，形成引领全国高质量发展的强大动力源、吸引全球高端资源和要素的重要平台以及引领技术变革的领头羊，打造我国参与全球竞争的重要空间载体。

其次，中部地区要发挥交通区位居中、劳动力富集、工业基础良好等优势，成为新的经济增长极和参与全球价值链竞争的新区域。未来一个时期，需要壮大长江中游城市群和中原城市群，形成南北呼应、共同支撑中部地区崛起的核心增长带。加强与东部沿海及其周边地区互动合作，在产业转移承接、能源生产供应、生态环境联合保护治理、创新合作、基础设施联通等重点领域取得突破。

再次，西部地区要抢抓"一带一路"建设机遇，以全面开放获得经济增长的新动力。未来一个时期，要依托国内大市场，充分挖掘投资和消费潜力，着力加快产业转型升级和现代化经济体系建设，构建高水平全方位开放新格局，在国内国际双循环中发挥更加重要的作用。

最后，东北地区作为我国重要的工农业基地，要以维护国防安全、粮食安全、生态安全、能源安全、产业安全为使命。未来一个时期，要把经济脱困与转型升级结合起来，通过环境重塑、结构转型和体制再造，在全面振兴、全方位振兴中提升参与国内国际双循环的水平和能力。

（二）优势互补、高质量的区域协调发展格局逐步形成

党的十八大以来，党中央先后提出了京津冀协同发展、长江经济带发展、粤港澳大湾区建设、长三角一体化发展以及黄河流域生态保护和高质量发展等区域重大战略，不断在发展中促进相对平衡、区域协调。京津冀协同发展以疏解北京非首都功能为切入点，探索超大城市、特大城市等人口和经济密集地区有序疏解功能、有效治理"大城市病"的优化开发模式。长江经济带发展以"共抓大保护、不搞大开发"为导向，以生态优先、绿色发展为引领，推进高质量发展。粤港澳大湾区建设以支撑内地与港澳深度合作为先导，建成宜居宜业宜游的优质生活圈，成为高质量发展的典范。

随着区域协调发展战略和区域重大战略的实施，城市群正在成为引领区域发展的活跃增长极和集聚各种发展要素的主要空间载体，产业和人口向城市群集聚的趋势进一步凸显。我国发展空间逐步形成了以京津冀、长三角、珠三角、成渝四大城市群为核心区域的菱形结构。菱形顶点区域作为全国人才、技术、资本的集聚地，持续发挥引领全国经济发展、参与全球竞争与合作的重要作用。城市群通过四通八达的交通网络连接，形成东西交错、南北通达的城市群轴带，进而带动轴带经济发展。城市群内部将形成要素自由流动，产业分工明确，以及市场、交通、治理等全方位一体化的命运共同体。通过链条纵向串联有序、横向并联协同，逐步构建多中心、多层级、多节点的网络结构，形成多极点增长梯度结构，有效推进区域协作发展。

（三）大中小城市和小城镇协调发展的城镇格局进一步完善

习近平总书记指出，产业和人口向优势区域集中，形成以城市群为主要形态的增长动力源，进而带动经济总体效率提升。党的十九大报告进一

步明确，要以城市群为主体构建大中小城市和小城镇协调发展的城镇格局。要坚持让市场在资源配置中起决定性作用和更好发挥政府作用，支持中心城市和城市群发展。

未来一个时期，需要进一步推动大中小城市和小城镇协调发展，形成合理的城镇格局。一是中心城市辐射能级进一步提升。随着我国构建以中心城市为核心的高铁和高速网络全覆盖，人流、物流、信息流的大通道更加健全，中心城市集聚要素的能力将进一步增强，正在成为引领区域发展的活跃增长极。中心城市通过集聚区域内外各类创新要素资源，形成了以中心城市为核心的区域创新链—产业链（供应链）—资金链—人才链—政策链—服务链体系，这成为区域竞争新优势。二是城市群内部向多极化、网络化方向演变。通过承接产业转移、高效吸纳集聚要素资源，可以提升企业技术创新能力和区域产业链、供应链现代化水平，进而培育出众多节点城市。三是以县城为载体的城镇化建设为推动城乡要素平等交换、双向流动的重要环节和扩大内需支撑点。随着我国加快发展县域经济、强化县城综合服务能力、培育建设功能各异的特色小镇，县城在城乡要素双向流动中的地位将更加重要。

（四）欠发达地区的发展活力加快增强

随着我国经济转向高质量发展阶段，不能再简单要求各地区在经济发展上达到同一水平，而是要在发展中促进相对平衡、提高经济发展质量和效率。党的十八大以来，党中央对区域发展总体战略提出了新要求，提出区域政策和区域规划要完善创新，特别强调要缩小政策单元，重视跨区域、次区域规划，提高区域政策精准性。推动区域互动、陆海统筹，对于优化空间结构、拓展区域发展新空间具有重大意义。当前我国部分区域发展仍面临较大困难，一些城市特别是资源枯竭型城市传统工矿区发展活力尚不足，革命老区、民族地区、沿边地区、贫困地区内生发展动力仍有待加强。随着我国坚持加快高速铁路网、信息通信网等大规模基础设施建设，着力补齐这些地区发展短板，继续提升区域空间互联互通水平，同时加大对革命老区、民族地区、沿边地区、贫困地区的扶持力度，拓展对口合作范围，欠发达地区的发展活力将加快增强。

三　区域协调带动内需扩大的趋势和空间预测

结合区域协调发展带动内需扩大的机理和路径，基于"十四五"时期我国区域协调发展的新趋势和新特征，进一步分析区域协调发展带动内需扩大的空间和潜力。

（一）消费潜力和空间及其布局

在借鉴有关文献基础上，构建回归模型预测各地区消费潜力和空间。影响社会消费品零售总额的主要因素如下。

——**经济发展水平**。从某种程度上说，消费是经济发展的结果。经济越发达，商品市场和服务市场供给会越丰富，进而越有利于带动消费升级和消费规模扩大。为此，选取各地区的人均 GDP 作为经济发展水平的衡量指标。

——**居民收入**。根据绝对收入理论，消费主要取决于消费者的可支配收入。随着消费者收入的增加，消费也会有相应的增加。为此，选取城镇家庭居民人均可支配收入和农村家庭居民人均可支配收入作为居民收入水平的衡量指标。

——**人口总数**。社会消费品零售总额是一个总量概念，受到人口规模的影响。人口规模扩大，意味着当地消费群体规模增大，吃穿用等日常消费将显著增长。为此，选取各地区年末总人口作为人口总数的衡量指标。

——**社会保障制度**。社会保障制度越完善，居民的消费意愿越强烈。为此，选取各地区的城镇居民最低生活保障人数作为社会保障制度的衡量指标。

基于我国各地区历史数据估计模型，并对"十四五"期间各地区社会消费品零售总额（以下简称"社消总额"）进行预测。预测结果表明，"十四五"时期各区域的社消总额均呈现较快的增长势头。到 2025 年，东部地区社消总额将超过 30 万亿元，中部地区将达到 18.5 万亿元，西部地区将达到 16.6 万亿元，东北地区将达到 3.3 万亿元。同时，区域间的社消总额差距进一步缩小，消费市场更加协调。受区域协调发展政策的促进作用影响，区域间人口和要素流动更加自由，中西部地区城镇化速度加快、城乡收入差距持续缩小，社消总额占全国比重较快上升。尽管东部地区社消总额增幅较大，占全国比重也较大但持续下滑。随着东北振兴战略的持续深化，"十四五"时期东北地区消费增速有望超过"十三五"时期，但社消总额占全国比重有所下降。

（二）投资潜力和空间及其布局

在借鉴有关文献基础上，构建回归模型预测各地区投资潜力和空间。影响固定资产投资的主要因素如下。

——经济发展水平。固定资产投资与经济增长之间存在双向互动关系。投资能够促进经济增长，同时经济增长创造的财富又能够为新的投资创造条件。为此，选取各地区的人均 GDP 作为经济发展水平的衡量指标。

——消费支出。消费和储蓄是一体两面。一般来说，较高的消费支出意味着较低的储蓄，也就意味着能够转化为投资的资源较少。为此，选取各地区社会消费品零售总额作为消费支出的衡量指标。

——财政支出。财政支出可以直接转化为基础设施投资，还能为民间投资创造更好的条件，带来"挤入"效应，对固定资产投资产生促进作用。为此，选取各地区的一般公共预算支出作为财政支出的衡量指标。

——产业结构。产业结构是影响投资强度的重要因素，一般而言工业增加值比重较高的产业结构需要的固定资产投资强度也更大，而第三产业增加值比重较高的产业结构则相反。为此，选取第三产业增加值比重作为产业结构的衡量指标。基于我国各地区历史数据构建估计模型，并对"十四五"期间各地区固定资产投资规模进行预测。预测结果表明，"十四五"时期，各地区的固定资产投资规模呈现不同层次的增长势头。到2025 年，东部地区固定资产投资规模将接近 48 万亿元，中部地区将接近35.5 万亿元，西部地区将接近 29 万亿元，东北地区将接近 11 万亿元。同时，随着区域协调发展战略深入实施，区域间投资规模更趋平衡。中部、西部、东北地区的投资规模占比不断提升，到 2025 年分别有望达到28.8%、23.4%、8.8%，而东部地区则降至 38.9%。

四　区域协调发展带动内需扩大面临的制约因素

（一）欠发达地区自身融资能力有限，制约内需潜力释放

受资源禀赋和发展环境限制，相比于发达地区，欠发达地区建设资金缺口较大、融资能力有限。一是内源融资规模小。地方政府的内源融资渠道主要包括税收收入、非税收入和中央财政转移支付。由于欠发达地区经济发展水平较低，税收收入增收渠道有限。部分地区主要依靠中央对地方的财政转移支付。二是外源融资渠道收窄。欠发达地区基础设施建设资金主要依靠国家财政投入和银行贷款。近年来，城商行投资性业务、同业业务扩张较快，信贷资产占比一直呈现下降趋势，支持方式主要是抵押、担保贷款，金融创新产品品种少、规模小，加之城商行近年来不良贷款率上升，致使银行贷款投放意愿下降。

欠发达地区内需潜力的释放也存在困难。与东部地区相比，中西部欠发达地区的产业结构水平仍然偏低，产业布局还不足以支撑人口中心、经济重心的内移。一些欠发达地区的自我发展能力还未形成，依旧需要外部"输血"支援。目前，我国城乡居民收入差距还处于高位，2020 年城乡居民人均可支配收入之比虽比 2019 年有明显下降，但仍比 1985 年高37.6%。另外，我国投资的 98%在城镇，仅有 2%在农村，城镇人均投资是农村的 47 倍。如果考虑各地区发展的严重不平衡情况，发达地区城镇居民与欠发达地区农村居民之间的收入差距更大。例如，2020 年上海市、浙江省的城镇居民人均可支配收入分别是甘肃省农村居民的 7.4 倍和 6.1倍。而且，欠发达地区中小城市的财政基础较为薄弱，公共服务供给不足，制约了城市建设和公共服务供给水平提升，生活宜居程度较低，进而压抑了本应释放的内需潜力。

（二）打造新的增长极、增长带面临体制机制障碍

各地区同质化竞争现象仍然存在，新的增长极、增长带难以自然成长。长期以来，地方竞争被认为是促进我国经济快速发展的重要原因之

一，引入地方竞争机制显著提升了地方发展经济的积极性，有效调动了各地内部资源。然而，各地区同质化竞争阻碍了区域协调发展格局的形成，不再适应我国今后区域经济发展。

地方竞争会导致同级政府间出现过度竞争，降低资源空间配置效率。在地方竞争的作用下，各地政府会通过实施重点产业政策优先扶持本地优势产业发展。受此影响，各地难以得到充足的资源发挥本地比较优势，使得各区域空间节点无法充分发挥规模效应。

地方竞争所形成的制度壁垒会增加生产要素空间转移成本，降低生产要素空间转移效率。在地方竞争的影响下，各地为谋求自身利益最大化，可能会出现以邻为壑的现象，从而增加生产要素在不同辖区间的转移成本，生产要素在国内各地区间的低效转移会从根本上降低国内大循环的运行效率。

（三）欠发达地区居民收入水平和消费能力渠道不足、途径有限

一是欠发达地区家庭收入水平低是制约消费需求扩大的直接障碍。欠发达地区城镇居民工资收入比较低，财产性收入有限；农村居民主要靠农业收入，经营性收入不足，现金收入有限。中低收入家庭收入水平低，成为制约需求扩大最直接的因素。

二是欠发达地区社会保障的不健全制约了居民消费增长。欠发达地区政府公共消费支出能力有限，居民需要承担较重的住房、医疗、教育、养老等支出。加上欠发达地区社会保障体系不健全，导致居民预防性储蓄意愿更强，制约了消费增长。

三是欠发达地区城镇房价上涨挤占了居民消费支出。近年来，部分欠发达地区城镇住房价格快速上涨，城镇居民人均购房支出占家庭总支出的比重连年上升，沉重的购房支出对居民消费形成了较大压力，直接"挤出"了其他消费支出，并制约了消费结构优化。

（四）改善欠发达地区居民消费预期和消费环境面临多重制约

一是欠发达地区消费环境亟待改善。相对其他地区，欠发达地区商贸流通体系不完善，产品和服务供应不能完全适应需求结构的变化，导致高

品质、多样化的消费需求未能充分释放。同时，消费设施不够健全，消费便利度还有待提升。产品质量问题、假冒伪劣问题仍然存在，信用体系建设滞后，诚信的社会风气还未完全形成。

二是欠发达地区个人消费贷款发展不及发达地区。欠发达地区的个人信贷市场发展较为滞后，金融结构网点、金融产品等发展不足，对一些收入稳定的中高收入群体的消费支持作用有限。

三是高端消费品部分供给不足影响了高收入群体的消费升级。欠发达地区整体消费供给能力有限，特别是高端消费品的供给严重不足，因此少数高收入群体往往将升级类消费支出流向外地。欠发达地区商品供给结构调整滞后，市场长期低端化供给制约了高收入群体消费升级。

五　更好发挥区域协调发展扩大内需的政策建议

（一）理顺区域发展关系，增强欠发达地区内生发展能力

要充分发挥各地区比较优势，宜水则水、宜山则山、宜粮则粮、宜农则农，宜工则工、宜商则商，明确各地区目标定位，制定差异化政策，促进各地区分工协作更加清晰、优势发挥更加充分。进一步推动国家区域重大战略融合发展，抓住"一带一路"建设机遇，以京津冀协同发展、长江经济带发展、粤港澳大湾区建设、长三角一体化发展、黄河流域生态保护和高质量发展为引领，既充分发挥各地区比较优势，合理分工，促进各类要素合理流动和高效集聚，又要"全国一盘棋"，注重区域间协调协同，实现基本公共服务均等化，基础设施通达程度比较均衡，以及人口分布、经济布局、生态环境、要素配置相协调。

一是要健全区域协调发展体制机制，促进各类要素在四大区域间合理流动和高效集聚。建立健全区域战略统筹、市场一体化发展、区域合作互助、区际利益补偿等机制，更好促进发达地区和欠发达地区，东、中、西部地区和东北地区协调协同发展。中部地区要牢牢抓住推进"一带一路"建设的重大机遇，加强与京津冀协同发展、长江经济带发展、粤港澳大湾区建设、长三角一体化发展、黄河流域生态保护和高质量发展等区域重大

战略互促共进。

二是要实施更加积极主动的开放战略，充分利用国内国际两个市场、两种资源，打造开放型经济新高地。西部地区积极融入"一带一路"建设，强化开放大通道建设，构建内陆多层次开放平台，以成渝地区双城经济圈崛起成为新的增长极，为新一轮西部大开发塑造支点优势。鼓励东部地区加快推进现代化，支持深圳建设中国特色社会主义先行示范区，浦东打造社会主义现代化建设引领区，浙江高质量发展建设共同富裕示范区，山东深入推进建设新旧动能转换综合试验区，区域经济发展或受中长期利好提振。聚焦具有比较优势的产业链，改造传统优势产业，发展新兴特色产业，深化东西部地区协作以及东北地区与东部地区对口合作，东中部地区建立稳定的产业链、供应链、资金链对接机制，共同建设产业园区，大力发展"飞地"经济。

三是要加大力度支持沿边地区加快发展。沿边地区应充分利用其开放型地缘优势，加大开放力度，加强与沿海、内陆之间的分工与合作，推动形成沿边、沿海、内陆三线协同开放的新格局。加大沿边基础设施建设力度，提高沿边地区内外通达性。夯实沿边地区发展基础，补足交通等基础设施短板。加大向沿边地区布局新基建的力度。加大沿边地区基本公共服务投入力度，提高沿边地区人才吸引力。

（二）培育和完善城市群、都市圈高水平建设，打造扩大内需高地

我国城镇化主要以城市群和都市圈为主体形态，以中小城市和小城镇为吸纳新增城镇人口的主要载体，充分发挥多层级中心城市的作用，不断提高城市群和都市圈的国际竞争力、综合控制力和资源环境承载能力，持续增强中小城市和小城镇的公共服务供给能力和产业支撑能力，推动形成以城市群、都市圈和中心城市为引领，大中小城市与小城镇协同发展的城镇化新格局。

一是以城市群和都市圈为重点加快推进区域产业发展、基础设施、公共服务、生态环境、社会治理等一体化，积极引导同城化发展。依托区域重大战略的实施，推进京津冀、粤港澳大湾区、长江三角洲、成渝地区双城经济圈等区域一体化进程。加快现代基础设施一体化，构建全国统一的

综合交通运输网络，促进各类要素有序自由流动，大幅降低交易成本和物流成本。城市群和都市圈作为国内国际双循环联通交汇的重要枢纽，具备在供给侧与需求侧两端发力的双重优势。从国内大循环来看，必须依托城市群和都市圈强大的产业、产品和服务供给能力和中高收入群体集聚形成的强大消费市场，率先形成需求牵引供给、供给创造需求的更高水平的供需动态均衡，进而辐射和带动全国产业结构和消费结构同步升级，促进国民经济良性循环。从国际大循环来看，我国正处于综合国力加快跃升的重要窗口期，发展壮大城市群和都市圈，有利于形成全球资源要素强大引力场，促进内需和外需、进口和出口、引进外资和对外投资协调发展，加快培育国际合作与竞争新优势。

二是提升中心城市和城市群承载发展要素的能力，促进人口和产业等要素合理流动和高效集聚。中心城市是形成强大国内市场和畅通国际经济循环的核心载体，承担了战略支点和重要节点的功能。要强化中心城市的引领、示范和辐射带动作用，推动形成国际中心城市、国家中心城市、区域中心城市和地方中心城市四级中心城市体系，支持北京、上海、广州、天津、重庆建设成为国际消费中心城市。要明确不同等级城市的功能定位和发展导向，强化城市之间的分工和合作，鼓励特大城市中心区功能和产业向中小城市和小城镇扩散，带动广大周边地区发展。推进以县城为重要载体的城镇化建设，按照现代小城市的标准加强县城建设，全面提升县城基础设施水平、产业支撑能力和综合服务能力，加快推进以县城为支撑的城镇化。

（三）加强区域合作，释放欠发达地区内需潜力

要注重发挥区域资源禀赋优势，优化区域产业结构和空间布局，形成具有区域特色的产业链、供应链，推进区域协调发展，进而扩大内需空间。

一是促进区域间相互融通补充，扩大有效需求空间。以京津冀协同发展、长江经济带发展、粤港澳大湾区建设、长三角一体化发展、黄河流域生态保护和高质量发展等区域重大战略为引领，以西部地区、东北地区、中部地区、东部地区四大板块为基础，建设形成以沿海、沿江、沿线经济

带为主的纵向、横向经济轴带，构建协调国内东、中、西部地区和南北方的区域空间发展新格局。加强城市群内部城市间的紧密合作，积极探索建立城市群协调治理模式。

二是构建有利于畅通国内国际双循环的全国统一的综合交通运输网络体系。加快区域一体化进程，促进各类要素有序自由流动，大幅度降低交易成本和物流成本，为畅通国内国际双循环创造良好的条件。"十四五"期间，要加大对中西部地区和东北地区交通基础设施建设的支持力度，加快西宁至成都、川藏、新藏、滇藏等铁路规划建设，继续完善"一带一路"陆路国际运输通道、中西部地区连接沿海主要港口运输通道以及城市群之间运输通道，加强边境口岸及其连接线、沿边公路建设，构建有利于畅通国内国际双循环的全国统一的综合交通运输网络体系。推进京津冀、长江三角洲、粤港澳大湾区等城市群内主要城市之间形成互联互通的高速轨道交通网络。

三是实现区域间人才双向交流。鼓励东中西干部、专业技术人员、企业经营管理人员等人才分别到企业、乡村双向交流，定期定向挂职，可以增强中西部地区集聚人才的能力，以人才要素的互动交流带动区域其他要素联动，有效推动发展。通过人才要素的双向交流进一步带动资金流、信息流、技术流、项目流交互补充，扩大投资。

四是深入实施对口协作。进一步深化东部发达省份与东北地区对口合作，建设一批对口合作重点园区。加强区域间经济、技术、项目、人才等交流合作，支持区域间建立富有特色的"飞地"经济，支持返乡入乡创业园建设，支持中西部地区、东北地区与东部地区共建各类省际、市际、县际产业合作园区，加强区域联动发展，助力统一大市场的形成。

（四）补齐重难点区域发展短板，完善欠发达地区扩内需环境

一是加大对欠发达地区的财力支持，增加对重点生态功能区、农产品主产区、困难地区的财政转移支付，增强基本公共服务保障能力。运用"互联网+"、大数据、云平台等技术大力发展"互联网+远程门诊""互联网+在线教育"等线上服务模式，推动优质公共服务资源向贫困落后地区辐射下沉。建立更加稳定、更大规模的教师、医生跨区域互派机制，选

派中西部地区教师、医生到东部地区学习，推动东部地区优质学校、医院的管理和服务团队到中西部地区援建。

二是加快土地要素市场化改革，建设城乡统一用地市场。 加快盘活农村土地资源将释放规模可观的资金需求，同时也有助于拓展农村居民收入渠道。扩大宅基地制度改革试点范围，完善农民闲置宅基地和闲置农房相关政策，提升资产配置效率，以更好挖掘内需潜力，推动经济高质量发展。

三是加大力度支持中西部地区和东北地区培育创新资源。 加大力度支持中西部地区、东北地区主要中心城市的创新发展，支持中西部省份建设国内一流的高水平大学和研究机构。结合产业布局导向，在中西部地区和东北地区部署更多科研平台型装置、专用研究装置、新兴应用领域重大科技基础设施。

四是加大对承担国防、能源等战略安全地区的中央投资力度。 降低地方配套资金比例，以西藏、新疆为重点发展一批边境城镇，实施边境人口增长工程，建设边防公路和旅游景观公路，全面强化基础设施条件。

（执笔：姚晓明）

主要参考文献

1. 迟福林：《立足扩大内需 促进区域经济一体化》，《经济日报》2020 年 4 月 30 日。

2. 孙久文、张皓：《新发展格局下中国区域差距演变与协调发展研究》，《经济学家》2021 年第 7 期。

3. 喻新安、杨兰桥：《我国内陆地区增长极的培育与形成——实施扩大内需战略背景下的区域布局与政策选择》，《区域经济评论》2013 年第 1 期。

4. 张可云、何大梽：《"十四五"时期区域协调发展的空间尺度探讨》，《学术研究》2021 年第 1 期。

5. 周龙：《提高欠发达地区城镇居民消费水平的思考》，《甘肃金融》2010 年第 12 期。

第六章

优化分配结构　挖掘释放内需潜力

内容提要： 收入和财富分配结构深刻影响内需。我国居民收入及财富差距仍处高位，城乡间、区域间及行业间差距明显，在实质上对应着人力资本的起点均等、初次分配的过程公平高效、再分配和第三次分配的结果调节、分配秩序的规范、城乡二元结构、地区发展不平衡、行业垄断、房产价值泡沫等八大问题，显著制约了内需潜力释放。必须立足长远，从分配制度政策体系和具有重大分配效应的战略举措两大方面实施八大举措，着力解决分配状况背后的实质问题，挖掘并释放内需潜力。

理论和实践都表明，分配结构是影响内需的重要因素。本章将简要阐释分配结构影响内需的作用机理，展示我国分配结构现状，剖析我国分配状况对应的实质性问题，系统而有针对性地提出优化分配结构的举措建议，为充分挖掘并释放内需潜力创造条件。

一　分配结构影响内需的作用机理

内需是相对外需而言的，大国经济一般是内需推动型经济。影响消费、投资等内需潜力释放的因素很多，而分配结构是其中更基本、更深远的重要因素。

（一）分配结构对消费的影响

理论和经验研究都表明，在文化、人均收入水平等其他因素一致的情况下，收入和财富分配的差距越大，消费倾向就越低。

从理论看，根据凯恩斯关于消费的理论学说，居民边际消费倾向随收入提升而递减，简单来说，高收入群体的边际消费倾向较低，而低收入群体的边际消费倾向较高，这也意味着与之关联紧密的平均消费倾向呈同样的特征。在同等经济发展水平下，收入和财富分配状况不同，居民消费倾向也呈现较大差异性。一般而言，收入和财富分配差距较大的经济体，即少部分群体的收入占总收入比重较高，其居民消费倾向就较低。

从经验研究数据看，我们以最高 10% 收入群体的收入占比指标衡量各国收入分配状况，观察其与居民消费倾向的关系。从各国平均数据看，最高 10% 收入群体的收入占比越高（即收入差距越大），平均消费倾向越低（见图 6-1）。从我国情况看，近年来我国最高 10% 收入群体的收入占总收入的比重呈明显上升态势，2011 年达到接近 43% 的高点，此后略有下降，2019 年约 41%。从二者散点图可以看出，最高 10% 收入群体的收入占比越高，平均消费倾向越低（见图 6-2）。这表明，我国收入分配状况不佳对居民消费倾向产生了较明显的抑制作用。

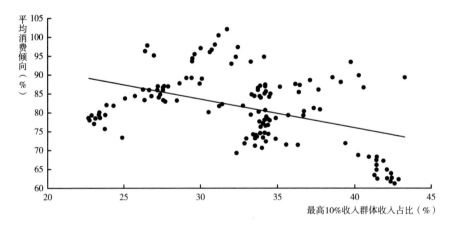

图 6-1　各国平均消费倾向与最高 10% 收入群体收入占比

资料来源：世界银行数据库。

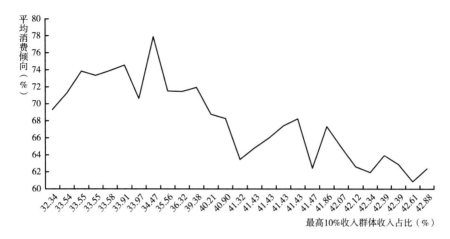

图6-2 我国平均消费倾向与最高10%收入群体收入占比

资料来源：国家统计局。

（二）分配结构对投资的影响

直观来讲，分配结构对投资的影响实际上是其对消费影响的延伸。消费的反面就是储蓄，也就是积累，而积累转化为投资。消费需求总量和结构的特征直接影响投资总量和结构情况。按照前述逻辑，不合理的分配结构，催生出不合理的消费倾向和消费率，收入和财富分配差距较大导致消费倾向偏低，这就意味着由消费需求引致的消费品部门投资需求会下降，进而使得投资更多流向资本品部门，导致投资结构"重化"。放到国民经济循环过程中来看，这种状况实际就是两个"失调"：消费、投资比例关系失调，投资结构比例失调。投资过多、过重，投资回报率不高，且通过自我强化不断加剧供求关系失衡，是难以持续健康发展的，将影响经济发展质量和人民生活品质的提升。我国经济进入高质量发展阶段，过往参与国际大循环的条件和环境已经发生变化，此时消费、投资比例关系和投资结构比例的失调，更加难以靠外需进行适度对冲消化，因而对国民经济循环的伤害也就更加凸显。简言之，只有加快优化改善分配结构，才有利于形成合理的消费、投资比例关系和投资结构稳态，进而有力支撑扩大内需战略的实施和新发展格局的构建。

二　当前我国分配结构的特征分析

当前，我国收入和财富分配结构还不够合理，集中体现在居民收入差距和财富差距仍处高位，城乡间、区域间及行业间差距明显，这都显著制约了内需潜力释放。

（一）居民收入和财富差距仍处高位

改革开放以来，随着经济高速增长，我国收入和财富分配差距明显扩大，近年来其快速扩大趋势得到明显遏制，但差距水平仍处于高位。

一是居民收入基尼系数高位徘徊。按照国家统计局公布的官方数据，2003 年以来我国居民收入基尼系数始终在 0.4 之上，处于收入差距较大的区间。在 2008 年之前，我国居民收入基尼系数持续上升，2008年达到 0.491 的高点，2009 年起连续 7 年下降，到 2015 年降至 0.462，形势有了明显好转。然而，从 2016 年开始居民收入基尼系数又转头上升，2018 年为 0.465，仍处于高位（见图 6-3）。从当前情况看，导致居民收入差距扩大的因素仍未得到根本改变，居民收入基尼系数明显下降的条件还不具备，如不采取较大力度的行动，居民收入基尼系数很大可能将呈"高位徘徊"特征。横向比较，我国居民收入基尼系数明显高于日本、韩国等亚洲国家，以及经济合作与发展组织（OECD）国家；在金砖四国（BRIC）中，我国居民收入基尼系数低于巴西，而高于俄罗斯和印度。

二是分组收入差距明显。从国家统计局收入五等分分组视角看，高低收入组间的差距十分明显，且近年来大体稳定，没有表现出明显缩小趋势，甚至还有所扩大。全国居民人均可支配收入是最低 20% 收入组平均收入的 4 倍以上，最高 20% 收入组与最低 20% 收入组的收入差距达到 10倍以上。从变化趋势来看，分组的收入差距大体保持稳定，但 2015~2018年最高 20% 收入组与最低 20% 收入组的收入差距有所扩大。如，最高20% 收入组与最低 20% 收入组的收入倍差从 2015 年的 10.45 上升到 2018年的 10.97，最高 20% 收入组与其他收入组的收入倍差值也呈现类似趋

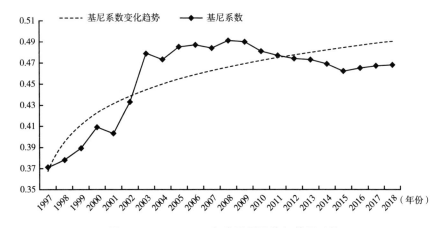

图 6-3　1997～2018 年我国居民收入基尼系数

资料来源：国家统计局。

势，这与表征总体差距的居民收入基尼系数指标趋势一致，印证了近年来收入差距有所反弹的特征（见图 6-4）。

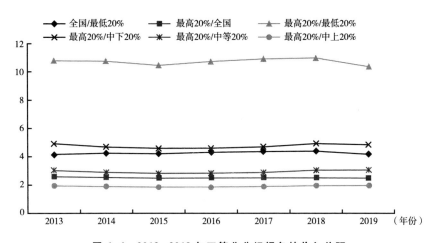

图 6-4　2013～2019 年五等分分组视角的收入差距

资料来源：国家统计局。

三是财富分配差距扩大。国内外不少证据显示，过去一个时期我国财富分配差距显著扩大。根据李实等学者的研究，全国最高 10% 收入群体占有的财产份额已从 2002 年的 39% 提高到 2010 年的 64%。据北京大学中国社会科学调查中心发布的《中国民生发展报告 2014》，2012 年我国的家庭净财产的基尼系数达到 0.73，顶端 1% 的家庭占有全国 1/3 的财产，而底端 25% 的家庭只拥有全国财产总量的 1% 左右。《世界不平等报告 2018》显示，2015 年，我国最富有的 1% 的人群占国民财富份额达到 30%，前 10% 人群所占国民财富份额达 67.4%，这两个数字已经显著高于法国、英国。瑞信研究院《全球财富报告》显示，2009～2015 年，我国人均财富基尼系数呈上升趋势，2015 年达到 0.819 的高点，这一数值要高于大部分发达国家，比同期日本和韩国分别高出 0.188 和 0.1，比德国、法国、英国分别高出 0.03、0.099 和 0.087，仅比美国低 0.043。2015 年后有所下降，但仍处于相对较高的水平。

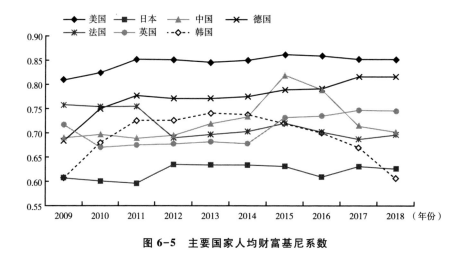

图 6-5　主要国家人均财富基尼系数

资料来源：Wind 数据库；瑞信研究院《全球财富报告》。

（二）城乡间、区域间和行业间差距明显

从城乡看，按照城乡住户一体化调查口径计算，2019 年城乡居民人均可支配收入之比为 2.64，仍然表现出相当明显的二元特征。在趋势上，近年来我国城乡居民可支配收入比已经有了明显下降，城乡间分配状况持续改善。按城乡住户一体化调查前的老口径计算，2002 年城乡居民人均收入比超过 3，最高时达到 3.33（分别在 2007 年、2009 年），从 2010 年起持续下降，但 2012 年仍然高达 3.1。在新的一体化调查口径下，2013 年以来，

农村居民人均可支配收入增速均高于城镇居民人均可支配收入增速，这推动城乡居民人均可支配收入比连续 7 年下降（见图 6-6）。这也是近年来我国总体城乡收入差距有所收敛的主要原因。

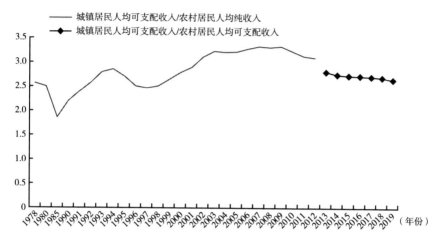

图 6-6　1978～2019 年城乡居民人均收入比

资料来源：国家统计局。

从区域看，全国居民人均可支配收入从高到低依次是东部地区、东北地区、中部地区和西部地区，但大体呈"一、三"阵形，即东部地区遥遥领先，其他三大地区日趋相近。2013～2019 年，中西部地区经济增速快于东部地区，最高最低收入比（东部地区与西部地区收入比）持续下降，但 2019 年仍有 1.644。从各省区市看，高低收入差距趋于缩小，最高最低收入比从 2013 年的 4.330 持续降至 2019 年的 3.628，但变异系数仍在 0.4 以上（见表 6-1）。

从行业看，无论是行业最高最低工资比，还是行业工资变异系数，非私营单位行业都明显高于私营单位。2019 年，非私营单位和私营单位行业最高最低工资比分别达到 4.1 和 2.26（见图 6-7）。从行业特征看，带有垄断性质、高新技术特征的行业工资水平普遍较高；门槛较低、市场竞争比较充分的行业和农、林、牧、渔业，水利、环境和公共设施管理业等行业工资水平较低。需要注意的是，2013 年以来，行业收入差距呈明显上升趋势。

表 6-1   2013~2019 年地区间收入差距情况

年份	四大地区：全国		四大地区：城镇		四大地区：农村		各省区市	
	最高最低收入比	变异系数	最高最低收入比	变异系数	最高最低收入比	变异系数	最高最低收入比	变异系数
2013	1.700	0.244	1.393	0.168	1.594	0.193	4.330	0.420
2014	1.688	0.240	1.390	0.167	1.585	0.191	4.284	0.414
2015	1.673	0.238	1.386	0.167	1.572	0.188	4.069	0.410
2016	1.665	0.238	1.386	0.171	1.563	0.187	3.982	0.409
2017	1.660	0.239	1.389	0.175	1.553	0.187	3.816	0.408
2018	1.655	0.239	1.407	0.178	1.546	0.186	3.713	0.407
2019	1.644	0.238	1.427	0.181	1.533	0.183	3.628	0.404

资料来源：根据《中国统计年鉴 2020》数据进行计算。

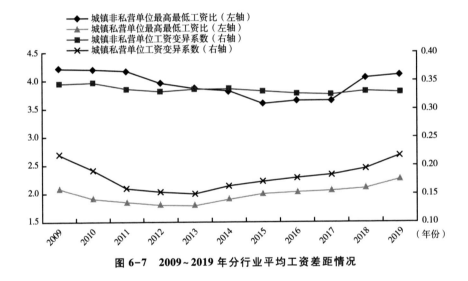

图 6-7   2009~2019 年分行业平均工资差距情况

三   我国分配状况对应的实质问题

我国分配状况不是一朝一夕形成的，是受多种主客观因素和条件影响的综合结果，其背后大体对应着八大方面问题。

（一）人力资本积累的起点均等问题

人力资本差异本身是多种因素和条件共同作用的结果，是否"合理"

和可接受在很大程度上取决于其形成的原因。在缺少足够公共干预的情况下，这条"起跑线"主要由家庭经济状况决定。家庭经济状况较差，能够为人力资本积累提供的各方面条件不佳，就容易导致孩子营养不良、生长迟缓、认知启蒙滞后，影响后续人力资本积累，孩子日后在劳动力市场上也就更难获得较高收入。这种起点上的人力资本差异往往具有较强的"锁定效应"和"累积因果效应"，很容易在代际持续传递。从我国情况看，在婴幼儿营养健康、学前教育以及义务教育等人力资本积累起点事项上，城市与乡村间、发达地区与欠发达地区间的差异不小，部分欠发达地区至今仍然存在婴幼儿营养不良、生长发育不佳、基本的教育和医疗条件较差等问题，"起跑线"明显落后。事实上，我国政府及各类社会组织已开始关注早期人力资本积累的问题，组织实施了"儿童营养改善计划"等一系列干预性举措，但总体上投入力度还不够，干预方式也较单一，在促进起点均等、提升社会纵向流动水平方面发挥的作用仍然十分有限。可以说，当前人力资本"起跑线"的水平主要仍由家庭经济状况这一因素决定，代际传递效应还较明显，是催生阶层固化僵化的起点因素。

（二）初次分配的过程公平和高效问题

初次分配是指因参与生产过程或因拥有生产活动所需资产的所有权而获得的收入在单位之间进行的分配。在市场经济环境中，初次分配的过程就是在完善的市场体系下开展经济活动的过程，就是各类生产要素由市场评价贡献、按贡献决定报酬的过程，其关键不在于分配结果是否符合理想状态，而在于分配过程是否公平和高效，即各类市场主体是否平等获得机会、是否在充分市场竞争中实现效益和效率的最大化、是否按市场规则获得正当分配收益。只有过程公平和高效的初次分配才更能实现有效激励，推动资源优化配置和效率提升。如果初次分配不能做到过程公平和高效，只寄希望于再分配和第三次分配手段的调节作用，就类似于对错误的结果再次施加错误的干预，最终结果很可能既不公平，也缺乏效率，还不合理；即便经过强力调节得到了相对合理的结果，也可能会因为多个环节存在不公平而影响稳定预期，甚至激化社会矛盾。我国持续推进市场化转型，市场化机制不断健全、市场化程度不断提高，但总体上在初次分配的过程公平和高效方面还有不少需要改革完善的内容，要素市场化配置的体制机制还不完善，生产要素自由流动性和配置效率还不高、按贡献分配机制还不健全，这都会影响部分群体获取正常收益。

（三）再分配和第三次分配的结果调节问题

再分配是通过经常转移的方式在机构单位之间进行的分配，经常转移包括所得税、财产税等以及社会缴款、社会福利和其他类型的转移，这一环节主要由政府来推动。第三次分配是企业、社会团体和个人等各类主体在道德、文化、习惯等驱使下，自愿通过慈善捐赠、公益事业、志愿行动等诸多方式扶危济困的行为，在结果上改善分配格局，是对初次分配和再分配的补充，由社会来主导。再分配和第三次分配所遵循的理念、原则不同，但目标和结果导向是一致的，都是要推动形成较为合理的分配结果。事实上，不少经济体在初次分配后，分配差距仍较大，正是通过再分配和第三次分配的调节，分配差距才明显缩小。从我国情况看，由于相关制度设计不够完善，再分配和第三次分配的调节作用仍然偏弱，甚至存在逆向调节效应。如，直接税比重偏低，税收的调节作用有限；社会保障的均等化功能偏弱，社会保障制度还存在明显的城乡、体制隔离问题，农村居民的社会保障水平整体低于城镇居民；第三次分配发挥作用较有限，中国慈善联合会发布的《2019 年度中国慈善捐助报告》显示，2019 年我国内地接收款物捐赠占 GDP 总量的比例仅为 0.16%，而发达国家该比例通常在 1% 以上。

（四）分配秩序的规范问题

党的十八大以来，通过持续的强力反腐、制度反腐，原有通过"权力寻租"获得非法收入的行为已经得到有效遏制，一些获取灰色收入、隐性收入等的不规范行为对应的制度漏洞不断得到修补完善，拖欠农民工工资等劳动者合法权益被侵犯的问题也有了明显改善。然而当前的分配秩序并不能说已经达到理想的规范状态，特别是虽然旧的问题解决了，但一些新的问题又出现了。这些问题主要表现在：一些违法违规的不当获利行为仍需持续打击，不能姑息；一些行业凭借行政垄断地位和许可准入机制，获取超额利润，并通过各种形式转化为本行业的高工资和高福利；部分市场主体通过各类不正当竞争行为获得不合理收益，如，依托风险资本无序扩张，通过大量补贴击垮对手、占领市场，最终形成"赢者通吃"局面等；由制度不完善和制度漏洞获得灰色收入、隐性收入等的部分"后门"被堵上之后，各类群体基于劳动及其他要素获取正常收益的"前门"亟须进一步打开，让分配机制的激励效应得以有效发挥；拖欠农民工等相对弱势群体工资的现象在部分地区仍然存在，劳动者合法权益保障有待进一步强化。

（五）城乡二元结构问题

城乡二元结构是我国经济社会发展的鲜明特征。从乡村自身发展来看，新中国成立初期，我国以农产品"剪刀差"的倾向性政策推动工业化快速完成原始积累，进而对"三农"发展产生迟滞效应；乡村人才、技术、基础设施等要素条件相对较差，在守住耕地"红线"和粮食安全底线的刚性约束条件下，农村土地产权交易受到多种限制，要素活力未能有效激发和释放，规模效应和集聚效应也难以有效发挥，以农业为主的乡村产业体系的效率提升空间有限。这些因素都导致我国乡村发展水平比城镇落后一大截，乡村迈向富裕的步伐更加缓慢而艰难。从数据看，尽管当前已跨过"刘易斯拐点"，转移劳动力工资有了明显上涨，但城乡差距在总体分配差距中仍然扮演着最重要的角色，如果单看城镇或单看农村内部，我国收入或财富差距并没有当前这么大，甚至可以认为处于相对合理的区间。

（六）地区发展不平衡问题

虽然我国实施了各类区域协调战略，但地区间发展不平衡问题依然突出，东部沿海发达地区创新要素快速集聚，东北地区、西北地区发展相对滞后。近年来南北分化凸显，经济增速"南快北慢"、经济份额"南升北降"的态势在持续，部分区域发展面临较大困难。需要注意的是，地区间资源禀赋条件和资源环境承载能力存在差异，并非所有地区都适合快速发展，一些地区条件恶劣，"一方水土养不了一方人"；也并非所有地区都适合发展同类型经济或按照类似模式来发展，不同地区的主体功能应有区别。然而，不同主体功能区间的协调合作机制、补偿制度等难以建立健全和切实执行。在缺少有效和足够力度的财政转移支付和利益补偿的支持下，区域发展不平衡就转化为区域间收入和财富分配差距——部分地区已经富起来了，而部分地区仍然"穷"，甚至还看不到富起来的曙光。

（七）行业垄断问题

基于垄断地位的市场结构会带来较大的行业差距，这是最不易被接受的，也正是最需要加以解决的问题。一些研究表明，我国垄断行业与非垄断行业间的收入愈发呈现两极分化的态势，行业垄断因素是行业间产生收入差距的重要因素。我国行业垄断问题主要包括两类，一是由特许经营、行业管制及行政权力不恰当干预带来的垄断。不管是基于自然垄断属性还是考虑系统重要性、战略重要性进而实施一定的准入限制，这类垄断行业在资源占有、政策支持、定价话语权等方面拥有先天优势，它们不仅占领市场份额、阻碍其他主体参与竞争，也更容易吸引人力资本水平较高、社会资本较高的群体进入，进而比其他竞争行业更容易获取较高收入。二是由市场竞争导致的垄断。经过市场充分竞争后，一些对资源和市场等依赖性较强的行业也容易形成垄断，如果市场监管不到位，获得垄断地位后，其就有充足动力采取妨碍而不是促进市场公平竞争的手段来获得利润，如控制原材料资源、产品标准，排除竞争，影响产品定价等，获得超出市场竞争结果的超额垄断利润，进而导致行业收入差距扩大。

（八）房产价值泡沫问题

由房价上涨推起来的价值泡沫是财富分配差距加大、社会流动性固化等问题产生的重要原因。我国房产占家庭财富的比重过高，根据《经济日报》发布的《中国家庭财富调查报告2019》，我国居民家庭财富中房产占了七成。万海远、李实基于中国家庭收入调查数据（CHIPS）也做了测算，发现房产占居民家庭总财产的比例由2002年的57%大幅度上升到2010年的74%。万海远、李实等学者的研究表明，如果将房价上涨因素

剔除，我国居民净财产分布的基尼系数就会由之前的 0.739 下降至
0.663，降幅超过 10.3%；城镇和农村居民的净财产基尼系数也由之前
的 0.632 和 0.706 分别下降至 0.536 和 0.649，降幅分别为 15.2% 和
8.1%。房产价值泡沫产生的原因较为复杂，除了经济本身快速增长带动
房地产市场繁荣，采用土地财政模式也是重要原因，也就是将土地出
让、房地产发展当作地方经济建设发展的融资手段。此外，"重交易、
轻保有"的房地产相关税收制度也难以发挥有效调节作用。房价长期上
涨预期十分强烈，带有杠杆的住房价格的一波上涨带来的价值增值可能
抵得上多年的辛苦工作酬劳，这使得"投机炒房才能实现阶层跃迁"成
为不少人的信条。

四　优化分配结构的举措建议

应将优化分配结构纳入促进共同富裕的行动框架，从完善分配制度政
策体系和实施具有重大分配效应的战略举措两大方面，着手实施八大举
措，着力解决上述八大方面问题，挖掘释放内需潜力。

（一）实施预分配行动，促进起点均等

统筹整合各方面资源，将预分配的作用范围从婴幼儿主体和营养健
康、幼儿教育等领域，有序拓展到劳动年龄前的全部主体和有关生长发
育、人力资本积累的所有领域，实施全周期、全方位的公共干预，提供比
较优质且相对均等的公共条件，促进人力资本积累的起点均等。

一是全面推行儿童早期发展计划。 尽快在全国范围内全面推行儿童早
期发展计划，涵盖优生优育、婴幼儿照料、学前教育等多个阶段，以及营
养健康、体格发展、认知能力获得、心理情感发展等多个领域。加强出生
缺陷综合防治，全面推进免费孕前优生健康检查、缺陷疾病筛查和诊断。
大力开展孕前、孕产期和哺乳期妇女营养健康培训，制定孕产期妇女营养
补充标准，开展孕期、产期保健服务。健全儿童营养健康体系，大力实施
困难家庭婴幼儿营养改善行动，优化完善婴幼儿照护行业准入标准、管理
规范和监管标准，进一步健全婴幼儿照护支持政策体系和托育服务体系。

推进学前教育基本全覆盖，增加普惠性学前教育资源，完善学前教育资源配置标准，逐步提高学前教育资源质量。

二是实施义务教育均等化行动。 研究考虑扩大义务教育阶段范围，有序将学前三年教育、高中阶段教育（含普通高中和职业高中）纳入义务教育或免费教育范围。建立健全全国统一的义务教育阶段生均经费标准，并建立动态调整机制。实施相对薄弱学校能力提升工程，着力解决农村义务教育中寄宿条件不足、大班额、上下学交通困难、基本教学仪器和图书不达标等突出短板问题。大力推进义务教育设施和师资队伍配备标准化建设，取消重点、示范等学校和班级名头，通过统一标准配备硬件、优质教学资源拓展、优秀校长和教师轮岗等多种方式，推进义务教育资源在区域间、城乡间均衡配置。顺应和预判前沿技术手段对学习教育方式的深刻影响趋势，制定前瞻性规划，大力推进技术设施和优质学习教育资源建设。

（二）完善初次分配制度，保障过程公平高效

按照建设高标准市场体系要求，深入推进要素市场化配置改革，完善按要素分配政策制度，全面完善劳动力、资本、土地、知识、技术、管理、数据等生产要素由市场评价贡献、按贡献决定报酬的机制。同时，要注重采取措施，不断增强中小微企业和中低收入群体等获取要素收益权的机会和能力，实现实质意义上的公平。

一是完善劳动力要素参与分配的政策制度。 以居住制度替代户籍制度，逐步消除与户籍身份挂钩的教育、医疗、就业创业等基础权利差异，全面转向以常住人口为中心的居住制度。研究实施公共服务分级制度，以常住人口居住年限、纳税、社保等多维信息为依据，区分全国统一的基本公共服务和地方特定的非基本公共服务，差异化提供公共服务。积极推动建立不同地区间的公共服务等级互认或按照一定比例互换机制。完善全国统一的社会保险公共服务平台，以职业能力为核心分类制定、执行相对统一的职业标准，推动建立职称、职级在体制内外、行业间的有效转换机制。不断增强重点群体就业能力，健全机关和国有企事业单位选人用人机制，依法消除各种形式的就业歧视。研究构建就业兜底保障触发机制，健全统一规范的选人用人机制。建立健全科学合理的工资福利制度，积极推

行企业工资集体协商和行业性、区域性工资集体协商制度，建立健全公务员和市场机构相当人员工资福利水平的调查比较制度；对高校和科研单位，应实现真正"全额拨款"，实施更能体现知识要素价值的工资福利制度，提供较高水平的基本薪酬待遇，取消绩效工资总额管理限制。

二是完善资本要素参与分配的政策制度。在严格门槛和严格监管的前提下，放宽金融服务业市场准入条件，积极发展壮大包括银行在内的各类型金融机构，优化金融资源配置，逐步形成多层次、广覆盖、有差异、大中小合理分工的金融机构体系，增加服务民营企业、中小微企业和中低收入群体的金融服务供给。完善市场准入负面清单制度，减少禁入领域和环节，降低行业准入门槛。建立健全平台经济治理体系，明确规则，划清底线，加强监管，促进公平竞争，防止资本无序扩张。要健全资本市场制度，提高上市公司质量，全方位提升资本市场收益公平共享程度。增强国有资本收益的全民共享属性，促进居民以多种形式分享可持续资本收益，多渠道提升资本要素收益的共享水平。

三是完善土地要素参与分配的政策制度。建立健全城乡统一的建设用地市场，打造统一交易平台，实施统一交易规则，完善城乡基准地价、标定地价的制定与发布制度。探索赋予农村土地承包经营权享有抵押、担保、入股等用益物权权能。深化产业用地市场化配置改革，健全长期租赁、先租后让、弹性年期供应、作价出资（入股）等工业用地市场供应体系。实施年度建设用地总量调控制度，加强对土地利用计划的管理和跟踪评估，增强土地管理灵活性，推动土地计划指标更加合理化。加快探索建立全国性的建设用地指标跨区域交易机制，加强土地供应利用统计监测。

四是完善知识要素参与分配的政策制度。以知识密集型的高等院校、科研院所和国有企事业单位为重点，改革知识要素的评价考核体系，强化财政保障，整体上大幅提高薪酬待遇水平，合理划分薪酬等级，充分体现知识要素价值。按照更充分体现知识要素价值的思路，尽快改革和完善现行科研项目资源配置方式，优化科研经费管理。

五是完善技术要素参与分配的政策制度。健全职务科技成果产权制度，深化科技成果处置权、使用权和收益权改革，增强科研机构和高等院校知识产权处置自主权，大力推进赋予科研人员职务科技成果所有权或长期使用权，自主制定职务科技成果收益权分配办法，完善科研人员职务发明成果权益分享机制，大幅提高科研人员收益分享比例。加强知识产权司法保护和行政执法，全面推行知识产权侵权惩罚性赔偿制度，加大损害赔偿力度，发挥威慑作用。支持高等院校、科研机构和科技企业设立技术转移部门，提升科技成果转移转化能力。积极探索通过天使投资、创业投资、知识产权证券化、科技保险等方式推动科技成果资本化和产业化。布局建设国家知识产权和科技成果产权交易机构，在全国范围内开展知识产权转让、许可等运营服务。

六是完善管理要素参与分配的政策制度。引导规范市场机构管理要素报酬，强化党组织、工会等的监督作用，严查偷漏税和洗钱等违法行为。同时，为防止行业内收入差距过大问题，可引导企业自主设定最高薪酬限制，如设定最高薪酬不得高于社会平均水平的倍数，或设定企业内部最高最低工资倍数等。完善高管薪酬制度，尽快建立与国有企业负责人分类管理相适应、选任方式相匹配的差异化薪酬制度。综合考虑管理岗位责任、风险、工作强度、工作业绩等因素的评价考核机制，并在事业单位管理人员薪酬上予以更明确的体现。

七是建立健全数据要素参与分配的政策制度。按照自下而上探索逐步形成统一规则的思路来培育壮大数据要素市场，促进数据要素公平参与收益分配。制定政府等公共部门数据采集清单及格式标准，探索建立统一规范的数据管理制度。加快搭建统一的政府数据开放平台，制定出台并动态调整数据共享责任清单，建立公共数据开放和数据资源有效流动的制度规范。探索推进政府公共数据授权管理，稳步推进脱敏匿名化、假名化公共数据的授权应用，建立合理收费制度或收益分配制度。研究赋予中低收入群体更多数据收益权的可行途径和方法，使数据要素收益更广泛惠及普通民众。

（三）增强再分配和第三次分配调节功能，促进结果合理

切实增强再分配调节职能，加大税收、社会保障、转移支付等调节力度和精准性，发挥慈善等第三次分配作用，改善收入和财富分配格局，促进分配结果趋于合理。

一是构建有利于优化分配格局的税收制度体系。聚焦优化税制结构，持续深化税收制度改革，着力健全直接税体系，提升直接税比重，围绕个人所得税、房地产税等重点税种，较大幅度调整完善税制结构，深化征管制度改革，到2025年将直接税比重提升至具有标志性意义的50%以上，形成以直接税为主导的新型税制结构，不断强化税收在优化分配格局中的调节作用。适时推进个人所得税改革修法，强化综合征收属性，推行以家庭为基本单元汇算清缴，优化税制设计，研究扩大3%～25%等中低档级距，完善专项附加扣除项目等。推进房地产税立法和实施，厘清"租、税、费"之间的关系，统筹调整开发、保有、交易环节的土地和房地产相关税费，保留土地出让金并改革收取方式，形成由调整后的耕地占用税、房地产税、契税和印花税构成的房地产税体系。按照"拓税基、降税率、精优惠"的思路稳步完善企业所得税制度。研究开征遗产税、赠与税，在全社会广泛讨论遗产税和赠与税的功能定位、征收对象、税率、扣除等技术性问题，形成改革共识，并尽快制定出台相关法律制度。以增值税和消费税改革调整为重点，健全间接税体系，总体降低间接税比重。较大幅度降低增值税税率，加快完成增值税税率三档并两档，着手研究合二为一，进一步下调增值税税率。适当扩张消费税，强化消费税在节约能源、环境保护及调节收入分配等方面的作用。

二是增强社会保障体系的分配调节功能。以"人人享有基本生活保障"为目标，兜底线、织密网、建机制，不断增强社会保障待遇和服务的公平性、可及性。持续加大国有资本充实社保基金的划转力度，实施全民参保计划，将部分仍实行公费医疗制度的机关事业单位尽快纳入全国社保体系，放宽灵活就业人员参保条件。构建统一的全国居民社会保险体系，建立全国统一的社会保障账户，让"账户跟人走"。优化社会救助、社会福利、社会优抚等兜底体系，及时提高待遇标准，完善服务支持体系。

三是加大转移支付力度和提高精准性。加快完善我国纵向转移支付制度，稳步提高一般性转移支付比重，进一步规范和减少专项转移支付，建立健全完善专项转移支付定期评估和退出机制。加大对教育、就业、社会保障、医疗卫生、保障性住房、扶贫开发等领域的转移支出，增强基本公共服务保障能力。加大对欠发达地区的财力支持。研究在部分领域建立向地级市乃至县级区域的转移支付直达机制，增强转移精准性，促进域内平衡发展。鼓励地方以健全区域间生态补偿机制为重点，建立协同开展生态环境保护和治理的规范化横向转移支付制度，大力提升对口支援等的制度化、规范化水平。

四是大力发展慈善公益事业。积极培育壮大慈善公益主体，简化慈善公益组织的登记、审查、认证程序，加大事中事后监管力度。拓展慈善公益组织活动范围，大力发展基于互联网平台的慈善和公益行动。落实慈善捐赠税收优惠政策，对企业公益性捐赠支出超过年度利润总额 12% 的部分，实行无期限结转扣除，可设计根据捐赠额度累进扣除的机制。支持引导以股权、有价证券、资产收益、知识产权等多种形式开展慈善捐赠，通过"活水"类型的慈善捐赠让相关受赠人获得长效持续效益。搭建慈善资源供需对接平台，简化税收优惠办理手续。加强对慈善公益组织和活动的评估监督，逐步形成政府监管、行业自律、慈善公益组织内部控制、社会舆论监督的多方协同监管机制。

（四）规范分配秩序，缓解社会"痛感"

要加强制度建设，健全制度规则，同时加大整顿力度，实施有力监管。

一是严厉打击取缔非法财产和收入。进一步强化制度建设，把权力关进制度笼子里，严厉查处权钱交易、行贿受贿行为，打击各式"权力设租"和"权力寻租"，建立对非法行为受害人的合理补偿机制。持续强化高收入群体收入监控督导，打击通过"阴阳合同"等各类方式偷税漏税的行为，强化反垄断和反不正当竞争执法力度，重拳打击这种类型的不合理收益。要明确"宽容"和"新法不溯及既往"的总体基调，针对特定历史制度条件下部分市场主体或多或少的不当获利情形，开展一次分类识别处置行动，摘掉"原罪"的大帽子。

二是规范隐性、灰色财产和收入。继续严格规范党政机关各种津贴补贴和奖金发放行为，持续强化领导干部收入和财产申报管理，将管理重点放在相关事项间的逻辑合理性上，在适宜时点全面推行新任职领导干部收入公开制度。加强对事业单位财政拨款外的创收管理，规范科研课题和研发项目经费管理使用，按照增加知识价值导向，将过去部分隐性和灰色收入转化为合法合理收入。依据竞争性领域的相关市场薪酬水平和结构，科学设计国企薪酬福利制度，逐步消除发放不合理高工资福利的行为。

三是强力保护合法财产和收入。平等保护民营经济和民营企业家，依法保护企业家的财产权、创新权益、自主经营权等权益，进一步增强广大企业家的财富安全感。完善劳动合同制度，严格规范劳务派遣用工行为，加快消除对编制外人员的待遇歧视，保障劳动者同工同酬。健全劳动者工资支付保障机制，完善劳动争议处理机制。

（五）全面实施乡村振兴战略，推动城乡共富

"十四五"规划纲要对新发展阶段优先发展农业农村、全面推进乡村振兴做出部署，要在实践中不断改革创新，探索切实有效的经验模式。

一是以正确理念指导资源合理配置。以人为中心，统筹考虑新型城镇化推进中的人口迁移、乡村空间重构中的人口分布变化等因素，让资源跟着乡村的人走。通过制度改革创新、以市场化机制来激活乡村土地、人才、资金等各类要素资源，挖掘内生动力，增强"造血"功能。强化市场机制作用，尽最大可能建立市场竞争机制，实现资源配置效益最大化和效率最优化。

二是推动以城带乡、城乡融合发展。坚决破除妨碍城乡要素自由流动和平等交换的体制机制壁垒，促进农村富余劳动力和农村人口向城镇转移，引导城镇的资本、人才、先进技术等生产要素流入乡村。完善城市人才入乡激励机制、工商资本入乡促进机制、科技成果入乡转化机制，促进各类要素更多向乡村流动。推进城乡交通、供水、电网、通信、燃气等基础设施统一规划、统一建设、统一管护，推进城乡基本公共服务标准统一、制度并轨。搭建城乡产业协同发展平台，依靠城镇优势生产经营主体、良好组织形态、现代化生产方式、先进科学技术等推动农村生产生活方式变革，建立健全现代农业产业体系、生产体系、经营体系。

（六）践行"两个大局"安排，促进区域共富

要将大体均等的基本公共服务作为底线，要从主体功能区出发落实区际利益补偿，还要以"先富带动后富"的区域合作互助为拉动力，三者共同发力，推动形成区域共富新格局。

一是促进基本公共服务均等化。 改革政府间横向税收分权体制机制，改变增值税、消费税、企业所得税、个人所得税等税种主要基于生产地原则征税、分税的方式，强化地方财力保障。深入推进财政事权和支出责任划分改革，考虑逐步将基本公共服务支出责任划归中央，全面推行以常住人口为基准来科学合理配置公共服务资源。建立健全基本公共服务标准体系，推进城乡区域基本公共服务制度统一，综合考虑地方发展阶段可制定差异化标准。大力应用前沿技术手段促进基本公共服务均等化，普及公共服务。

二是做好区际利益补偿。 按照受益者付费、贡献者得到合理补偿的基本原则，建立健全面向重点生态功能区、粮食主产区、能源资源保障区、边疆地区以及其他战略功能区等区域的利益补偿机制，创新利益补偿方式，逐步构建起多元化的区际利益补偿格局。可以生态补偿为首要抓手，尽快将森林、草原、湿地、水流等领域纳入生态补偿范围，大力推进生态产品价值实现工作，发挥示范作用。要参照市场化机制的理念和运行规则，设计拟市场化机制，探索通过资金、项目、对口支援、基本公共服务共享等多种形式实现合理补偿。

三是推动区域合作互助。 完善东西部地区结对帮扶关系，加强产业合作、资源互补、劳务对接、人才交流，深入开展对口支援，建立发达地区与欠发达地区联动机制。健全区域合作互助机制，深化区域间基础设施、环保、产业等方面的合作，加强城市群内部城市间的紧密合作，积极探索建立城市群协调治理模式。探索建立对口协作一体化考核机制，对支援和受援地区以及结成帮扶关系的地方，根据地区特点科学选择关键指标，如居民收入水平、公共服务水平以及地区间差距情况等，实施一体化评价考核。

（七）实施"破垄行动"，消除行业收入不合理差距

系统实施"破垄行动"，破除管制类垄断，强化垄断监管，加大对具

有垄断属性的行业收入的调节力度，逐步消除行业间收入差距中的不合理部分。

一是大力破除管制类垄断。全面实施公平竞争审查制度，清理规范妨碍全国统一大市场形成的不合理政策规定。加快放开部分垄断领域的竞争环节，鼓励民营企业等各类性质的市场主体进入电力、石油、电信、铁路等行业和领域。要注重在垄断性行业中引入竞争，如通过特许投标权竞争等方式提高运营效率。考虑针对管制类垄断行业的超额利润征收特殊税费，推动不同行业收入差距合理化。

二是持续强化市场垄断行为监管。制定实施针对行政垄断、自然垄断、市场垄断等各类型垄断的细化规定。专门设立一个责任明确、监管独立、不隶属于任何行业主管部门和综合经济管理部门的专业监管机构，客观公正地行使反垄断职权。强化对垄断行业资源获取、价格制定等方面的严格监管，削弱其依赖垄断地位攫取过高利润的能力。加强对垄断行业收入的指导和监管，研究建立工资指导价位制度。

（八）协同发展居住事业和产业，削弱住房投机属性

按照"事业与产业并行"的思路，加快建立多主体供给、多渠道保障、租购并举的住房制度，推动"居住事业"发展；健全房地产市场平稳健康发展长效机制，促进"居住产业"健康发展。

一是优化土地供应制度。合理配置土地指标和用途，继续改革完善"人地挂钩"政策，推行新增常住人口与土地供应挂钩、完善跨省耕地占补平衡与城乡用地增减挂钩政策，增加人口流入地区的建设用地供应。优化城市工业用地、住宅用地和商业用地结构，优先向保障性住房供给土地。积极探索推行土地出让年租制或多期限缴纳制，推动土地出让收入平滑化。全面推行土地集中出让模式，降低土地出让竞争程度，稳地价、稳预期。

二是推动"居住事业"发展壮大。扩大保障性租赁住房供给，解决好新市民、青年人特别是从事基本公共服务行业人员等住房困难群体的住房问题。逐步减少享有交易产权的保障性住房，将相关福利分房也纳入总体租赁保障体系之中。加大财税、金融等各方面政策支持力度，着力培育

发展专业化、规模化住房租赁企业。有效保障租赁权利，推动"租购同权"扎实落地，公平保护租赁双方权益。建立健全住房租赁管理公共服务平台，不断提升功能和便利化水平。健全住房保障对象、准入门槛、退出管理等相关政策，建立住房保障信用体系。改革住房公积金制度，在适当时机成立住房政策性金融机构。持续提升居住质量，加大城市更新力度，不断提高宜居水平。

三是促进居住产业规范健康发展。房地产业链条长、影响大，是经济发展的重要支撑，居住事业的发展也离不开居住产业的有力支撑。要通过财税、金融等多方面政策，积极引导居住产业规范健康发展，引导房地产开发企业由项目开发商向城市综合物业运营商转变。

（执笔：李清彬）

主要参考文献

1. Knight, John；李实；万海远：The Increasing Inequality of Wealth in China, 2002-2013. Working Paper：CIIDWP No. 58。

2. World Inequality Lab：World Inequality Report 2018, https：//wir2018. wid. world/files/download/wir2018-full-report-english. pdf.

3.〔英〕安东尼·阿特金森：《不平等，我们能做什么》，王海昉、曾鑫、于琳琳译，中信出版社，2016。

4. 常兴华、李伟：《我国国民收入分配格局研究》，《经济研究参考》2012 年第 21 期。

5. 陈宗胜等：《中国居民收入分配通论：由贫穷迈向共同富裕的中国道路与经验 三论发展与改革中的收入差别变动》，格致出版社、上海三联书店、上海人民出版社，2018。

6. 李清彬：《建设体现效率、促进公平的收入分配体系：对目标、任务与举措的建议》，《宏观经济管理》2019 年第 5 期。

7. 李清彬：《迈向共同富裕的分配行动探究》，人民出版社，2021。

8. 李英、贾米琪、郑文廷、汤蕾、白钰：《中国农村贫困地区儿童早期认知发展现状及影响因素研究》，《华东师范大学学报》（教育科学版）2019 年第 3 期。

9. 刘树杰、王蕴：《合理调整国民收入分配格局研究》，《宏观经济研究》2009

年第 12 期。

10. 〔法〕托马斯·皮凯蒂：《21 世纪资本论》，巴曙松等译，中信出版社，2014。

11. 武鹏：《行业垄断对中国行业收入差距的影响》，《中国工业经济》2011 年第 10 期。

12. 许月丽、战明华、史晋川：《消费决定与投资结构调整：中国的经验及其含义》，《世界经济》2010 年第 5 期。

13. 杨斌：《第三次分配：内涵、特点及政策体系》，《学习时报》2020 年 1 月 1 日。

14. 杨灿明：《规范收入分配秩序研究》，经济科学出版社，2014。

15. 杨宜勇、池振合：《中国居民收入分配现状及其未来发展趋势》，《经济研究参考》2014 年第 6 期。

16. 岳希明、李实、史泰丽：《垄断行业高收入问题探讨》，《中国社会科学》2010 年第 3 期。

第七章

扩大内需的国际典型做法及对我启示

内容提要： 美国、德国、日本、韩国等发达国家通过扩大国内需求，转变经济发展方式，实现了经济发展水平持续提升，而巴西、墨西哥等拉美国家则因发展战略失败等导致长期在中等收入阶段徘徊。典型国家扩大内需的成功做法表明，要增加国民收入，提高居民可持续消费能力；完善消费设施条件，多措并举补齐欠发达地区消费短板、挖掘农村和欠发达地区消费潜力；优化消费环境、提升消费体验，构建多层次的消费服务体系；完善社会保障体系，构建社会安全网，稳定居民消费预期；深入推动科技创新，以科技创新带动新供给和新需求；加大力度扶持中小企业，发挥微观经济机制在增加社会供给中的基础作用；切实保障人民居住需求，坚持楼市调控方向不动摇；发挥宏观调控政策跨周期作用，维持经济稳定运行。

2019 年我国人均 GDP 首次超过 1 万美元，进入从中等偏上收入国家向高收入国家迈进的阶段，"十四五"时期到 2035 年将处于人均 GDP 1 万 ~ 2 万美元的发展阶段。尽管发展阶段与具体国情不同，但典型国家扩大内需的现实历程及政策走向，对我国扩大内需仍然具有借鉴意义。

一 其他国家扩大内需的典型做法

美国、德国、日本、韩国等发达国家通过扩大国内需求，转变经济发展方式，实现了经济发展水平的持续提升，而巴西、墨西哥等拉美国家则因发展战略失败等长期在中等收入阶段徘徊。

（一）美国

美国是依靠内需驱动成为发达国家的典型，其扩大内需的政策措施具有以下特点：重视科技引领作用，不断运用高科技改造升级传统产业，以保持竞争力；突出消费拉动作用，通过创新带动消费升级和生活品质提升，实现技术进步与消费需求的良性促进；根据经济发展态势，及时调整对投资与消费的调控政策。

1. 人均 GDP 不足 1 万美元时扩大内需的主要做法

1969 年美国人均 GDP 达到 5000 美元，1978 年超过 1 万美元。20 世纪五六十年代，美国经济增速达到峰值，启动了经济增长向消费主导型转变的策略。这一时期美国将消费作为拉动经济发展和促进社会再生产的动力，采取了提高工资与福利、发展信贷消费等一系列政策措施刺激居民消费。

一是完善法律体系，保护消费者权益。美国较早出台了保护消费者权益的相关法律。先后制定了《联邦贸易委员会法》《食品和药品法》，从法律制度上切实保障了消费者的权益。20 世纪 70 年代，《马克尤逊—摩西保证法》、《消费品安全法》、《消费者租赁法》和《电冰箱安全法》等多部法律相继颁布，进一步形成了比较健全的消费者法律保护体系。

二是提高农民收入，增强消费能力。20 世纪五六十年代，美国实施了消费主导型策略，聚焦农村、农业和农民，提高农民收入。通过推动乡镇企业发展、鼓励开展农业国际援助、农业国际合作和农产品出口以及巨额农产品贸易补贴，大大提高了农民生产积极性和农民收入。

三是通过降低居民税率刺激消费。肯尼迪政府采取了大规模减税措施。1964~1965 年，个人所得税税率从 20%~91%降至 14%~70%，公司所得税税率从 30%~52%降至 22%~48%。个人所得税税率和公司所得税税率的降低刺激了私人消费和投资。

四是注重教育发展，积累创新资源。美国非常重视教育立法和教育投入。1958 年颁布了《国防教育法》，确立了以培养高科技人才为目标的教学新体系。1965 年通过《初、中等教育法案》，根据各学区贫穷儿童的数量分配资金，确保贫困生有足够的学习资源。到 1966 年这项计划的投入总额达 120 亿美元。

五是完善社会福利制度，提高居民消费意愿。第一，发放消费券。1939 年开始实施的"补充营养援助项目"（SNAP）是美国保障和引导居民消费的重要举措。第二，构建医疗保障制度。1965 年，美国创立医疗补助险计划，该计划覆盖住院和门诊病人的看护费、化验费和 X 光拍片费、医生服务费等，是针对低收入者最大的消费计划。

六是扶持消费信贷发展，激发居民消费活力。美国消费信贷发展较早，20 世纪 20 年代中后期，消费信贷即成为居民购买大宗消费品的重要资金来源，超过 60%的汽车消费通过一般信用支付或分期付款完成。第二次世界大战后，为解决退伍军人和穷困地区居民的住房问题，政府专门成立了政府全国抵押贷款协会和联邦全国抵押贷款协会，鼓励贷款机构向低收入的家庭发放贷款。这既解决了低收入家庭的住房问题，同时也提高了贷款机构发放消费贷款的积极性，有力地推动了住房消费市场的发展。

这一阶段，美国商品经济逐渐繁荣，随着商品增多和购买力提高，美国人的消费需求不断扩大，消费总量激增，进入大众消费时代，消费领域呈现繁荣景象（见图 7-1）。在经济快速发展和消费繁荣的促进下，1978 年美国人均 GDP 超过 1 万美元，成为中高收入国家。这一时期，美国经济增长的驱动因素中，消费居前列，消费率大大高于投资率和净出口率。产业结构均呈"三二一"式分布。20 世纪 70 年代，美国服务业增加值占 GDP 比重超过 60%（见图 7-2）。个人消费支出中，服务性消费支出远超商品消费支出，呈现高基数、高增长趋势（见图 7-3）。

2. 人均 GDP 在 1 万~2 万美元时扩大内需的主要做法

1979~1987 年，美国实现了人均 GDP 从 1 万美元到 2 万美元的突破。

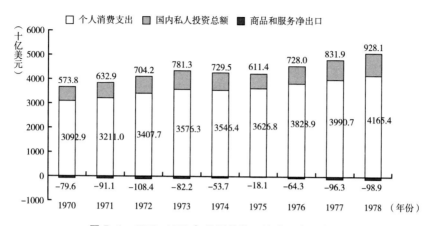

图 7-1 1970~1978 年美国投资、消费、出口变动

资料来源：美国经济分析局，Wind 数据库。图 7-3 同。

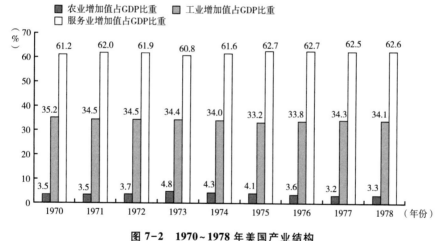

图 7-2 1970~1978 年美国产业结构

资料来源：世界银行，Wind 数据库。

这一时期，美国专注解决滞胀问题，扩大内需的政策重点是以产业结构调整为契机，重新获得国际竞争的优势，保持和扩大国内和国际两个市场的"优势"，1978~1987 年美国投资、消费、出口变动见图 7-4。

一是科技创新推动产业升级。20 世纪 80 年代，美国更加重视以技术创新为基础的研究与开发，增强对新技术生产能力的投资，运用竞争机制

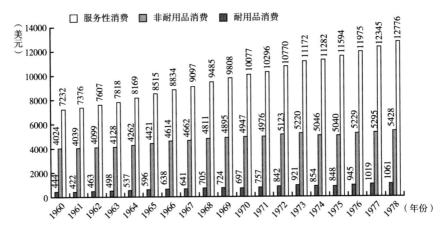

图 7-3　1960~1978 年美国人均个人消费支出（不变价）结构变化

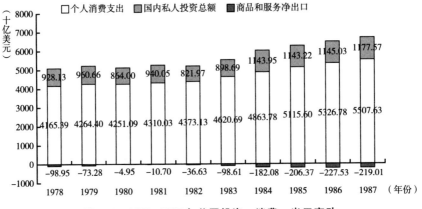

图 7-4　1978~1987 年美国投资、消费、出口变动

资料来源：美国经济分析局，Wind 数据库。

完善国家创新机制，在很多领域取得了全球竞争优势。技术上的先进性不仅让美国产品在国际市场拥有很大的占有率，而且迎合了消费者追求前卫的心理，极大地刺激了国内消费。

　　二是重视服务业培育，优化产业结构。第一，立法支持服务业发展，先后出台《外贸法》、《国际银行法》和《贸易与关税法》，为服务业和服务贸易快速发展创造条件。第二，完善知识产权保护，提升美国文化消费产业的全球市场领先地位。在美国国内，利用《版权法》《专利法》等打击盗版，激励创新；在国际上，推动建立国际版权保护体制，保护美国文化产业。

三是重视社会保障，促进消费增长。第一，增加教育、培训投资，提高劳动生产率，创造更多就业机会，在推动工资水平提高的同时又不引发通胀。第二，加强社会保障，稳定未来预期。1980 年美国教育、医疗、住房等社会保障与福利支出占政府总支出的比重为 50.8%，占美国 GDP 比重达 11%。

四是提倡全面教育、终生教育，积极推进教育机会平等。1972 年通过禁止性别歧视的《教育修正法案》，1975 年通过保障残障儿童接受免费、适当教育的《全体残障儿童教育法案》。

五是关注城乡不平衡，促进农村发展。以立法为支撑，推动农村结构性改革。1972 年，美国《农村发展法》实施，开启了农村政策制度化时代。此后，《农业与消费者保护法》、《食品与农业法》、《乡村发展政策法》、《农业与食品法》、《住房与社区开发法》和《灾害救济法》出台，为农村发展提供各方面法律保障。这一时期农村发展以为农村人口提供新的和高收入的就业机会作为目标，乡村经济中制造业、服务业等新兴产业快速发展，生产性农业所占比重逐渐降低。

六是消费享乐主义盛行，品牌与品质化消费崛起。1979~1989 年，美国家庭年平均收入大幅增长，为消费发展提供了肥沃土壤。追求品牌与品质的消费理念日益盛行，越来越多的人放弃储蓄，转而进行贷款消费。

美国通过加大科技投资，培育新经济增长点，以供给带动需求，逐渐打破滞胀状态，实现经济新发展。这一时期，美国年均 R&D 投资占 GDP 比重达到 2.6%，1978 年 R&D 投资占 GDP 比重达到 3.0%（见图 7-5）。该阶段，消费仍是拉动经济增长的首要动力，年均消费占 GDP 比重达 64%。产业结构仍保持"三二一"态势，服务业增加值占 GDP 比重更高，1986 年达到 68.3%（见图 7-6）。个人消费支出中，服务性消费支出远超商品消费支出，在 20 世纪 80 年代中后期呈现继续增长态势（见图 7-7）。

3. 人均 GDP 在 2 万美元以上时扩大内需的主要做法

1988 年美国人均 GDP 突破 2 万美元。之后为改善供给结构，政府重点发挥投资在推动技术进步和产业结构升级方面的作用，同时也极为注重

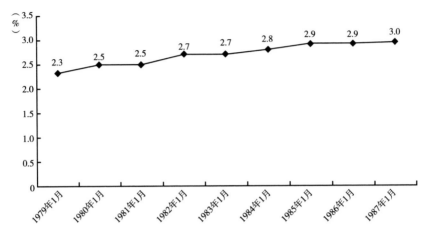

图 7-5　1978~1987 年美国 R&D 投资占比变化

资料来源：美国经济分析局，Wind 数据库。

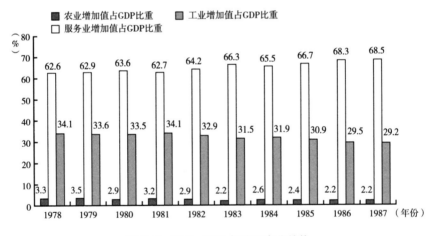

图 7-6　1978~1987 年美国产业结构

资料来源：世界银行，Wind 数据库。

发挥政府的消费调控作用，通过政府的手段来刺激消费，有效地促进了国内消费需求的增加，1988~2000 年美国投资、消费、出口变动见图 7-8。

　　一是通过增加政府研发经费和积极鼓励企业从事开发性投资，形成国家研究机构、学校、公司三位一体的研究开发网络。1993 年，美国正式启动"信息高速公路计划"。第一，调整固定资产投资结构，增加对以信

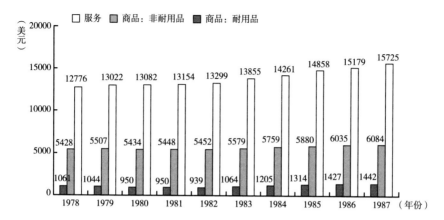

图 7-7 1978~1987 年美国人均个人消费支出（不变价）结构变化

资料来源：美国经济分析局，Wind 数据库。

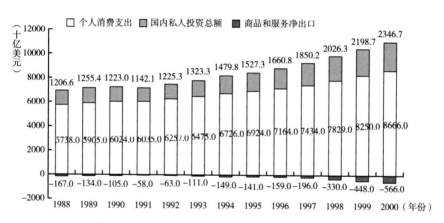

图 7-8 1988~2000 年美国投资、消费、出口变动

资料来源：美国经济分析局，Wind 数据库。

息技术为主的高科技产业的投资。第二，增加 R&D 投资。第三，实施学校教育与在职的业务培训相结合的"终身教育制"。

二是支持乡村发展，便利农村消费。第一，加大财政投入，加强基础设施建设。1993 年，美国大幅增加农村发展计划的支持资金。1997年《美国乡村发展战略计划：1997~2002 年》施行，发放 777 亿美元农村发展贷款，用于支持农村基建和减贫事业。2002 年《农业安全与农村投资法案》颁布，规定 10 年内大幅加大对乡村地区的支持力度，新增拨款 700 亿美元。第二，建立农村消费品流通体系，便利农村消费。建设农村消费品网络，引导城市连锁超市向农村延伸；建立农产品流通体系、农业生产资料流通体系和农村消费品流通体系；2002 年实施农村电子商务推广计划，进一步促进农业生产资料流通和便利农村消费。第三，建立与健全社会保障制度。政府采取多元化筹资模式，加大对农村养老保险的投入，为农民提供基本养老保障，解除农村消费的后顾之忧。

三是完善消费场景和服务，提升群众消费体验。第一，立法促进公平竞争和保护消费者权益。第二，完善高效便捷的消费环境。2012 年纽约通过《开放数据法案》，首次将政府数据大规模开放纳入法律，建立基于城市社会运行数据的"生态系统"，便利居民消费，促进纽约作为国际消费中心的发展。第三，提供人性化消费购物环境，体现人文关怀。第四，利用信息技术优势，打破线上线下购物的界限，营造多行业融合互动的消费生态。

这一时期，美国创新发展战略带动了产业结构深刻变化，科技创新优化了产业结构，而产业结构的合理化在影响居民消费行为和消费结构方面也取得明显的成效。高科技产业对美国经济增长的贡献率超过 55%，无论是信息技术产业还是信息服务业，美国都是世界上最大的市场，也是全球最大的供应国。到 20 世纪 90 年代初，美国 R&D 投资占 GDP 比重多年超过 2.7%，此后虽略有放缓，但直至 2006 年仍保持 2.5% 以上（见图 7-9）。该阶段，消费依旧是拉动经济增长的首要动力，年均消费占 GDP 比重达 66%，贸易逆差出现并逐渐增大。其原因在于这一时期，美国产业结构继续调整，第三产业比重进一步提高，1990 年后超过 70%，第一产业、第二产业比重持续显著降低（见图 7-10）。个人消费支出中，服务性消费支出继续增长，另外耐用消费品支出也明显增加，这反映了科技带动下的消费升级（见图 7-11）。

（二）德国

第二次世界大战后，德国作为战败国，其经济恢复与发展具有明显的战后特点。扩大内需的政策具有由战后政府主导的效率优先到经济恢复后

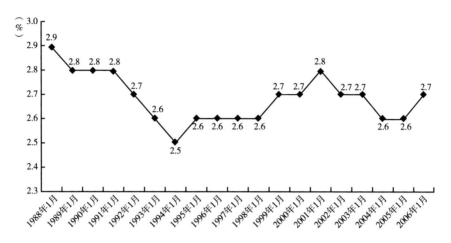

图 7-9　1988～2006 年美国 R&D 投资占 GDP 比重

资料来源：美国经济分析局，Wind 数据库。

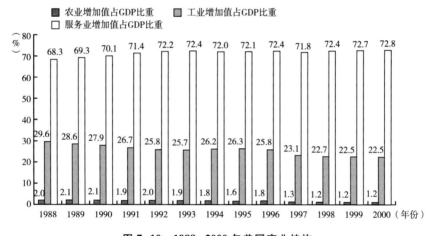

图 7-10　1988～2000 年美国产业结构

资料来源：世界银行，Wind 数据库。

的更加注重社会公平和福利转变的特征。

1. 人均 GDP 不足 1 万美元时扩大内需的主要做法

联邦德国于 1979 年实现了人均 GDP 突破 1 万美元。第二次世界大战后，德国的经济遭受严重破坏，原有的经济结构受到战争影响而畸形发展，工业和交通运输业遭到巨大打击。为了尽快走出严重的"饥饿与危机时期"，德国政府实施了一系列旨在恢复工业生产、活跃经济生活的政

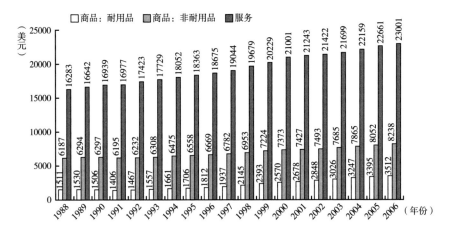

图 7-11　1987～2006 年美国人均个人消费支出（不变价）结构变化

资料来源：美国经济分析局，Wind 数据库。

策措施，以高积累和低消费政策，通过投资和出口支撑了德国经济的恢复和发展。从 20 世纪 50 年代初到 70 年代初，联邦德国经济有过近 20 年的高速发展时期，被称为"经济奇迹"。

一是以市场需求为导向调整产业结构。第一，加快基本设备和日用工业品的生产，以适应战后恢复本国经济和出口的需要。第二，增加对住宅建设和电力的投资，以适应经济恢复和正常生活的需要。第三，对农产品实行价格指导，增加农业投资和信贷，促进农业发展。1951 年通过了有关法律，规定国家有权确定谷物、糖、肉类、油脂的最高和最低价格，以及牛奶的零售价格。粮食和饲料价格根据国内外市场的价格对比，由国家以特别命令来规定。

二是缓解因德国分裂而形成的各个工业部门之间的极度失调。联邦德国采取鼓励政策，大力发展西部地区薄弱产业，如车床、透平机、光学仪器和针织品生产等优势产业。

三是对垄断资本实行减税免税和加速折旧的政策，鼓励企业将其利润投于扩大再生产。1952 年进行税务改革，授权企业建立折旧基金，这种基金免于征税。该政策使工业资本家积累了大量免税资本，用于进行设备更新，并扩大再生产。

四是国家对有利于私人工业企业的"公共事业"直接进行投资。此外，国家还以"修复贷款"名义向私人工业企业提供贷款，用于补偿被拆迁的设备，并开展了418项"修复工程"。1948~1952年由国家财政提供给私人工业企业的长期贷款远超过借贷资本市场提供给私人工业企业的资金。

五是利用基础设施扩大国有经济。第二次世界大战期间有许多企业完全或部分地转为国家所有。第二次世界大战后运用国家的资金对这些企业进行了恢复与发展。另外，国家还直接控制电力、交通、邮电等基础设施，为私人资本提供方便，有的先以"国有企业"名义投资建设基础设施，建成后卖给私人企业。

德国第二次世界大战后经济的迅速恢复和发展，主要依赖资金积累和投资。这一时期资金积累甚至高于战前，而个人消费占比下降（见表7-1，图7-12），低于同时期的其他资本主义国家。注重资金积累和投资的成果体现在联邦德国产业结构变化上，这一时期第一产业、第二产业比重逐渐下降，第三产业比重不断提升。随着农业劳动生产率的不断提高，农村剩余劳动力继续向第二、三产业以及城市转移。1970年德国农业、工业、服务业增加值占GDP比重分别为3.7%、48.1%、48.2%，到1979年第三产业增加值占GDP比重超过55%，成为驱动经济的主导产业（见图7-13）。

表7-1　德国第二次世界大战前后消费与资金积累占比对比

单位：%

年份	个人消费占比	国家消费占比	资金积累占比
1936	62.3	19.8	17.9
1949	63.7	14.2	21.8
1950	63.5	14.4	22.1

资料来源：德意志联邦共和国统计年鉴。

2. 人均GDP在1万~2万美元时扩大内需的主要做法

1979年联邦德国人均GDP突破1万美元，1990年人均GDP突破2万美元（见图7-14）。从20世纪70年代中后期，联邦德国经济陷入

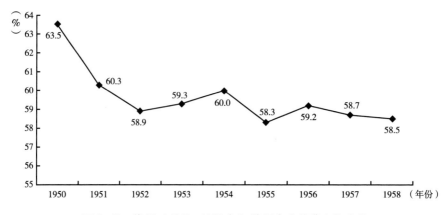

图 7-12　战后（1950~1958 年）德国个人消费占比变化

资料来源：德意志联邦共和国统计年鉴。

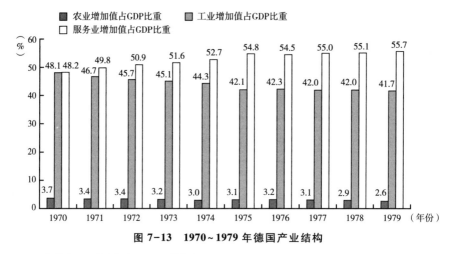

图 7-13　1970~1979 年德国产业结构

资料来源：世界银行，Wind 数据库。

滞胀状态。解决低经济增长、高失业率和高物价增长率成为这一时期的主要目标，这一时期扩大内需的政策主要在于增加投资和解决就业问题。

一是降低财政赤字，实施减税，促进经济增长。 第一，采取财政紧缩方针，压缩国家预算，严格控制政府的财政赤字。从 1983 年起德国政府财政赤字率低于 GDP 增长率。第二，公布《减税法》，改革税制，以增加企业盈利机会，从而使企业自有资本的构成得到加强。

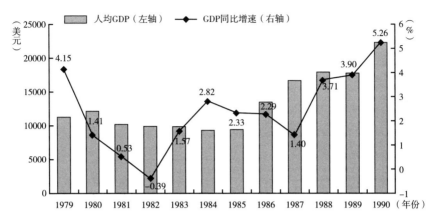

图 7-14　1979~1990 年德国人均 GDP 与 GDP 增速变化

资料来源：世界银行，Wind 数据库。

二是促进产业结构的调整和新技术的发展。采取经济补贴、提高优惠风险资本和减税等措施，鼓励对传统工业部门的技术改造和促进第一、第三产业的发展。在通信方面为使用现代化技术和发展新的工艺"开绿灯"。1984 年通过发展信息技术的总方案，1988 年为信息技术的研究与开发投资 30 亿马克。

三是推动住房建设。在 1983 年和 1984 年两年内强制向高收入者（单身年收入超过 5 万马克者，非单身年收入超过 10 万马克者）无息借款，款额为其应缴税额的 5%，规定到 1987~1989 年归还。此项强制性的无息借贷款总额为 25 亿马克，专门用于住房建设。

四是注重解决"青年失业"问题。一方面，大力资助中小企业发展生产，增加就业。另一方面，为青年人创造更多的培训机会，提高青年人职业技能。

20 世纪 80 年代中后期，联邦德国逐步走出滞胀，人均 GDP 恢复增长，1986 年再次突破 1 万美元。这一时期，德国产业结构进一步调整，第三产业增加值占 GDP 比重不断提高，并在 1990 年超过 60%，第一、二产业增加值占 GDP 比重均明显下降，呈现"三、二、一"递减的产业结构。从消费、投资和出口比例来看，1991 年末消费支出占 GDP 比重接近 80%，对经济发挥最重要的拉动作用（见表 7-2）。

表 7-2　1991 年德国消费、投资和出口占 GDP 比重

时间	消费占比	投资占比	出口占比
1991 年 3 月	0.7327	0.2688	-0.0015
1991 年 6 月	0.7420	0.2697	-0.0117
1991 年 9 月	0.7387	0.2718	-0.0105
1991 年 12 月	0.7726	0.2236	0.0038

资料来源：欧盟统计局，Wind 数据库。

3. 人均 GDP 在 2 万美元以上时扩大内需的主要做法

1990 年后，德国人均 GDP 突破 2 万美元大关。这一时期，两德统一后的区域不平衡问题、高福利导致的政府负担问题和"懒汉"就业问题突出，缩小区域差距、发展高新技术与运用扩张性财政政策扩大内需进而带动就业成为当时的主要手段。

一是缩小地区差距，保障均衡发展。第一，基于《德国基本法》，明确公民生存条件的一致性。第二，制定明确的规划行动方案，根据不同时期的发展需要，分阶段制定了促进新联邦州的投资和发展计划。第三，建立多层次财政转移支付制度，促进地区平衡发展。

二是完善收入分配制度，切实提高居民收入。德国政府先后进行了几轮税制改革，以降低所得税，调整税率、税收规模与结构，提高居民实际收入。

三是扩大财政支出，发挥财政政策促进社会有效需求增加的导向作用。20 世纪 90 年代以后，德国实施扩张性财政政策以促进社会有效需求增加，主要集中在基础设施、交通物流、住宅节能环保改造、大学等教育设施修缮等增加政府采购与扩大公共事业支出方面，切实带动社会有效需求增加，改善私人消费环境。

四是改革劳动力市场，解决就业问题。20 世纪 90 年代以后，德国失业率长期徘徊在 9% 左右（见图 7-15），失业人数高达 400 万以上，"高福利"的传统失业保险体制导致"懒汉"问题突出。2002 年，联邦政府出台"哈茨计划"，大力改革劳动力市场以全面促进就业。

五是不断培育新的经济增长点与消费热点。第一，德国政府致力于发

图7-15　1991～2000年德国失业率

资料来源：欧盟统计局，Wind 数据库。

展以电子信息技术为代表的新经济产业，提出发展新工业革命的政策主张，将"信息高速公路"定为政府科技政策的中心内容，从 1995 年开始实施信息技术计划。第二，1994 年，德国开始支持通信、金融服务、环保、卫生、保健等行业的发展，以此创造大量新的就业机会来应对传统产业结构性生产过剩。第三，加大教育科研和培训的投资，培养更多掌握现代化生产技术的熟练劳动者，为技术革新、企业发展、提高效益做好技术准备和人力准备。

六是积极培育市场主体，有效发挥微观经济机制在刺激经济增长、增加社会供给方面的基础作用。第一，1997 年德国政府取消财产税，减少了企业 50 多亿马克的税务。第二，德国政府还积极鼓励并大力扶持中小企业的发展，培养了许多"隐形冠军"企业。第三，主动降低企业国有率，实现公共企业私有化，许多航空、铁路部门，如德国汉莎航空股份有限公司、德国铁路股份有限公司等，都已成为私有企业。

20 世纪 90 年代以来，削减"高福利"的德国社会福利改革虽然进展缓慢，但有效减少了政府财政支出，也减少了居民工资额外支出，提高了居民消费能力。另外，"哈茨计划"取得较大成功，直接减少"懒汉"数量，促进就业。1998 年以来德国失业问题开始出现转机，1999 年新增 20 万个就业岗位，国内需求增加有效促进了经济的稳健发展。减税措施对消费和经济的推动也十分明显。在此基础上，旨在提高居民可支配收入的"税改2000"方案，更是取得了明显的政策效果，其中居民家庭受益最多，直接拉动了私人消费增长。此外，新经济产业创造了更多可选择的消费品种和消费方式，与降低失业率、减税、减费、提高居民可支配收入等一系列政策相结合，有利于德国国内需求的扩大，并拉动其经济走出负增长的阴影。

（三）韩国

韩国经济是典型的出口导向型经济，历届政府都十分注重增强对国际风险和不确定性的应对能力，在大力拓展外需市场的同时，也十分重视扩大内需，依靠科技创新、产业升级和扩大国民消费来提高自身经济韧性。另外，韩国还形成了较为独特的"消费爱国主义"，通过国民大力支持国货带动本土产业发展，提升韩国企业国际竞争力，形成国货消费对出口的有力带动。

1. 人均GDP不足1万美元时扩大内需的主要做法

1995年，韩国人均GDP突破1万美元。20世纪70年代以前，为解决缺资金、缺技术、缺国内市场、缺各种工业发展资源的问题，韩国大力发展轻工业出口贸易，20世纪60年代实行"出口主导型"经济战略，推动经济飞速发展，在短短20多年里成为发达国家、"亚洲四小龙"之一。进入20世纪70年代，为应对劳动密集型产业竞争优势减弱的问题，开始实施以产业升级带动内需扩张的政策，促进经济转型发展。

一是增加国民收入，缩小贫富差距，提高居民消费能力。第一，增加农民收入。20世纪70年代，韩国启动"新村运动"，采取政府直接投资农业设施、推广水稻新品种、实行水稻新品种财政补贴、扩大经济作物种植等措施，明显提高了农民收入水平。第二，立法明确居民收入标准，缩小贫富差距。在20世纪80年代末期推出《最低工资法》，规定国民收入增长率总体与经济增长率及物价上涨率持平。

二是改善公共服务，完善社会保障。韩国20世纪70年代颁布了《国民年金法》。20世纪80年代，韩国开始建立覆盖全国的养老、医疗、教育等社会保障体系，义务教育延伸至幼儿园阶段。采取多种措施增加低收入阶层福利，制定颁布《生活保护法》《最低生活保障法》，建立生活保护制度、有功人员保护制度、灾害救护制度等三大公共救助制度。

三是积极促进就业。从社会、劳动者、企业三方入手，通过建立失业保险、加强就业培训、鼓励稳定就业"三管齐下"，将失业率基本维持在3%左右。

四是科技立国，努力提高科技水平，驱动经济增长。第一，从引进学习到自主创新，推动产业优化升级。1972~1981年，通过引进先进技术，促进战略工业的发展；1982~1990年，在"科技立国"的政策指导下，产业结构向技术密集型发展；20世纪90年代后，产业结构向高技术化阶段发展，提高了韩国产业的竞争力。第二，政府政策支持与企业自主创新相结合。由于政府主导的R&D投资不能挖掘技术创新所需的潜力，企业在高速增长期积累的资本的基础上，开始加强技术自主创新，通过民间企业创新能力突破带动国家科技水平提升。

五是实现企业改革并积极扶持中小企业发展。从20世纪50年代开始，韩国政府为了促进经济增长极力发展大企业集团，通过政策倾斜逐渐形成了三星等垄断企业。这造成社会财富集中于少数人手中，而且阻碍了中小企业的发展。韩国在20世纪80年代进行了企业改革，通过限制大企业膨胀、杜绝垄断、整顿不景气夕阳企业、企业重组和完全私有化等措施，积极扶持中小企业，促进就业。

六是促进区域均衡发展，全面拉动内需。韩国政府不断加大对农业、农民的扶持力度，推动城镇化快速发展，降低农业人口比重，城乡收入比总体控制在1.5∶1至2∶1。针对首都人口、产业过度集中的问题，通过规划产业园区，修建机场、铁路、港口等，大力推动中部、西部地区发展。

韩国从出口导向型经济向内需拉动型经济转型较为及时，政策效果较为明显。这一时期，韩国经济增速大体维持在较高水平，1978年经济增速达到14.9%（见图7-16）。产业结构实现调整升级，第一产业占比逐渐下降，第二、三产业占比逐渐上升，1994年农业、工业、服务业增加值占GDP比重分别为5.7%、36.2%、49.1%（见图7-17）。20世纪80年代中后期，特别是《最低工资法》执行后，制造业工人工资水平在当年及次年分别增长20%和25%，此后6年内涨幅达90%。20世纪80年代末期，消费对经济增长贡献率下降的趋势得以扭转。韩国消费结构也优化升级，社会保障支出以及卫生、休闲文化和教育支出均有所增加，反映出居民消费水平和消费品质的提升（见图7-18）。

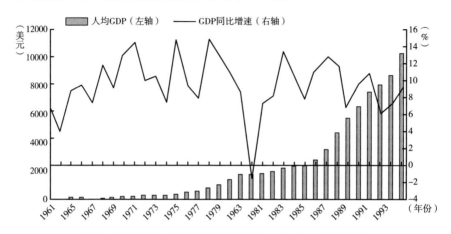

图7-16   1961~1994年韩国人均GDP与GDP同比增速

资料来源：世界银行，Wind数据库。

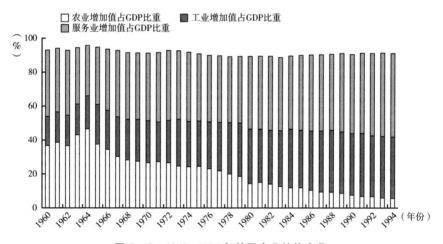

图7-17   1960~1994年韩国产业结构变化

注：工业增加值中未包含建筑业等。

资料来源：韩国央行，Wind数据库。

2. 人均GDP在1万~2万美元时扩大内需的主要做法

韩国从1994~2006年用12年的转型发展实现了人均GDP从1万美元

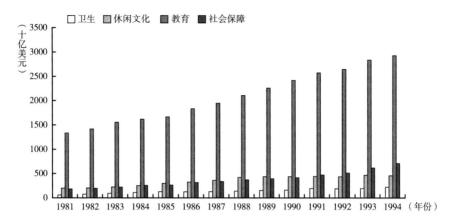

图7-18 1981~1994年韩国最终消费支出结构变化

资料来源：韩国央行，Wind 数据库。

到2万美元的突破。这一时期韩国面临新经济问题的冲击，再加上1997年发生的亚洲金融危机，全面改革成为主要举措，同时也采取了扶持中小企业、产业技术升级、产业结构调整等扩大内需的政策。

一是积极扶持高科技产业，加速产业结构的优化升级。韩国政府提出从1998~2003年实施"高新技术跨越5年计划"，投资140万亿韩元，集中发展计算机、半导体、生物技术、新材料、新能源、精细化工、航空航天等新兴产业。1999年颁布《科技发展长期计划》，明确将信息产业作为重振国家经济的根本，增加研发投资，对私人研发部门实施税收优惠，建立具有研发基础设施、技术教育和训练、业务孵化和信息网络聚集功能的高技术开发区。

二是力推大企业的改组，要求大企业调整体量、去杠杆，禁止大企业内部各子公司互相贷款担保，同时要求统一金融机构对大企业的监督职能。对政府投资的大企业有选择地实行私有化。此外，政府还关闭了55家由银行判定为无偿付能力的大企业。1998年12月，五大家族企业——现代、三星、大宇、LG、SK进行改组，优化组织结构，把企业活动集中在几个核心领域。

三是调整劳资关系，保障劳动者权益。1997年亚洲金融危机之后，韩国政府实施了"劳资关系计划"，并提出让劳方和资方获得最大限度的共同发展，使企业成为"生产和福利的联合体"，在促进公司发展的同时，让员工福利得到提升。与此同时，韩国工会力量不断壮大，在与资方的利益谈判中有效保障了工人合理的工资、福利和劳动权益。

四是加强社会保障，构建安全网。经济体制向市场经济转型过程中，韩国十分注重解决市场经济的"失灵"和"分配不均"问题，建立与自身经济发展水平相适应的社会保障模式。1993年制定了以预防失业、促进就业、改善雇佣结构和劳动者技能开发为目标的《雇佣保险法》。1995年韩国实施雇佣保险制度。此外，为了增强社会平等，韩国实施"自我扶持项目"、"所得收入信用项目"以及对失业的预防和救济等的"生产型福利政策"。

五是提供消费便利，大力鼓励消费。这一时期，韩国大力发展个人信用消费产业，鼓励各类消费信贷，给予降息、贴息等优惠政策。大力发展网上商城、电视购物等电子商务，使消费更加快捷便利。鼓励企业向员工发放商品券、缩减工时等，带动内需扩大。此外，有意宣传"消费爱国主义"，通过舆论鼓励民众积极消费，提高生活质量。

这一时期，虽然1997年亚洲金融危机对经济造成冲击，但韩国年均GDP增速维持在5.8%，有力支撑人均GDP在2006年突破2万美元（见图7-19）。产业结构呈现更为清晰的"三二一"结构，第三产业占比持续提升，在1997年后占比超过50%，第一、二产比重整体呈下降趋势（见图7-20）。私人最终消费对GDP的贡献率呈波动上升趋势，最高贡献率达到56%；最终消费对GDP的贡献率达到年均64.73%（见图7-21）。消费结构变化也出现新特征，社会保障支出、卫生支出以及教育支出持续增长，休闲文化支出较为稳定。体现出这一时期扩张性财政政策和刺激消费政策的作用（见图7-22）。

3. 人均GDP在2万美元以上时扩大内需的主要做法

韩国在2006年人均GDP突破2万美元。但受2008年全球经济不景气的影响，韩国出口和内需均陷入低迷，通过扩大内需促进经济发展就显得尤为重要。这一时期，韩国主要通过扩张性财政政策刺激内需扩大。

一是增加政府开支，减少税收。第一，2008年实施增加财政开支和减税等总规模达14万亿韩元的经济刺激政策，2009年预算支出增加10万亿韩元、公共机构开支增加1万亿韩元、减税增加3万亿韩元。2009

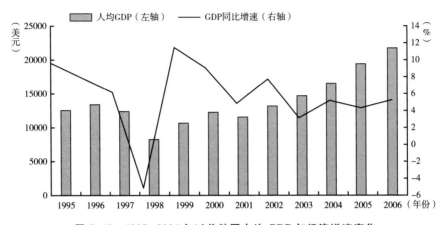

图 7-19　1995～2006 年以前韩国人均 GDP 与经济增速变化

资料来源：世界银行，Wind 数据库。

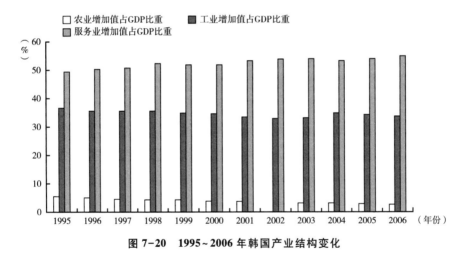

图 7-20　1995～2006 年韩国产业结构变化

资料来源：韩国央行，Wind 数据库。

年 2 月，对满足条件的低收入家庭实行免税。第二，发放新车补助，刺激消费。第三，向购买非首都地区新房的消费者提供税收优惠，并放宽针对房地产开发的部分限制性措施。

二是实施宽松的货币政策应对国际金融危机。为稳定金融市场和防止经济萎缩，2008 年 10 月至 2009 年 2 月，韩国央行将基准利率从 5.25% 逐渐下调至 2% 的历史低点。

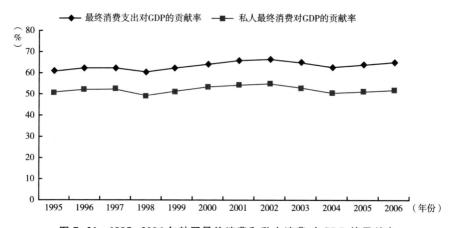

图 7-21　1995~2006 年韩国最终消费和私人消费对 GDP 的贡献率

资料来源：韩国央行，Wind 数据库。

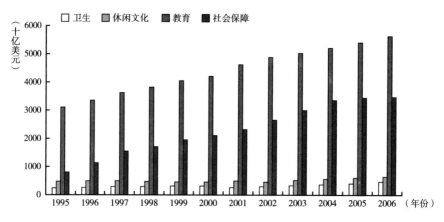

图 7-22　1995~2006 年韩国最终消费支出结构变化

资料来源：韩国央行，Wind 数据库。

三是积极培育服务产业。 2006 年底韩国制定了"强化服务产业竞争力综合对策"。2006~2007 年实施基础设施建设、扩大税收和金融支援、推进医疗服务的高端技术改造、培育服务业人力资源、旅游产业活性化、强化教育领域竞争力等措施。2008~2009 年实施改善服务收支、推进制度合理化、扩充基础设施、有针对性地改善以及培育未来服务产业和扩大内需基础等措施。

四是创造就业机会，解决失业问题。 2009 年 1 月，韩国政府出台 4

年创造 100 万个新就业岗位的就业刺激计划，岗位主要集中在环保建设项目和其他"绿色"项目。

2006 年以来，韩国经济受到国际金融危机的负面冲击，出现短暂的负增长，但总体增速维持在年均 3.14%。通过扩大财政支出的方式较为有效地化解了国际金融危机的影响，人均 GDP 在 2017 年突破了 3 万美元（见图 7-23）。产业结构较为稳定，服务业增加值占 GDP 比重最高，年均占比为 55.5%，工业、农业增加值占 GDP 比重年均分别为 33.77% 和 2.05%（见图 7-24）。从消费对经济增长的贡献率来看，最终消费对经济增长的贡献率略有提高，在 65% 左右。但内部结构与前一阶段有所不同，这一时期私人最终消费率呈下降趋势，而最终消费率逐渐上升，这反映出政府扩大财政支出的政策效果，同时私人消费率的降低反映出税收减免政策并未取得预期效果（见图 7-25）。最终消费支出结构变化也体现出上述特点，这一阶段社会保障支出增长明显，且在最终消费中占比提升（见图 7-26），教育和一般性消费支出维持小幅增长，反映出这一时期社会保障在恢复经济方面发挥了重要作用。

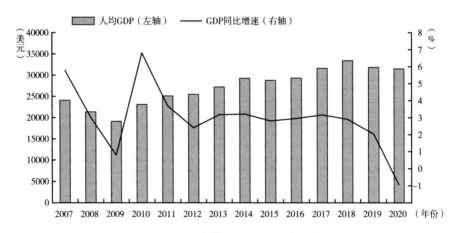

图 7-23　2007～2020 年韩国人均 GDP 与经济增速变化

资料来源：世界银行，Wind 数据库。

（四）日本

日本在第二次世界大战后充分发挥优势，通过出口导向型经济发展战

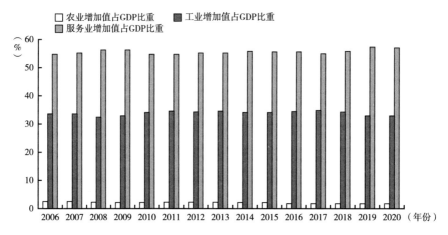

图 7-24　2006~2020 年韩国产业结构变化

资料来源：世界银行，Wind 数据库。

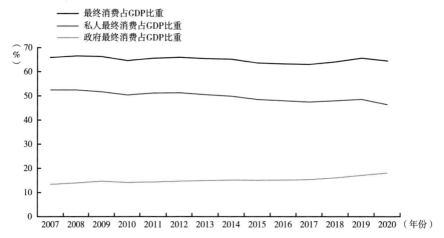

图 7-25　2007~2020 年韩国最终消费、私人最终消费、政府最终消费占 GDP 比重

资料来源：韩国央行，Wind 数据库。

略迅速促进经济发展，随后通过扩大内需政策成功应对外需受阻困境。日本扩大内需政策从需求侧着手，通过提高消费者消费能力和消费体验、稳定消费者预期等方式扩大内需，但缺乏供给侧的技术进步和产业升级，消费需求的"天花板"制约了日本经济的发展。

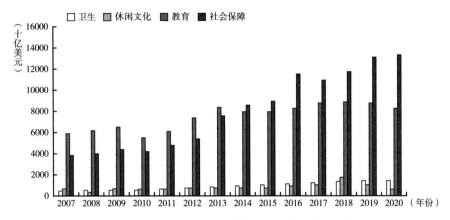

图7-26 2007~2020年韩国最终消费支出结构变化

资料来源：韩国央行，Wind 数据库。

1. 人均 GDP 不足 1 万美元时扩大内需的主要做法

1979 年以前，日本人均 GDP 不足 1 万美元（见图 7-27）。日本是东亚地区最早实行出口导向型战略的国家，也是最早遇到出口拉动增长瓶颈的国家。1960 年，日本启动了为期十年的"国民收入倍增计划"，发起了消费者革命，消费结构于 20 世纪六七十年代成功转型，带动了经济发展。

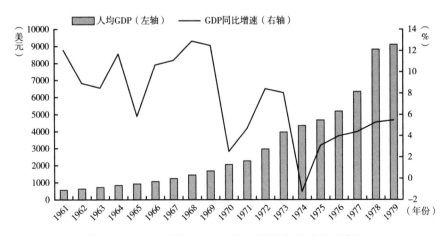

图7-27 1961~1979 年日本人均 GDP 与经济增速变化

资料来源：世界银行，Wind 数据库。

一是完善社会保障政策，构建社会安全网。20 世纪 60 年代，日本大力推行全体国民年金与保险体制、老龄年金的物价补贴和老年公费医疗等制度，并出台针对低收入者和失业者的基本生活、教育、医疗等 7 项社会救助专项措施，逐步形成贫困阶层由国家救济、低收入阶层有社会福利、一般阶层靠社会保障解决的"社会安全网"，有效稳定了居民消费预期。

二是完善的法律制度保障平等就业。日本于 1960 年颁布了旨在保护残疾人的《身体残疾者雇用促进法》；1966 年颁布了《雇用对策法》，对解雇、裁减员工等进行了明确限制；1972 年颁布了《确保雇用领域男女机会与待遇均等的相关法律》，消除妨碍男女均等的各种因素，禁止企业歧视女性。

三是制定科学合理的收入分配政策，缩小收入差距。第一，增加农民收入。这一时期不断完善农业立法，建立农地信托制，允许农民自由签订土地租赁合同，推动土地经营权逐步向农业生产率较高的农业大户集中，提高农业生产力；通过农业产业化、工业下乡等产业政策，增加农民收入。第二，采取收入差距限制。日本自 1959 年起实施《最低工资法》，而且最低工资标准随着经济发展和物价上涨不断调整。除此之外，日本董事协会定期发行《经营者报酬指南》，对企业工资制定办法进行引导，而且绝大多数法人组织制定了《董事报酬规程》，明文规定高管薪酬与普通职工工资水平差距，一般不允许超过 10 倍。

四是积极推进城镇化、工业化，促进内需扩大。20 世纪 60 年代，日本加速城镇化进程。日本各级政府采用国土规划措施，确保城镇化进程中能最合理地安排、使用土地。政府出资兴建了一批"官营示范工厂"，到 20 世纪 80 年代初，在民间企业有一定发展基础后，日本政府实行"官业处理"，把大批官办企业以极低的价格出售给了民间企业。

五是缩小地区差距，促进均衡发展。日本在中央与地方税源分配上向地方政府倾斜。中央政府将占中央财政收入 40% 以上的资金按不同比例转移给地方政府，以缩小地区间人均财政支出差距，加强地方公共基础设施的建设。

六是建立完善的居民消费制度。第一，健全消费品标准与法律法规。20 世纪初，日本成立了消费品标准化协会，该协会先后颁布了《老年人和残疾人的消费保护标准》《消费者保护基本法》《访问销售纠纷情报提供制度》《单价制度》等多种法律法规，以保障消费者权益、提高居民的生活水平。第二，开展消费者运动，引导公民接受教育，唤醒消费者的自我保护意识和法律意识。第三，完善的第三方监督制度。消费品标准化协会在全国范围内设有各种分支机构，吸收消费者协会会员，考察和督查生产企业，帮助权益受到损害的消费者进行投诉，开展消费品的相关检验工作并定期公布检验结果；定期召开听证会，听取民众和专家的指导性意见等。

　　日本采取上述扩大内需政策有效应对了这一时期出口导向型经济面临的瓶颈问题。尤其是实施"国民收入倍增计划"后，日本经济增长率一度超过12%。从产业结构来看，日本20世纪六七十年代以来形成了以第三产业为主导的产业结构，第三产业增加值占GDP比重逐渐提升，第二产业增加值占GDP比重逐渐降低（见图7-28）。20世纪七八十年代工业化与批量生产商品得以实现，以大众消费为主题，以家庭为单位，家庭汽车、吸尘器、彩电等商品逐渐普及（见图7-29）。

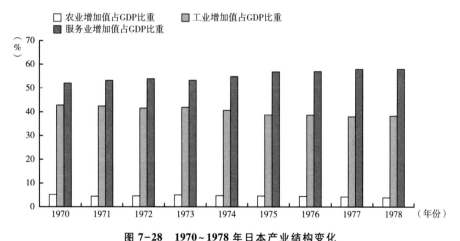

图7-28　1970~1978年日本产业结构变化

资料来源：世界银行，Wind数据库。

2. 人均GDP在1万~2万美元时扩大内需的主要做法

　　日本在1981年（含）后人均GDP突破1万美元，在1987年人均GDP超过2万美元（见图7-30）。这一时期，受石油危机影响，日元汇率上升，出口贸易受阻，日本经济发展低迷。为此，政府提出扩大内需政策，以实现经济重振。

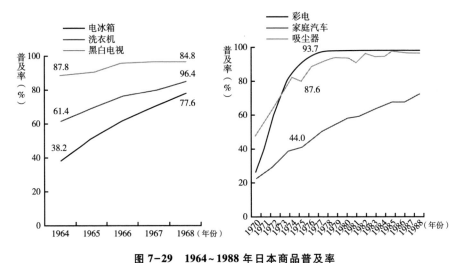

图 7-29　1964~1988 年日本商品普及率

资料来源：https://www.sohu.com/a/138041999_778028。

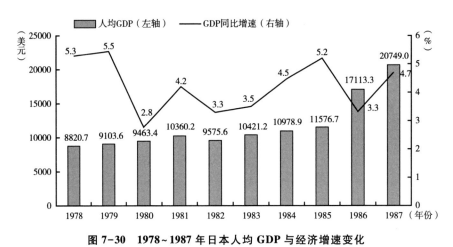

图 7-30　1978~1987 年日本人均 GDP 与经济增速变化

资料来源：世界银行，Wind 数据库。

一是推行扩张性财政政策。日本政府大幅度增加政府公共投资。20
世纪 80 年代中期，日本政府提出了"建设和完备国民生活环境"计划，
具体措施包括：增加政府"住宅金融公库"的贷款额度；推行地方公债
筹集资金来修筑下水道、电力线路、煤气管道等公共基础设施；大力充实
教育、医疗等社会公共投资，发展医疗和教育；促进企业提高工资，缩短

劳动时间和改善劳动条件等，还制定了一系列政策普及周休两日制，增加中高龄者和妇女的就业机会；鼓励发展进口；等等。

二是实行宽松货币政策。20世纪70年代以后，日本下调利率，1971年、1972年，中央银行贷款利率分别下降到4.8%和4.3%；1978年继续下降到3.5%；1986年降至3%。

三是加快农村生活和消费的配套基础设施建设，推进农村城镇化发展进程。日本政府重视农业和农村发展，在财政投入、优惠贷款等方面给予了农村经济发展大量支持，如加大农业基础设施投资、建立农村消费品流通机制等。另外，政府大力推动农村城镇化发展进程，逐渐形成农户和非农户居民混居的生活生产模式，这使得日本农户和非农户、城市和乡村的消费差距明显缩小。

这一时期，日本扩大内需政策取得明显成效，出口导向型战略与国内消费结构升级形成了良性互动，实现了需求与供给的同步增长。经济增速放缓趋势得到遏制，1979~1987年经济平均增速为4.13%，人均GDP在1987年达到20749美元。产业结构继续调整，第三产业增加值占GDP比重持续提升至60%左右（见图7-31）。国内需求对经济增长的贡献率大幅提升，其中私人消费起到了重要引领作用（见图7-32、图7-33）。

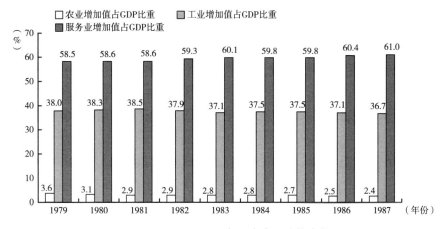

图7-31　1979~1987年日本产业结构变化

资料来源：世界银行，Wind数据库。

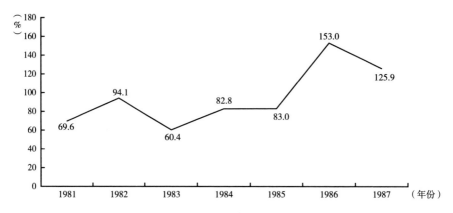

图 7-32　1981~1987 年日本国内需求对经济增长的贡献率

资料来源：日本央行，Wind 数据库。

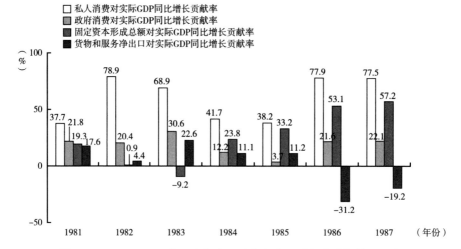

图 7-33　1981~1987 年日本投资、消费和出口对经济增长的贡献率

资料来源：日本央行，Wind 数据库。

3. 人均 GDP 在 2 万美元以上时扩大内需的主要做法

日本在 1987 年人均 GDP 超过 2 万美元。这一时期，受以美国为首的西方国家压迫日元升值影响，日本的出口和工业生产增加值下降，形成了"日元升值危机"。针对这一形势，1986 年，日本发表了著名的《前川报告》。报告指出，日本的当务之急是实现经济结构由"出口导向型"向

"内需扩张型"转变，实现产业结构由"夕阳产业"向"朝阳产业"转变。

一是实施新经济计划，明确"从外需依存向内需主导转换战略"。第一，进一步开放国内农产品市场、公有经济部门、建筑工程市场。第二，取消对运输业和电信工业部门的调节。第三，缩短全体职工的工作时间，并在国家和财政机关中实行一周五天工作制。

二是实施扩张性财政政策助力扩大内需。第一，采取减免税费等手段来促进城市工业发展和居民消费需求扩大；为应对日元汇率持续提升，采取紧急经济对策，包括减税、增加财政支出等，同时，加大国债和地方债发行量。第二，大幅度增加政府公共投资。1999年用于公共事业建设的预算达到9.43万亿日元。此外，扩大特别会计项目中的公共投资以及大学教学、科研设施建设等国家建设开支。

三是继续实行宽松的货币政策，降低利率。从1991年开始进一步下调利率，先后9次降息，到1993年达到1.75%，1995年以后一直维持在0.5%的极低水平，到1999年2月，日本中央银行引导短期利率从0.25%降到0.02%。

四是对农民进行直接收入补贴。按农产品类别实施收入稳定计划，即当现行市场价格跌到前几年的平均价格之下时向农民提供补贴。另外，继续实施价格支持措施，如通过高额关税提高进口产品价格，以减轻对国内产品的竞争压力等。

五是发放消费券，引导居民消费。日本于1999年向15岁以下儿童、65岁以上老年人以及领取福利养老金的老年人，发放人均2万日元名为"地域振兴券"的购物券，总额达6000多亿日元。在2008年国际金融危机之际，日本政府再次向全国所有居民发放总额2万亿日元的购物券，用于刺激居民消费，增强消费市场活力。

六是大力发展消费信贷。日本的现代消费市场形成较晚，但到1992年末，日本已形成了仅次于美国的第二大消费信贷市场。第一，完善的信息管理和个人信息保护制度。日本政府在1988年就制定了《有关民间部门中的与电子计算机处理相关的个人信息的保护》的法规，在很大程度上保护了借贷双方的权利。第二，完善的债务管理。消费者的消费信贷多重债务问题时有发生，可以通过债务整理和自我破产等方式解决多重债务。第三，加强消费者教育。日本各级政府以及消费信贷协会采取多种措施向民众普及消费信贷知识；强化信用审查制度，防止放贷过松的情况发生。第四，优化个人信用信息系统。建立全国性、跨地区、跨部门、跨行业的统一个人信用信息管理系统，做到信息畅通无阻。第五，政府主导的市场管理。日本政府对消费信贷市场进行强力干预，对整个市场的运行状态起到决定性的调节作用。

七是引导海外消费回流。随着居民出国旅游人数急剧增长，日本出台了一系列鼓励入境旅游、抑制出境旅游的措施。第一，完善入境旅游法律法规，深入挖掘国内旅游资源，加强对外宣传。第二，发展免税产业，扶持本国品牌。第三，鼓励日本国内旅游公司跨国经营，在境外建立子公司，使日本居民出境的消费通过母公司利润汇总的方式"潜流"回国内，实现消费回流。

这一时期，日本经济增速逐渐放缓，20 世纪 90 年代后经济增速围绕 0 上下波动（见图 7-34）。第三产业比重继续上升，在 2006 年接近 70%（见图 7-35）。国内需求对经济的贡献率降低，投资对经济增长的贡献率提升，并在 1992 年以后的大部分年份投资对经济增长的贡献居首位。私人消费对内需扩大起到重要引领作用（见图 7-36）。这一时期商品消费向精神消费转变，文化娱乐等支出占家庭消费支出的比重稳中有升，教育等公共服务项目支出持平，食品类支出明显下降（见图 7-37）。

（五）拉美国家

拉美经济社会发展的黄金时代出现在 20 世纪六七十年代。彼时的拉美在美西方的大力扶持和自由主义经济政策指引下，加之该地区石油等能源资源开发处于兴盛期，其经济发展大有赶超欧美之势。但进入 20 世纪 80 年代，拉美经济疲态尽显，大多数拉美国家经历了极为严重的经济困难，经济停滞、通货膨胀、巨额外债这"三座大山"相互关联、相互制约，拉美国家陷入中等收入陷阱。直到 2010~2011 年，阿根廷和巴西的人均 GDP 分别达到 12848 美元和 13245 美元，才跨入高收入国家行列。

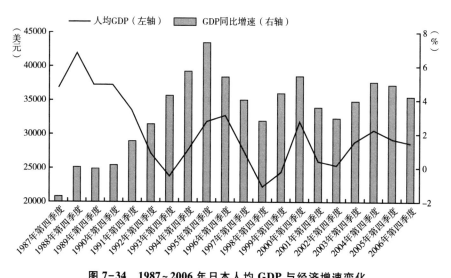

图 7-34　1987~2006 年日本人均 GDP 与经济增速变化

资料来源：世界银行，Wind 数据库。

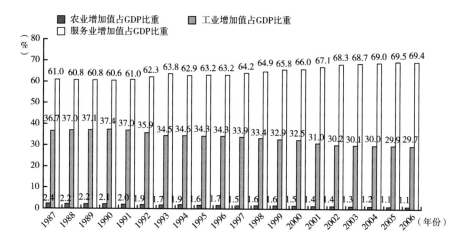

图 7-35　1987~2006 年日本产业结构变化

资料来源：世界银行，Wind 数据库。

1. 巴西

巴西在 21 世纪初依靠出口与内需共同拉动，跨越中等收入陷阱，实现了近十年的繁荣发展。但经济基础不牢固和严重的社会不公平问题，导

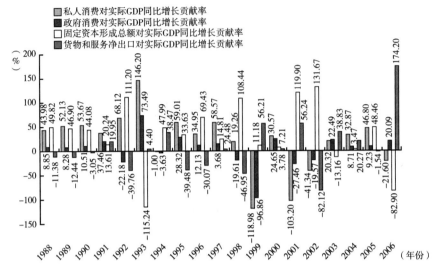

图 7-36　1988~2006 年日本投资、消费和出口的经济贡献率

资料来源：日本央行，Wind 数据库。

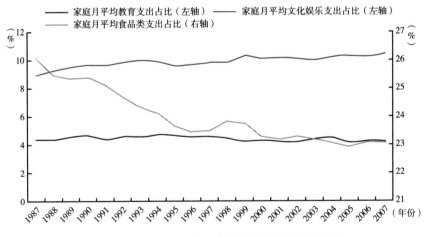

图 7-37　1987~2007 年日本家庭消费支出结构变化

资料来源：https://www.sohu.com/a/138041999_778028。

致巴西出现了严重的社会动荡和经济危机，人均 GDP 在 2015 年后回落到
1 万美元以下。巴西跨越中等收入陷阱的部分政策经验值得借鉴，其人均
GDP 回落至 1 万美元以下的教训也要加以重视。

（1）跨越中等收入陷阱的经验

2001~2010 年，巴西实现经济快速增长，跨越中等收入陷阱，人均GDP 超过 1 万美元。其间内需的繁荣为巴西应对国际金融危机、实现经济稳步发展提供了强有力的支撑。

一是推行"平民银行"，以消费信贷拉动内需扩张。第一，开设"平民银行"，为居住在没有主流银行的城镇中的居民提供适应其经济状况的各类消费贷款。第二，国际金融危机期间实施零售业的"简单放贷"计划。由巴西联邦经济银行为零售行业直接放贷，零售店只要与银行签署协议，就可以接受顾客最高限额 1 万雷亚尔、最长期限 24 个月的分期付款消费。第三，对住房和汽车等大额消费发放特别贷款。包括对公务员发放最长还款期为 30 年的住房特别贷款，通过巴西银行发放购车专项贷款，使 40 万人在 2010 年首次购买汽车。

二是依托发达的银行业信息技术，进行风险防范。巴西银行业的信息技术十分发达，除巴西央行的全国金融机构监控系统使央行能够充分掌握所有机构的各类信息外，巴西央行于 2003 年成立的新信用风险中心也可以有效地对信贷风险进行识别和监控。

三是隐蔽地鼓励出口、限制进口。巴西政府实施高进口税，进口产品不仅征收关税，还要加收工业税，紧缺商品的关税会随经济形势变化而调整。此外，还提高了进口产品的质量标准，特别是对民族工业有冲击的产品及高科技产品的质量标准。

四是实施有序扶持的产业政策。巴西的产业政策随着产业发展进行调整，一旦产业成熟或保护有碍于产业继续发展，就降低保护程度或取消保护。此外，巴西政府还积极引进竞争机制，鼓励科研机构和大学直接走向市场，重视对科技创新领域人才的培养，国家教育经费支出占国民生产总值的比重由 1993 年的 3.5% 提升至 2001 年的 4.6%，这一比例超过许多发达国家。

五是扩大社会保障覆盖面，以社保体系促进内需扩大。巴西的经济特点导致其受 2008 年国际金融危机的冲击非常大。为应对危机，巴西政府出台了一系列社会保障政策，如为最贫困的人群提供救助；大幅拓展此前为减贫扶贫而出台的"家庭补助计划"；延长受危机冲击最严重的行业的

失业保险领取期限等。在一揽子刺激方案之外，政府还两次提高最低收入
标准，使 20% 的人口获得了基本生活保障。

六是扶持中小企业发展，夯实经济发展的基础。2011 年，巴西政府
拿出 2% 的银行强制性存款资金，实施小额信贷计划。此类贷款手续简
单，无须财产抵押或不动产担保，年利率仅 8%，远低于市场商业信贷利
率，为巴西全国 340 万个小型企业和创业者提供了投资和周转资金的信贷
支持。

一系列措施使 2010 年巴西居民消费增长率超过 10%，国内消费率高
达 78.9%，远高于其他发展中国家的平均消费率（65%）。2001 ~ 2010
年，巴西经济累计增长 37.3%。面对 2008 年国际金融危机，巴西较晚进
入衰退并有效缓解了其带来的冲击，经济和金融及时恢复、快速增长，
2010 年 GDP 同比增长 7.5%（见图 7-38），增速仅低于中国和印度，按
GDP 购买力平价计算，巴西已跃升为世界第七大经济体。

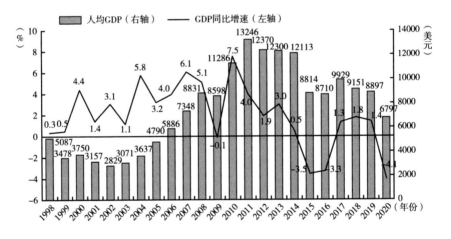

图 7-38　1998 ~ 2020 年巴西人均 GDP 与经济增速变化

资料来源：世界银行，Wind 数据库。

（2）短暂繁荣的惨痛教训

2010 年以来，巴西人均 GDP 起起伏伏。人均 GDP 不稳定的背后是不
稳固的经济基础。巴西跨越中等收入陷阱的一个重要国际背景是 20 世纪
90 年代及 21 世纪头 10 年，经济全球化和能源矿产资源等大宗商品价格

上涨。同时，以巴西为代表的拉美国家仍然在全球产业体系中处于"高不成、低不就"的位置，产业结构单一，难以摆脱"荷兰病"的困扰。相关教训值得我们关注和吸取。

一是 R&D 投资长期偏低致使科技水平明显落后，技术创新长期乏力，进而影响生产力水平和产业结构。 出口导向型经济模式下，巴西经济严重依赖自然资源和初级产品，总体科技投入和技术创新不足，导致经济发展缺乏内生动力。

二是巴西长期实施的高关税壁垒以及严厉的进口管制等措施，为国内企业提供了过度保护。 巴西企业由此缺乏在良性竞争市场中自主创新的压力和动力。而以初级产品出口为主导的发展模式，也使整个社会的科技创新缺少推动力。

三是教育质量不高，严重影响创新资源积累。 对教育缺乏重视，教育体系贫弱，公立教育教学质量普遍较低，学生辍学率高，大多数学生没有机会接受足够的培训，造成学生科技素养低下，也削弱了其日后对于新科技的适应能力。科技教育的落后直接制约了拉美生产效率的提高。

四是分配不公问题严重，较大的收入差距严重削弱了国民信心和凝聚力。 巴西不仅财产性收入极不均衡、工资档次差距大，城乡之间以及正规部门与非正规部门之间收入悬殊，而且缺乏改善收入分配格局和实行收入再分配的手段。巴西 20% 最富有的群体占有 55% 的财富，这种贫富严重不均的情况，引发了保护主义及排外、反精英情绪。近年来因经济衰退，大规模反政府游行此起彼伏，巴西陷入经济社会双动荡。

2. 墨西哥

墨西哥经济发展水平较低，经济增速波动较大。2000 年以来，墨西哥人均 GDP 数年均超过 1 万美元，但并未长久维持。墨西哥以就业为抓手，实施配套的扩大内需政策，略有成效但未能彻底解决非正规就业问题，导致经济发展韧性差。墨西哥政府做出的努力和存在的根本问题同样值得我国借鉴和参考。

（1）以解决就业问题为目标的支持政策

在国际金融危机冲击下，为应对就业市场的严峻形势，墨西哥政府先后出台多项旨在促进就业的措施，显示出对就业问题的高度重视。2010 年新年伊始，时任总统卡尔德隆在其新年致辞中明确表示，增加就业机会和减少贫困是其当年工作的重中之重，墨西哥政府在基础设施建设方面进行大规模投资，借以提供更多的就业机会，改善贫困人口的生活和居住条件。

一是大力支持中小企业发展，增加就业岗位。墨西哥政府于 2009 年 2~6 月投入资金 1.5 亿比索（约合 0.12 亿美元），推进旨在促进中小企业发展的 433 个项目，创造了约 46 万个就业岗位。同时，墨西哥政府投入用于基础设施和公共服务设施建设的专项资金比 2008 年同期增长了 90%，占同期 GDP 的 5.5%。2009 年 2~6 月，墨西哥政府共向中小企业提供优惠贷款 350 亿比索（约合 26.92 亿美元），同比增长 61%，惠及企业 5 万余家。

二是实施积极的劳动力市场政策。墨西哥政府额外分配资金给国家就业和培训体系，保证就业服务的覆盖面和质量；推出"临时性工作计划"，为 16 岁以上的公民提供临时性的收入保障，只要他们参加社会项目即可得到补助。为扩大社会保障对失业人员的覆盖面，墨西哥政府还实施了"就业储备计划"。为提高生产效率，政府推出了"生产率支持计划"。注重将学校的教学与社会的需求关联起来，让学生能学以致用，为其就业提供帮助。

三是大力促进青年人就业。2011 年，墨西哥各州州长在全国州长大会上达成一致，为 15~20 岁既不上学又无工作的无业青年建立一个专门的全国性就业市场，提供专项服务。除此之外，各州政府还计划为他们提供更多资金援助和奖学金，促使他们顺利进入劳动力市场，或者重新走入校园。墨西哥政府还进一步完善了劳动和就业方面的法律法规，从机制上保障劳动者的权益。这些法律法规包括规范劳动合同、调整工会组织、严禁 14 岁以下未成年人参加工作、提升最低工资、加强劳动者尤其是矿区工人的劳动保障、严禁歧视女性的就业政策等。

四是提高生产率，增强劳动力市场灵活性和竞争力，提高劳动者的工

作技能，**推动技术创新**。2012 年，墨西哥政府对运行了 40 年之久的《联邦劳动法》进行了修订，对其中多项规定进行了调整，触及了很多重要方面，如劳动合同灵活化以及工会的自治权和民主化等。改革后，一些新的雇用模式合法化，例如试用期、学习期和临时雇用等，目的是提高劳动力市场的灵活度，从而提升企业的竞争力和生产效率，进而为创造更多更好的就业岗位提供条件。

（2）非正规就业的隐患与教训

墨西哥非正规就业的问题非常严重，改革没有解决好非正规就业的问题。墨西哥以出口技术含量低的工业加工品为基础，以劳动力成本低为优势吸引外国投资，这种政策从 20 世纪 90 年代一直持续至今，创造的正规就业岗位非常有限，这就加剧了墨西哥劳动力市场的非正规化。在这种情况下，2012 年劳动法改革在短期内虽然给墨西哥带来了新的发展机遇，但并未能有针对性地解决这些问题。在经济发展的同时，墨西哥政府未能抓住机遇提高产品附加值，促进产业结构升级，导致劳动者收入水平始终未能提高。劳动法改革强调的重点是提高劳动生产率，但忽视了劳动者收入问题，因此改革未能提高劳动者实际收入水平，反而加剧了劳动力市场的分割和不平等性。

（六）其他国家和地区

20 世纪 80 年代末 90 年代初，依靠出口贸易获得飞速发展的新加坡和中国台湾先后实现人均 GDP 1 万美元的突破。此后新加坡和中国台湾均选择依靠科技进步、产业升级、提高社会福利和刺激消费等措施转变单纯依靠出口的经济模式，以应对国际局势可能出现的输入性风险。历史证明，及时的产业调整和经济转型升级有力支撑了新加坡和中国台湾 20 世纪 90 年代的经济持续增长，也在一定程度上削弱了 1997 年亚洲金融危机的冲击。这一时期的两地扩大内需的政策举措如下。

1. 新加坡人均 GDP 1 万美元以上扩大内需的实践和效果

新加坡在 1989 年人均 GDP 突破 1 万美元，在 1994 年突破 2 万美元（见图 7-39）。新加坡主要通过优化供给来带动内需增长。新加坡从 20 世纪 80 年代开始寻求产业转型升级，1986 年出台《新加坡经济：新的方向》报告，明确将服务业和高端制造业作为未来重点发展方向。20 世纪 90 年代，新加坡大力发展高科技产业、金融和服务业，加速新加坡经济国际化进程，逐渐形成服务业和高端制造业双支柱。

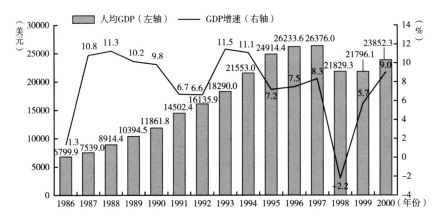

图 7-39   1986~2000 年新加坡人均 GDP 与经济增长变化

资料来源：新加坡统计局，Wind 数据库。

一是重点发展高科技产业、金融和服务业。信息通信行业产值从 1990 年的 18.1 万亿新元增长至 2017 年的 175.8 万亿新元，年均增速高达 8.7%；金融和服务相关行业产值从 1990 年的 223.8 亿新元增长至 2017 年的 1682.3 亿新元，年均增速高达 12.6%。

二是扩大和优化组屋供给，提供居住福利保障。组屋是新加坡社会福利体系的一部分，本质上是由国家主导的房地产行业。1991 年后，新加坡建屋发展局（HDB）开始向组屋购买者提供更广泛的设计选择。为满足低收入者需求，1995 年推出执行共管公寓，以低于市价 20%~30% 的价格出售给月收入少于 14000 新元的家庭。因此，虽然新加坡房地产相关行业在主要经济指标中占比始终维持在低位，并不是经济增长的重要引擎，但低廉的房价和"居者有其屋"的保障，可以有效稳定消费者预期，释放消费潜力。

三是极具国际竞争力的教育体制，提供了发展的人才保障。新加坡发达的经济为完善全国教育体制奠定了经济基础，而东西方不同文化的结合更促进其形成了颇为独特的教育风格。新加坡许多考试题目由新加坡教育部和英国剑桥大学地方考试机构共同出题，不仅提升了新加坡的教育水平，也使从新加坡毕业的学生能够得到国际认可，这是一种提升学生自身学历含金量和国际竞争力的有效手段。

新加坡扩大内需的政策十分有效。从国内、国外需求对 GDP 实际增长的贡献率来看，1988 年后国内需求对经济增长具有稳定、持续且较强的拉动作用，而国外需求的拉动作用波动较大且作用较弱（见图 7-40）。从经济增长率来看，新加坡 GDP 增速在 1990 年直至 1997 年亚洲金融危机期间均在 6% 以上，1993 年 GDP 增速高达 11.5%。从人均 GDP 增长率来看，新加坡仅用 5 年时间，在 1994 年就跨入了发达国家行列（见表 7-3）。

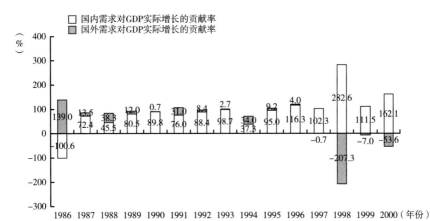

图 7-40　1986~2000 年新加坡内外需求对 GDP 实际增长的贡献率变化

资料来源：新加坡统计局，Wind 数据库。

表 7-3　1986~1998 年新加坡人均 GDP 及增速

单位：美元，%

年份	人均 GDP	增速
1986	6799.93	-2.88
1987	7539.03	10.87
1988	8914.44	18.24
1989	10394.54	16.60

续表

年份	人均 GDP	增速
1990	11861.76	14.12
1991	14502.38	22.26
1992	16135.91	11.26
1993	18290.03	13.35
1994	21553.03	17.84
1995	24914.41	15.60
1996	26233.63	5.29
1997	26375.97	0.54
1998	21829.30	-17.24

资料来源：世界银行，Wind 数据库。

2. 中国台湾人均 GDP 1 万美元以上扩大内需的实践和效果

中国台湾在 1992 年人均 GDP 达到 1 万美元以上。20 世纪 90 年代以来台湾经济发展较快，但面临受世界局势影响的外商投资趋弱、自身科技力量较弱和低成本劳动力优势降低等问题。为了保持经济向好态势，通过加大科技扶持力度、扩大公共投资等方式有效扩大内需，逐步实现经济增长由外需主导向内需外需并重转变。

一是增加公共投资，助力产业转型升级和居民生活品质提升。20 世纪 90 年代，中国台湾制定了 1991~1996 年的经济建设计划，增加公共投资，对产业发展所需要的生产资源与设施，特别是土地、水、能源、交通运输设施、劳动力等，进行有效规划、建设，充分供应，因地制宜发展现代化产业。同时，将中国台湾规划成 18 个"生活圈"，使民众可享受工作、居住、休闲、就学、医疗、购物等方面的高品质服务。

二是加大科技投入，培育产业发展潜力。提高研究发展总经费，在产业政策方面，根据市场潜力大、产业关联性大、附加价值高、技术层次高、污染程度低及能源依存度低等六大因素，挑选出通信、资讯、消费性电子、半导体、精密机械与自动化、航空航天、高级材料、特用化学品与制药、医疗保健及污染防治等十大新兴工业。

三是稳定物价，提高居民收入，增强消费能力，确保消费质量。

上述政策的实施取得了一定效果，中国台湾经济在 20 世纪 90 年代始终保持着景气局面。在 1997 年亚洲金融危机冲击下，仍然保持了 4.5% 以上的经济增长速度。从总体产业结构变化看，进入 20 世纪 90 年代，中国台湾的产业结构进一步向服务业倾斜，农业和工业占 GDP 的比重不断下降，服务业的比重不断上升（见表 7-4）。从居民消费和储蓄变化看，20 世纪 90 年代中国台湾民众的消费增长，居民消费支出占 GDP 比重逐年提高，储蓄率逐年下降（见图 7-41）。

表 7-4　1991~1997 年中国台湾三次产业占 GDP 的比重

单位：%

产业	1991 年	1992 年	1993 年	1994 年	1995 年	1996 年	1997 年
农业	3.79	3.60	3.66	3.57	3.55	3.29	2.73
工业	41.07	39.87	38.99	37.28	36.25	35.47	34.93
制造业	33.34	31.70	30.48	29.00	28.13	27.92	27.67
水电煤气业	2.67	2.71	2.71	2.64	2.58	2.52	2.39
建筑业	4.69	4.98	5.28	5.31	5.22	4.76	4.39
服务业	55.14	56.53	57.35	59.15	60.20	61.24	62.34
商业	14.61	14.98	15.13	15.35	15.97	16.34	16.64
运储通信业	6.19	6.29	6.40	6.55	6.65	6.78	6.74
金融保险业	17.85	18.66	19.33	20.85	21.14	21.61	23.01
政府服务业	11.06	11.02	10.78	10.63	10.51	10.55	—

资料来源：陈秀英、刘仕国主编《世界经济统计简编 2000》，社会科学文献出版社，2000。

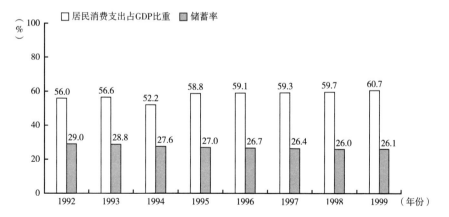

图 7-41　1992~1999 年中国台湾地区居民消费支出占 GDP 比重与储蓄率变化

资料来源：中国社会科学院台湾研究所《2000 台湾研究年度报告》，时事出版社，2001。

二　对我启示及建议

（一）增加国民收入，提高居民可持续消费能力

第一，完善收入分配制度。提高居民收入占 GDP 的比重，加强政府、企业及职工三方协调机制，合理确定工薪阶层收入增幅和最低收入标准并逐步提高。第二，继续增加中低收入家庭收入。积极创造条件增加就业岗位和扩大就业方面的资金投入，改善就业服务和就业环境，增加对中低收入者、困难群体的生活补贴；进一步落实物价上涨与补贴发放挂钩机制，确保中低收入者收入水平和生活质量不因物价上涨而降低。

（二）完善消费设施条件，补齐欠发达地区消费短板、挖掘农村和欠发达地区消费潜力

第一，提高财政资金支出效率，完善欠发达地区生活性服务供给。加大财政资金统筹力度，合理扩大教育、医疗、养老等公共服务消费支出，加快公共服务设施提标扩面，促进公共消费规模扩大。第二，加快发展特色产业，提升居民消费能力。引导区域特色经济和农村第二、三产业集聚发展，落实好中小微企业普惠政策，以产业带动就业，促进居民工资性收入持续增长。推动农村一二三产业融合发展，提高乡村旅游、休闲农业、民宿经济等服务环境和品质，吸引城市居民入乡消费，促进居民经营性收入持续增长。第三，改造提升消费渠道，健全产品流通体系和乡村物流网络，引导电商企业、物流企业积极布局商业网点，加强场地安排和政府采购等政策扶持，鼓励农村电商、直播电商等新业态、新模式规范化、产业化发展。

（三）构建多层次的消费服务体系，优化消费环境、提升消费体验

第一，健全保障消费者权益等相关法律体系，加强消费者宣传引导，引导公民接受教育，唤醒消费者的自我保护意识和法律意识。提高消费者

保护水平，降低消费者维权门槛，加大侵犯消费者权益的惩处力度。健全第三方监督制度，开展"双随机"三方机构考察、督查、检验和民众监督检查活动，定期公布检验结果，营造全社会保护消费者、维护消费者合法权益的良好消费氛围。第二，稳慎发展消费信贷，发挥消费信贷服务人民美好生活需要的作用。为健全消费信贷法制环境，加快个人征信体系、机构与制度建设，优化个人信用信息系统，建立全国性、跨地区、跨部门、跨行业的统一个人信用信息管理系统，做到信息畅通无阻。拓展消费信贷供给渠道，适度增加消费信贷品种，鼓励金融机构以市场需求为导向推进消费信贷的创新与推广。建立科学的债务管理与处置机制，贷前运用大数据信息技术管控多重申请、多重债务情况，贷中通过资金委托支付和限制单次现金支取等方式确保资金合规使用，贷后进一步完善个人信用贷款不良处置机制，形成消费信贷全流程的监管和风控。同时，监管部门需高度重视和防范消费信贷快速发展过程中可能积聚的金融风险和非理性消费加剧的信用卡市场的风险，根据市场状态及时对信贷消费市场进行强力干预和调整。

（四）完善社会保障体系，构建社会安全网，稳定居民消费预期

当前我国城乡社会保障体系已初步形成，并在调节收入分配、保障居民生活质量方面发挥重要作用，但仍存在保障水平低、保障范围小等问题。为此，要充分利用财政手段，继续完善以养老、医疗、失业为主的社会保障体系，加大财政转移力度，不断增加公共产品供给，缓解居民消费的后顾之忧，提高居民的消费倾向和改善消费预期，切实解决居民关心的教育、医疗、养老、住房等方面的民生问题，真正实现"学有所教、劳有所得、病有所医、老有所养、住有所居"。另外，可以探索多层次"消费券"发放制度：一是中央财政支持类消费券。对于老年人、儿童和残疾人等特殊群体发放指定消费场所的食品和其他生活必需品消费券，对于低收入家庭发放耐用消费品折扣券，对女性发放卫生用品消费券。二是地方财政支持类消费券，鼓励各地区探索特色消费券，针对本地特色品牌、特色产品和特色消费旅游景点等发放消费券。

（五）深入推动科技创新，以科技创新带动新供给和新需求

加大基础研究投入力度，健全鼓励支持基础研究、原始创新的体制机制，实施更大力度财税金融优惠政策，缓解企业开展基础研究"起步难"的问题，引导鼓励有条件的企业增强自主创新能力、补齐技术短板，在关键核心技术领域不断实现突破，掌握更多具有自主知识产权的关键技术，掌控产业发展主导权。

（六）加大力度扶持中小企业，发挥微观经济机制在增加社会供给中的基础作用

扩大对中小风险投资企业和工商业者的创业支援，完善相关法律、财税、融资及政策体系，扩大市场准入范围，为中小企业不断提升管理水平、技术水平、产品质量和开拓市场提供完善的指导与服务。

（七）切实保障人民居住需求，坚持房地产调控方向不动摇

建立符合"房住不炒"定位、具有可持续性的房地产发展长效机制，大力发展公租房、共有产权房。积极培育住房租赁市场，形成多主体供给、多渠道保障的住房体系，在满足居民刚需和改善性需求的同时，降低高房价对居民消费的"挤出"效应，使居民在买得起住房的同时，还有能力消费其他消费品。

（八）发挥宏观调控政策跨周期作用，维持经济稳定运行

针对经济短期波动，积极运用逆周期调节工具进行调节，确保经济始终运行在合理区间。兼顾中长期经济发展，用好财政政策和货币政策等传统宏观调控政策工具，充分发挥国家发展规划的战略导向作用，综合运用就业、产业、投资、消费、环保、区域等多种政策工具，形成系统集成效应。

（执笔：丁尚宇）

主要参考文献

1. 卞靖、成丽敏：《中等收入阶段消费升级的国际经验》，《宏观经济管理》2013年第 9 期。

2. 卞靖：《需求结构转型：国际经验与中国实践》，《中国科技投资》2012 年第10 期。

3. 曹芳：《巴西应对金融危机的经验与借鉴》，《西部金融》2012 年第 3 期。

4. 陈冰冰：《我国居民消费制度改革的国际经验借鉴及改革路径》，《改革与战略》2018 年第 3 期。

5. 陈彩娟：《以转型促增长寻求新突破——人均 GDP 超 9000 美元时以转型促增长的国际经验与浙江对策》，《浙江经济》2012 年第 24 期。

6. 陈淮：《日本扩大内需的经验教训及对我国的启示》，《中国经贸导刊》1999年第 12 期。

7. 丁波文：《墨西哥政府应对全球金融危机的就业政策及效果分析》，《江苏师范大学学报》（哲学社会科学版）2016 年第 3 期。

8. 杜文双、王向：《扩大内需的国际经验与启示》，《中国市场》2012 年第 27 期。

9. 郭庆然：《日本扩大农村消费的实践与我国的路径选择》，《消费经济》2010年第 1 期。

10. 贾根良：《国内经济一体化：扩大内需战略的必由之路》，《社会科学战线》2012 年第 2 期。

11. 孔德树：《消费合作社之国际经验》，《中国合作经济》2012 年第 10 期。

12. 刘海健：《国外消费信贷的发展经验与启示》，《时代金融》2017 年第 18 期。

13. 刘华、张启文：《美国消费信贷的经验及对我国的启示》，《中国科技信息》2005 年第 19 期。

14. 刘璞、刘珺、张辰利：《内外需协调的国际经验与启示——以美国、日本、巴西为例》，《商场现代化》2008 年第 18 期。

15. 刘涛、王微：《国际消费中心形成和发展的经验启示》，《财经智库》2017 年第 4 期。

16. 刘晓路：《日本经济》，人民出版社，1994。

17. 卢万青、史怡好：《跨越"中等收入陷阱"的国别比较》，《商业研究》2013年第 3 期。

18. 毛中根、武优勐：《中国的海外消费：特点、原因及对策》，《全球化》2018年第 6 期。

19. 毛中根、杨丽姣：《文化消费增长的国际经验及中国的政策取向》，《经济与管理研究》2017 年第 1 期。

20. 倪琳、李通屏：《刺激内需条件下的消费政策匹配：国际经验及启示》，《改革》2009 年第 9 期。

21. 齐兰：《德国政府扩大内需的政策及其借鉴意义》，《经济学动态》1999 年第 4 期。

22. 苏建宏：《德国促进新联邦州经济发展经验及对中国西部大开发政策的启示》，《地方财政研究》2009 年第 11 期。

23. 孙执中：《荣衰论——战后日本经济史（1945~2004）》，人民出版社，2006。

24. 唐煌：《日本扩大内需的经验教训及其借鉴》，《外国经济与管理》1999 年第 11 期。

25. 万勇：《日本以城市化提升内需的经验》，《城市问题》2010 年第 12 期。

26. 王水平、陈丽芬：《促进消费的国际经验及启示》，《时代经贸》2018 年第 10 期。

27. 于保霞、刘政：《借鉴国际经验　建设国际旅游消费中心》，《市场论坛》2020 年第 10 期。

28. 苑广睿、张清、潘国俊：《日、美等国扩大消费需求的经验教训与启示》，《中国财政》2008 年第 22 期。

29. 张华、齐观义：《扩大内需的国外经验及对我国的启示》，《江苏经济探讨》1999 年第 1 期。

30. 张精华：《德国经济》，人民出版社，1994。

31. 张颖熙、夏杰长：《以服务消费引领消费结构升级：国际经验与中国选择》，《北京工商大学学报》（社会科学版）2017 年第 6 期。

32. 赵树梅：《发达国家扩大农村消费的经验与启示》，《中国经贸导刊》2014 年第 8 期。

第八章

制造业投资增长缘何不稳

——对深圳、武汉、沈阳、成都、苏州、青岛、金华的调研

内容提要： 通过对深圳、武汉、沈阳、成都、苏州、青岛、金华7市的调研发现，制造业投资存在地区分化、行业分化、所有制分化三大分化态势，面对"不愿投、不敢投、不能投"三大问题交织，形成了创新引领稳投资、聚焦优势产业稳投资、抢抓产业转型升级稳投资、优化民营经济生态稳投资四类典型做法。建议努力降成本、稳供应，加快建机制、稳预期，不断强融资、稳资金，持续"放管服"、优环境，让企业"愿投资、敢投资、能投资"，合力推动制造业投资稳定增长和质量提升。

制造业投资稳定增长既有助于扩大内需、对冲经济下行压力，也有助于优化经济结构、促进经济高质量发展。然而，2021年以来我国制造业投资增速出现逐月下滑、波动幅度扩大的趋势，这既有2020年低基数的因素，也显示出制造业企业对市场预期的谨慎，经济增长内生动力不足，或将对经济全面均衡恢复形成制约。为全面了解各地各行业制造业投资情况，2021年11月5~19日，调研组采用视频会议或书面调研方式与深圳、武汉、沈阳、成都、苏州、青岛、金华7市有关政府部门、代表性企业进行深度座谈交流。调研发现，制造业投资存在地区分化、行业分化、所有制分化三大分化态势，面对"不愿投、不敢投、不能投"三大问题交织，形成了创新引领稳投资、聚焦优势产业稳投资、抢抓产

业转型升级稳投资、优化民营经济生态稳投资四类典型做法。建议围绕让企业"愿投资、敢投资、能投资"，努力降成本、稳供应，加快建机制、稳预期，不断强融资、稳资金，持续"放管服"、优环境，合力推动制造业投资稳定增长和质量提升。

一 制造业投资稳定性存忧：地区分化、行业分化、所有制分化加剧

（一）地区分化：东快西慢、北急南稳

一是东部地区制造业投资普遍实现较快增长，而西部地区还将延续低速增长态势。2021年以来，出口向好带动了东部地区制造业投资稳步增长，东西部地区制造业投资分化态势加剧。1~10月，成都制造业投资增速只有5.0%，昆明制造业投资增速也仅为4.8%，西安则仍未转正，均远低于全国水平。而同期的青岛制造业投资增速达30.9%，武汉增速为13.2%。而且各地反映的情况表明，未来一段时间东、中、西部地区分化态势还将加剧。据成都反映，受大宗商品价格高企等多因素影响，经济复苏动能边际趋弱，民间投资增速连续两个月回落至个位数，而且先进制造业项目总体偏少，项目库中仅有3个工业项目超过百亿元。而深圳、金华等东部地区城市经济基本恢复，加之出口快速增长，制造业投资还将较快增长。

二是北方地区制造业投资焕发新生机，但可持续性不及南方地区。北方地区制造业重镇沈阳、青岛两市制造业投资持续发力，沈阳2021年前三季度制造业投资同比增长25.3%，青岛2021年1~10月制造业投资同比增长高达30.9%。相比之下，南方地区制造业基地苏州、金华、深圳的制造业投资增速则不及北方地区，其中2021年1~10月金华市制造业投资同比增长23.7%、深圳同比增长11.4%，均低于全国水平（见表8-1）。但从调研中了解到，北方的沈阳和青岛都不同程度地面临未来制造业投资增长乏力的风险。沈阳反映，重大项目不多，储备有限，投资超百亿元的重大产业化项目不多，投资后劲不足。青岛也表示，制造业"小项目多、大项目少、签约项目多、落地项目少、开工项目多、投产项目少"的情况较为突出。

表 8-1　2021 年 1~10 月固定资产投资增速及制造业投资增速

单位：%

地区	固定资产投资增速	制造业投资增速
深圳	-3.1	11.4
武汉	23.9	13.2
沈阳	5.9	21.2
成都	10.5	5.0
苏州	8.7	5.6
青岛	6.1	30.9
金华	15.2	23.7

资料来源：根据调研材料、各市统计局资料整理。

（二）行业分化：上游高速、下游乏力

一是中上游制造业投资恢复进度大幅领先。2021 年以来受原材料价格大幅上涨等因素影响，中上游制造业投资明显加快。1~10 月，除汽车和有色行业外，中上游代表性行业均实现两位数增长，其中专用设备、电器装备、电子信息等制造业投资增速更是超过 20%。各地中上游制造业投资增速也普遍高于制造业整体水平。其中，1~10 月，沈阳装备制造业投资占制造业投资比重达到 54%，尤其是汽车产业投资占比达到 33.7%，这对全市制造业投资保持稳步增长起着巨大支撑作用。各地在谋划项目储备时，也把更多精力放在投资规模大、带动能力强的中上游制造业行业。成都围绕强功能、建体系、补短板的目标，积极引进宁德时代材料、中航锂电等中上游重大制造业产业项目，努力形成相关产业集群。

二是下游传统制造业投资恢复增长乏力。2021 年 1~10 月，食品、纺织、医药等下游制造业行业投资同比增速分别为 8.7%、13.2% 和 13.3%，普遍低于中上游制造业行业投资增速（见表 8-2）。2021 年以来，原材料价格大涨通过产业链上游不断向下游传导，加之内需不稳，更使得与居民生活直接相关的下游制造业行业投资不及预期。深圳一家纺织服装企业反映，2021 年原材料价格大幅增长，加之人工成本上涨、店铺租金高企等因素，不得不关闭近 20% 的店铺，部分生产订单也转为外包，企业暂时没有再投资的打算。

表8-2   2021年1~10月全国制造业上中下游行业投资同比增速

单位：%

	行业类别	投资同比增速
上游	化工	17.8
	建材	13.9
	钢铁	14.6
	有色	7.9
中游	金属制品	13.8
	通用装备	11.1
	专用设备	25.9
	汽车	-5.5
	电器装备	25.0
	电子信息	22.5
下游	食品	8.7
	纺织	13.2
	医药	13.3

资料来源：Wind 数据库。

（三）所有制分化：民营追赶、外资滑坡

一是制造业民间投资呈恢复性追赶态势。2021年我国制造业民间投资实现了较快增长，前三季度制造业民间投资同比增长15.7%，高于民间投资总额增速7.2个百分点。各地以民间投资为代表的非公经济投资增速较快提高。1~10月，成都非国有经济投资同比增长13.0%，其中民间投资同比增长12.1%，高于国有经济投资增速6.3个百分点。武汉民间投资同比增长39.6%，高于全市投资总额增速8.3个百分点。青岛民间投资同比增速也达到10.5%。但同时存在民间投资可持续性不足问题。多地表示，近几年人工成本不断上涨、环保要求不断提高，海外出口订单回流，企业技术改造投资和实体投资有所增加，但主要集中在"机器换人"、环保改造等设备更新上，只有少量市场前景较好的企业继续扩大生产规模。

二是制造业利用外资出现滑坡。近年来我国制造业利用外资比重不断

下降，从 2018 年的 30.5% 降至 2020 年的 21.5%。2021 年 1~10 月，受低基数等多重因素影响，我国利用外资保持 17.8% 的较高增速，但高技术制造业利用外资增速仅为 10%，低于利用外资总体增速，比服务业利用外资增速低 10.3 个百分点。各地均不同程度地表示，制造业稳外资形势复杂严峻。例如，根据苏州有关部门调查，制造业领域利润增长的外资企业大概有一半、持平的有 1/4、下降的有 1/4，有增资计划的外资企业不到 10%，绝大部分企业持观望态度。同时，苏州、沈阳等多地反映，新设外资企业数量减少，外资项目储备大幅下滑，存续项目缴资能力减弱，今后一个时期制造业利用外资形势不容乐观。

二 制造业投资不稳原因："不愿投、 不敢投、不能投" 交织

（一）多重因素挤压利润，不愿投资增加

1. 市场前景不乐观

全国制造业 PMI 从 2021 年 1 月的 51.3% 波动下降至 10 月的 49.2%，企业不愿投资的避险情绪增加（见图 8-1）。如铁路、船舶和其他运输设备制造业需求出现大幅下滑，投资意愿不足。青岛反映，中车股份、庞巴迪等轨道交通龙头企业整车产线空置，产值断崖式下跌。而受汽车需求增加放缓，加之排放标准升级切换、补贴政策到期、芯片供应紧张等多重因素影响，汽车制造业投资也出现下滑。从外部需求看，2021 年，印度、越南等东南亚国家曾出现了一轮订单回流潮，但存在订单再次向国外转移的可能。而且由于中美贸易摩擦常态化、长期化趋势未变，国际物流价格飞涨、汇率波动频繁、原材料成本上涨等持续影响外贸企业经营，导致企业货物积压严重，不敢接新订单，资金周转不畅，后期出口下行压力加人，更加不愿增加投资扩大生产。多地反映，企业增资扩产节奏缓慢，新上项目不多，2021 年第四季度和 2022 年上半年制造业投资对经济拉动式微。

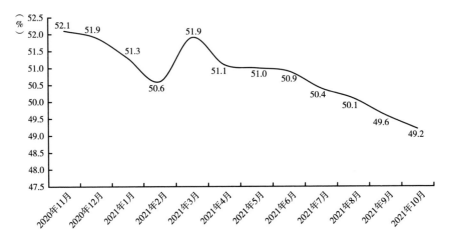

图 8-1　2020 年 11 月~2021 年 10 月全国制造业 PMI 趋势

资料来源：国家统计局。

2. 要素成本不断攀升

2021 年，大宗商品价格持续高位运行，重要工业原材料价格呈倍增走势，海运成本持续上涨并还将延续，"招工难""用工荒""用工贵"发酵，中下游企业尤其是中小企业议价和成本传导能力有限，利润空间受到严重挤压，甚至有企业反映"干多少亏多少"，投资意愿下降。**一是集装箱紧缺、港口拥挤导致海运费高涨、价格居高不下，进而导致企业货物压库不出，大大增加企业垫资压力和仓储成本。**多地反映，北美货柜价格最高上涨 10 倍多，散货船租金翻了两番。而中欧班列由于供不应求，运费上涨 50% 以上，货柜价格上涨 100% 左右。**二是人民币对美元汇率波动较大，严重挤压企业利润空间。**金华反映，2020 年下半年以来人民币兑美元已升值 10%，60% 以上的企业反映人民币升值是影响经营的主要困难。**三是原材料、人工成本上涨导致企业综合成本压力大。**各地普遍反映，原油、铁矿石、有色金属等大宗商品价格持续高位运行，且能源大宗价格冲击或将继续，中下游企业利润增长承压，特别是对议价能力较弱的小微企业影响更大；即便当前制造业原材料价格上涨势头得到了初步遏制，大宗商品价格仍处高位，六成企业反映综合成本压力较大仍是当前面临的主要困难之一。

3. 产业链、供应链不稳甚至中断

当前芯片等关键零部件供应不稳，跨境物流不畅通，人员出入境仍受限制，直接影响企业生产经营，导致企业投资意愿和信心不足。**一是"缺芯"并仍将延续较长时间，严重影响企业生产工期。**2021 年初以来，受市场需求提速、部分厂商囤积、美国等对芯片出口控制等多重因素影响，普通芯片供不应求，高端芯片供应中断，"缺芯"已成为制约经济复苏的关键瓶颈，给汽车、手机、家电等行业企业生产经营带来严重影响，同时也向下游传导，使得冶金、食品等重点行业智能化升级改造投资放缓。如前三季度沈阳重点车企上通北盛产值同比下降 9.8%，累计减产 1.5 万辆；苏州企业反映，工业机器人到货时间由 2 个月延长到 6 个月，不得不放缓生产线数字化改造。而且，2021 年，美国加强对芯片、生物医药、大容量电池、稀土等高端生产能力控制，相关产品及生产设备供应紧张，芯片之外的其他关键零部件已经并将持续给制造业投资带来不利影响。深圳反映华为在市场上已经买不到高端芯片，苏州顺达电子反映华为、惠普等因"缺芯"导致客户订单下降，更新改造、扩产投资放缓。**二是"缺运"并在短期内还难以缓解。**国际航运运力不足，交货延误，2021 年 9 月洛杉矶港集装箱滞留时间延长到 15.8 天，停泊在上海和宁波港附近的集装箱船达 154 艘，部分企业不得不选择成本更高的空运，或直接取消订单，更谈不上增加投资。深圳反映，港口通行效率下降一半，因海运"一箱难求"，200 余家外贸企业取消一半订单。

（二）多重政策影响预期，不敢投资增加

1. "双碳""双控""两高"政策预期不稳

能耗"双控"政策、"两高"项目清理实施力度空前，能耗和碳排放"卡脖子"问题日益突出，对企业生产造成较大影响。**一是企业对"双碳"政策仍然存在困惑顾虑。**多地反映，由于"双碳"政策细化目标不明确、对新技术路线支持力度不确定，企业对"双碳"政策预期不稳，对是否大力投入及投入什么领域持观望态度，不愿冒政策风险而不敢投资。**二是对能耗"双控"、"两高"清理等政策执行存在顾**

虑。2021年9月的拉闸限电对工业投资进度已产生影响，如青岛反映60.7%的受访企业直接受到有序用电影响、19.7%的受访企业受到产业链上下游企业有序用电影响，而且能耗"双控"压力仍然不减。同时，拉闸限电还使得订单交货时间拉长，甚至带来缴纳违约金等风险，如金华反映供电紧张使得25%的企业有40%以上的订单无法履约。加之，"两高"行业标准未细化造成执行预期困扰，多地反映，部分企业即便实际能耗和碳排放量低，但因属于"两高"行业而被划入"两高"项目，生产经营受到影响。

2. 新产业、新业态政策预期不稳

供应链服务、跨境电商等新产业、新业态能动态匹配供需，对推动制造业、服务业深度融合具有重要作用，但服务于高端制造业企业的供应链企业普遍反映，政策不健全制约企业生产经营，并影响赋能上游制造业高质量发展。**一是行业统计不规范影响供应链服务企业健康成长。**供应链管理行业虽已于2017年被单独列入国民经济行业分类中的商务服务业，但在地方政府统计核算时仍被归为批发、仓储物流等传统行业，这给税收、行业管理等适用政策带来很大困扰，无法享受新兴产业的支持政策。**二是缺乏政策性跨境金融支持，削弱了企业竞争力。**保险公司对供应链企业缺少关税保函支持，使得企业在尚未进口时须缴纳很高关税保证金，造成资金压占、降低通关效率，影响货物交付时效和市场竞争力。**三是缺乏贸易国政策信息，影响跨境电商发展。**部分跨境电商反映，对贸易国税收、产业等政策缺乏了解，开拓业务仍在"摸着石头过河"，这增加了企业经营成本和经营风险。

（三）多重压力冲击资金，不能投资增加

1. 流动资金紧张加剧

近年来，我国制造业企业投资资金近90%来自自筹资金，尤其是中小企业投资资金基本全部来自自有资金。中小企业协会反映，2021年9月以来中小企业应收账款仍在上升，流动资金紧张加剧。有企业反映，不少中小企业为保住业务，不得不接受应收账款被长期压占，降低应收账款周转率，这也加剧了企业流动资金紧张。资金短缺使得中小企业无法应对货款、社保、税费、员工薪金、债务本息等资金支出，增加了企业尤其是传统制造业行业企业经营困难，企业因此更难以增加更新改造、扩大生产等投资。

2. 融资难问题迟迟未能解决

2020年6月以来央行实施两项直达货币政策工具、开展中小微企业金融服务能力提升工程等政策，但市场流动性仍然不平衡，尤其是中小微企业资金面持续偏紧，企业仍然持续面临融资难问题，影响项目投资落地。居市场主体地位的大量中小企业，仍存在叠加资信等级低、抵押担保和抗风险能力不足等老问题，很难快速获得金融机构贷款，尤其是小微企业通常只能取得短期贷款，即便获得中长期贷款，也必须每年偿还全部贷款本金后才能续贷。地市建行也提出，按照信贷政策要求无法向连年亏损企业或微利企业提供信贷支持。而这些企业亟须外部资金支持。受融资难影响，制造业企业尤其是中小企业面临流动资金压力，更难以筹集到增资扩产的资金，即便有项目也无资金（见图8-2）。

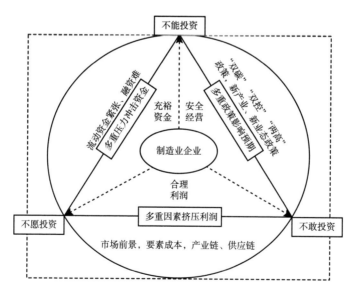

图 8-2　制造业企业投资不稳原因分析

三　稳投资的典型做法：创新引领稳投资、聚焦优势产业稳投资、抢抓产业转型升级稳投资、优化民营经济生态稳投资

（一）深圳：创新引领稳投资

作为全国制造业第一大城市，深圳以创新为引领、以企业为主导，一是构建起"基础研究+技术攻关+产业化+科技金融+人才支撑"全过程创新生态链，在核心电子器件、高端通用芯片、基础软件产品、人工智能等关键核心技术上持续增加研发投入，持续强化创新发展活力。二是不断加强创新成果的转化应用，支持高新技术企业、先进制造业发展，提高产业更新迭代能力。三是积极培育产业链龙头企业、链主企业、核心企业，形成一批在价值链治理中居主导地位的企业主体。四是构建科技创新、市场推广、资金保障、人才引育等配套支撑体系，打造优质制造业发展生态。

（二）苏州、武汉：聚焦优势产业稳投资

作为全国两大工业大市，苏州、武汉聚焦优势产业，做大做强集聚发展，稳住制造业投资基本盘。一是苏州以电子信息、装备制造两个万亿元级产业为重点，聚力打造标志性产业链和产业集群；武汉坚持先进制造业驱动发展，实施支柱产业壮大计划、战略性新兴产业倍增计划，以产业链链长制为抓手，壮大优势产业。二是以超前理念规划建设重点产业园区，苏州打造了以多个国家级经开区和高新区为核心的经济发展载体，推进制造业强链、补链集聚发展。三是苏州持续推进营商环境制度改革，建立企业一站式服务机制，打造国际投资最活跃地区；武汉以优化营商环境、生态环境、城市环境和民生环境为抓手，着力打造全国审批服务最优和营商环境最好城市，吸引投资落户武汉。

（三）沈阳、青岛：抢抓产业转型升级稳投资

作为全国两大传统工业城市，沈阳、青岛抢抓传统产业转型升级，

加快培育新兴产业，稳住制造业投资并提升投资质量。一是沈阳支持机械装备制造、汽车及零部件、农副产品深加工等重点制造业行业，青岛支持纺织、家电、食品等重点轻工业行业，开展"机器换人"和设备更新改造，建成一批智能工厂、数字车间、智能生产线，用信息化、数字化、智能化技术赋能制造业转型升级。二是沈阳大力培育壮大机器人、航空航天、新一代信息技术、生物制药等新兴产业，青岛大力发展高端装备、新材料、新能源、现代海洋和生物等战略性新兴产业，开拓制造业投资新空间。

（四）金华：优化民营经济生态稳投资

作为民营经济大市，金华聚力优化民营经济生态，激发民营经济活力，提升民间投资内生动力，2021 年 1~10 月限额以上民间固定资产投资增速高达 25%。一是实施民营企业龙头培育工程、中小微民营企业成长工程、民营经济创新平台建设工程、民营企业智能化改造提升工程等重大工程，推动民营经济高质量发展。二是积极搭建产业服务平台，整合制造企业、供应商、物流企业、金融机构资源，优化行业资源配置和产业协作。三是毫不动摇地支持、保护、扶持民营经济发展，弘扬企业家精神，提振企业家信心。

四 推动制造业投资稳定增长和质量提升的相关建议

（一）努力降成本、稳供应，让企业愿投资

一是支持企业保供稳价。发挥汽车等行业协会作用，组织用户企业与芯片供应商加强对接，动态优化对接目录，积极应对芯片短缺、全球供应链不畅问题；支持产业链上下游企业加快形成产业联盟和战略合作伙伴关系，建立大宗商品、原材料、关键零部件等供应链采购关系，稳定供应和价格预期；加快整合提升国有物流企业资源，优化航线配置，扩大进口，加快空箱回运，推进国际物流体系技术标准互认，并引导分流中欧班列等陆路通道。**二是强化对企业用工支持。**综合运用失业保险

基金、专项资金等支持企业稳岗、职业培训，采取社保补贴等办法降低企业用工成本。**三是降低企业税费负担**。继续简并增值税税率档次，将制造业增值税税率由 13% 下调到 12%；继续对制造业增值税留抵退税放宽条件，加快制造业期末留抵退税；进一步降低重点行业高新技术企业所得税税率，加大对重点行业关键环节的支持力度，推动产业链、供应链优化升级；持续实施研发费用加计扣除政策，实施企业创新再投资税收减免政策。**四是稳定外资经营预期**。加快优化营商环境，切实保护在华外资企业合法权益，引导外资更多投向先进制造业和战略性新兴产业；支持地方搭建外资服务平台，推动项目审批、人员出入境便利化。

（二）加快建机制、稳预期，让企业敢投资

一是细化"双碳"政策时间表、路线图。进一步明确碳达峰目标和路线图，适时开展 2060 年前碳中和战略研究，明确碳中和目标的实现路径、重点领域、关键技术和重大制度安排，加强舆论引导。**二是探索通过市场机制完善能耗"双控"机制**。尽快开展单位能耗产出评价，制定行业产出标杆或能耗利用水平标杆；探索通过市场化手段，依托用能权交易市场获得足量的能耗增量空间；探索在达到能耗强度的前提下，对优质制造业项目能耗实现弹性控制。**三是改变部分能耗统计制度**。探索将太阳能、风能等可再生能源发电项目能耗量记为负值，将能源作为原料的部分而不作为能耗统计，为新上优质制造业项目腾出能耗空间。**四是对能耗强度较低的地区进行政策倾斜**。建立能耗白名单制度，对能耗水平较为先进的城市，试行能耗总量弹性控制；对计划单列市实行能耗单列。**五是细化"两高"评价标准**。完善"两高"项目评价标准体系，实行以投资项目为单元的精准化治理。**六是优化新产业、新业态政策**。推进地方将供应链管理、跨境金融等新产业、新业态纳入新统计门类，完善适用的税收、行业管理等支持政策并落实到位；支持跨境电商公共服务平台建设，完善覆盖主要贸易国的便捷、高效、低成本跨境物流体系，建立涵盖主要贸易国政策资源的"一站式"公共信息服务平台，构建从运营到财务核算的全业务流程跨境电商培训服务体系；支持银行和保险机构创新关税保函业务模式，保障供应链管理等新产业、新业态健

康发展；完善新产业、新业态领域市场主体创新容错免责机制，建立行为风险分级分类管理体系。

（三）不断强融资、稳资金，让企业能投资

一是强化金融支持。鼓励银行增加供应链贷款、应收质押贷款等额度，支持地方政府综合运用贷款贴息、融资担保、风险补偿等方式为制造业企业提供信贷支持；引导和鼓励金融机构创新普惠金融、科创金融、绿色金融等融资实现形式，推出适合小微企业、个体工商户的融资模式，拓展碳减排支持工具和煤炭清洁高效利用专项再贷款政策覆盖范围；加强多层次资本市场对民营企业股权和债权融资支持，鼓励符合条件的企业发行中长期债券和上市融资再融资；鼓励企业参与组建多种形式的产业联盟，以资本为纽带、以项目为载体、以技术为平台、以上下游企业为链条，加强资源整合与创新协同，提升整体的投资能力。二是强化财税等其他支持。实施三角债化解行动，重点化解政府部门、事业单位、国有企业与民营企业间的债务；支持制造业企业推进数字车间、智能工厂、智能生产线建设，强化智能化改造项目示范效应，带动中小企业加快智能化改造步伐；多途径缓解房企流动性压力，尽快稳定房地产开发投资，阻断房地产对制造业投资的不利传导。

（四）持续"放管服"、优环境，保障企业投资

一是优化要素保障体系。支持各地聚焦首位、前位和优势产业，完善人才、土地、能耗等要素服务保障体系，集中资源和政策打造具有核心竞争优势的标志性产业。二是深化"放管服"改革。进一步深化行政审批制度改革，持续优化开办企业、工程建设项目审批、跨境投资和贸易、注册商标等事项的办理环节，提升企业全生命周期服务质量和效率；进一步提高投资审批"一网通办"水平，简化手续、精简事项；推动投资审批制度改革与用地、环评等领域改革衔接，强化审批数据共享，加快提升投资建设便利度；围绕构建新型政商关系，主动服务民间投资，减少行政审批事项，推行并联审批，缩短投资核准报建周期，推动民间投资项目及早落地；建设信息共享、覆盖全国的投资项目在线审批监管平台，实现

"制度+技术"有效监管的政策措施；强化社会信用体系建设，加快推进政务诚信、商务诚信、社会诚信、司法诚信等重点领域制度化建设，推进信用体系在各领域的应用；加强对企业家的关怀和保护，营造激励企业家干事创业的浓厚氛围，增强企业家投资创业信心。

（执笔：易信、姚晓明、成卓）

附　录　篇

第九章
扩大内需战略研究综述

内容提要： 对"十四五"及未来一个时期我国内需变化的主要趋势及特征、内需潜力和空间预测、影响内需扩大的主要因素、扩大内需需要处理好的几大关系、扩大内需政策建议等相关研究进行综述表明，现有研究还缺乏对新发展阶段内需尤其是消费、投资更为细化、实化的研究，缺乏对新发展阶段内需尤其是消费、投资变化趋势、潜力和空间、制约因素等的系统研究，以及缺乏对新发展阶段扩大内需战略的目标、主攻方向和路径选择的科学论证和系统研究等。深化研究，需要立足新发展阶段，运用系统思维、辩证思维、战略思维、全球思维、底线思维，结合我国社会主要矛盾变化，构建新发展格局战略，深入分析新发展阶段实施扩大内需战略的新背景、新要求和新特点，扩大内需的潜力、空间及其突出制约因素，并从服务构建新发展格局、推动经济高质量发展、满足人们日益增长的美好生活需要出发，系统提出扩大内需的总体思路、重大行动、战略路径和重大举措。

扩大内需战略①是充分发挥我国超大规模经济体优势，应对外部冲击、稳定经济运行、提升经济发展自主性的有效途径。1998年，为应对亚洲金融危机的冲击，我国提出"立足扩大国内需求，加强基础设施建设"，实施了扩大内需的系列政策措施，稳定了经济增长。2008年，面对国际金融危机的冲击，我国提出"把扩大内需作为保增长的根本途径"，使经济实现了迅速触底反弹。2020年4月17日，习近平总书记在中共中央政治局会议上明确提出，要坚定实施扩大内需战略，维护经济发展和社会稳定大局。党的十九届五中全会通过的《中共中央关于制定国民经济和社会发展第十四个五年规划和二〇三五年远景目标的建议》，以及发布的《中华人民共和国国民经济和社会发展第十四个五年规划和2035年远景目标纲要》，均对"十四五"时期扩大内需进行了战略部署。当前及未来一个时期，实施好扩大内需战略，既是为了应对外部环境新变化而做出的有效应对，也是顺应我国发展阶段变化，增强发展内生动力，推动实现更高质量、更有效率、更加公平、更可持续、更为安全的发展的重要战略选择。

一　"十四五"及未来一个时期内需变化主要趋势及特征的相关研究

主要文献通常认为内需包括投资需求和消费需求，因而对"十四五"及未来一个时期我国内需变化主要趋势及特征的研究，主要从消费需求和投资需求两个方面展开分析。

---

① 经济发展是市场需求增加及其与之相匹配的市场供给增加所致，其中的需求既来自生产者所在地，也来自除此之外的其他地区。按照国民账户体系（SNA）的基本原则，采用支出法核算国内生产总值时，以最终产品和服务的需求者身份进行分类，总支出包括个人消费支出、国内私人总投资、政府消费支出和公共投资、商品与货物净出口四个部分，并可以根据购买者的来源地把总需求分为内需和外需。一般将个人消费和政府消费合并成最终消费支出，将国内私人总投资和以政府为主体的公共投资合并为资本形成总额，则内需就包括最终消费支出和资本形成总额，外需为净出口。

（一）消费需求变化趋势

大量研究表明，"十四五"及未来一个时期，我国消费增速、消费结构、消费方式、消费群体等都将出现一系列趋势变化。从消费增速来看，2018年以来我国消费增长已呈现趋势性放缓态势，以手机和汽车为代表的传统商品消费褪色、服务消费增长放缓及其增长带动效应较弱、消费新旧模式格局基本稳定，但同时消费增长缓中有新，集中体现在低线级城市消费能力逐渐增强、数字化爆炸式发展催生新的消费行为、技术快速进步带动智能家居消费加快发展、消费的多样化和便利性特征更趋明显、绿色消费理念不断深化推动二手产品消费及共享经济较快发展（王蕴，2019）[①]。从消费结构来看，进入中等收入阶段后，服务消费比重随人均GDP增长持续上升，而我国正处在服务消费与商品消费并行推动消费增长的阶段，教育、文化、娱乐消费是服务消费的第一大支出（刘涛、袁祥飞，2019；张颖熙、夏杰长，2017；等等）。预计服务消费占比将从2019年的45%提升至2030年的52%。同时，居民消费结构升级趋于扁平化，不同群体之间的消费结构差异缩小；但居民消费结构升级也出现分化，富裕阶层的消费趋于奢侈化，中产阶层和中低收入阶层开始追求高性价比的商品，形成M形消费结构。从消费方式来看，模仿型排浪式消费阶段基本结束，个性化、多样化消费渐成主流；网上购物迅速增长，消费新业态不断涌现（孙豪、毛中根，2020）。从消费群体来看，到2030年，35~44岁的家庭中坚需求、55岁以上的中老年需求将成为消费主力，而35岁以下的年轻人群体消费占总消费的比例将下降（摩根斯坦利，2021）。

（二）投资需求变化趋势

大量研究表明，"十四五"及未来一个时期，我国投资增速、投资结构、投资重点区域和领域等都将出现趋势变化。随着我国经济从高速增长阶段转向高质量发展阶段，从投资驱动经济增长模式转向创新驱动经济增

---

① 本章内容涉及多项研究成果，为了明确指明内容的研究人员，采用了夹注作者年份制，与其他章节的格式不同。

长模式，我国投资率将趋于下降，投资增速将可能频繁出现低于经济增速的情况；在基础设施总量满足和政府财力约束的大背景下，基础设施将进入补短板、优结构阶段；作为集聚未来经济发展要素的主要载体，城市群和都市圈将成为投资的新引擎；为消费而投资成为潮流与方向，也就是要顺应消费升级的趋势改善生产结构，配合生产结构调整优化投资结构；政府投资规模扩张迅速，已经出现显著的债务瓶颈；外资看重完备供应链和广大市场，很难离开中国，甚至还在不断涌入；房地产投资难以再现昔日繁荣，转型发展将成为必然选择（刘立峰，2019；2020）。

二　内需潜力和空间大小的相关研究

受预测方法、驱动因素及趋势研判等不同影响，主要文献对"十四五"及更长时期内我国内需潜力和空间预测结论存在较大差异，但主要研究表明我国内需的潜力和空间仍然很大。

（一）消费潜力和空间预测

各研究对消费潜力和空间的预测结论存在较大差异。总体消费潜力和空间方面，摩根斯坦利（2021）认为受居民收入增长、人口老龄化、技术进步、政策、文化等因素驱动，2019~2030年我国个人消费年均增长率将达到7.9%，到2030年个人消费规模将翻一番多，达到12.7万亿美元，即美国当前水平，我国将成为全球消费大国。中国银行课题组（2020）预计，到2025年我国消费占GDP比重将提高到60%左右，相较2019年的55.4%提高约5个百分点。温志超等（2020）预计到2050年我国消费占GDP的比重将逐步提高到70%以上。重点人群消费潜力和空间方面，程杰、尹熙（2020）在假定流动人口市民化能够实现流动人口与城镇本地居民消费弹性趋同的情况下，预期到2025年、2030年我国流动人口带动消费总量分别达到10.7万亿元、15.8万亿元，相当于当年GDP的8.23%、9.3%，其中由流动人口市民化直接带动消费增长分别约4.3万亿元、8万亿元，相当于当年GDP的3.32%、4.7%。叶胥、龙燕妮（2020）预计"十四五"时期我国农村居民消费平均增速可达10%，市场规模将突破 10 万亿元。重点领域消费潜力和空间方面，摩根斯坦利（2021）预计 2021~2022 年我国汽车消费市场年均增速为 2%~3%，但之后降至年均 1%，到 2025 年汽车消费市场规模将达到 1.6 万亿元；到 2030 年，我国智能家居市场消费规模将达到 1.4 万亿元；到 2025 年、2030 年，我国医疗健康支出规模将分别达到 11.6 万亿元、17.6 万亿元，非正式的教育培训市场规模将分别达到 6280 亿元、8700 亿元；旅游市场规模将从 2019 年的 5.4 万亿元增加到 2030 年的 13.8 万亿元；等等。

（二）投资潜力和空间预测

各研究对投资潜力和空间的预测结论也存在较大差异。总体投资潜力和空间方面，未来一个时期我国投资总量增速将放缓，占 GDP 比重逐步降低。中国银行课题组（2020）预计，到 2025 年我国投资占 GDP 比重将降到 38% 左右，相对 2019 年的 43.1% 下降约 5 个百分点。重点领域投资潜力和空间方面，主要集中在新型基础设施、新型城镇化等方面。任泽平等（2020）预计，到 2030 年我国城镇化率将达到 71%，而新增 2 亿城镇人口的 80% 将集中在 19 个城市群，60% 将在长三角、粤港澳大湾区、京津冀等 7 个城市群，未来上述地区的轨道交通、城际铁路、教育、医疗、5G 等基础设施将面临严重短缺，存在巨大的投资潜力和空间。中国信息通信研究院（2019）预测，到 2025 年，我国 5G 网络建设投资累计将达到 1.2 万亿元，并将带动产业链上下游以及各行业应用投资超过 3.5 万亿元。孙会峰（2020）预计，到 2030 年，我国新能源汽车保有量将达到 6420 万辆，根据车桩比 1∶1 的建设目标，未来 10 年，我国充电桩仍然存在 6300 万台的缺口，预计将形成 10253 亿元的充电桩基础设施建设市场。徐文舸（2020）预计"十四五"时期我国制造业投资增速将达到 3.1%~4.8%，相比"十三五"时期均值回落 1 个百分点以上，到 2025 年制造业投资占全社会固定资产投资的比重将小幅降至 30%。

三 影响内需扩大主要因素的相关研究

内需潜力的释放和内需空间的大小与其影响因素直接相关。影响内需扩大的主要因素可以分为两大类：一类是既影响投资需求又影响消费需求的因素，主要是财税政策和制度、城镇化、产业结构等；另一类是只影响居民消费需求的因素，主要是收入及收入分配、社会保障制度、人口年龄结构等。

（一）收入及收入分配对内需的影响

收入及收入分配对内需的影响主要表现在对消费需求的影响。部分研究认为，我国城乡居民收入尤其是农村居民收入增长速度滞后于经济增长速度，是制约居民消费增长的主要原因（金三林，2009；杨圣明，2013；王蕴，2019；张杰、金岳，2020；等等）。而收入对居民消费及消费倾向的影响主要体现在影响中低收入群体，对高收入群体的影响不大（俞建国，2009；张杰、金岳，2020；等等）。从收入分配来看，20 世纪 90 年代中期以来，国民收入初次分配和再分配中，政府和企业占有的份额越来越大，而居民所占份额不断下降，这是我国高储蓄、低消费率的主要原因（李扬、殷剑峰，2005；白重恩、钱震杰，2009；等等）。

（二）财税政策和制度对内需的影响

现有文献主要从两方面开展研究，一方面研究关注财政支出对扩大内需的影响。财政支出（政府消费）对居民消费的影响方面，部分研究认为，财政支出（政府消费）对居民消费有替代效应（挤出效应）（王毕平，2010；蒙昱竹等，2021），或互补效应（挤入效应）（杨文芳、方齐云，2010；王成、Jamal Khan，2020）。政府投资对民间投资的影响方面，已形成了政府投资挤入效应论（郭庆旺等，2007；王志伟，2010）、政府投资挤出效应论（高铁梅等，2002；楚尔鸣等，2008）、政府投资差异效应论（杨晓华，2006），以及政府投资与民间投资不相关论（刘国光，2002）等代表性观点。另一方面研究关注税收政策对扩大内需的影响。有研究认为，现行税收政策对居民消费需求的激励作用有限，缺乏适应新消费方式发展的税收优惠措施等（李香菊、付昭煜，2020）；以间接税为主的税收收入结构、不健全的财税制度及地区税收优惠和激励性税收返还制度，对收入分配起到逆向调节作用，影响居民消费需求，而资源、环保税制度不健全，不利于投资结构优化（许生，2010）。

（三）　城镇化对内需的影响

城镇化是扩大内需进而实现经济可持续发展的引擎（辜胜阻等，2010）。但我国城市化相对滞后，不仅严重制约居民消费能力提升，还导致产能过剩和投资需求难以充分释放，阻碍服务业发展和就业机会增加（李朴民等，2009）。多数研究认为，城镇化对扩大内需的关键机制是，进城农民工收入水平明显提高，同时政府公共服务和公共基础设施必须与转移劳动力相适应（张士斌，2010）；城镇化的合理推进也有助于削弱政府财政支出对居民消费的短期挤出效应（蒙昱竹等，2021）。城镇居民消费对农村居民消费具有明显的示范效应和拉动作用（易行健等，2013），但半城镇化率对居民消费率和城镇居民消费率具有显著的负向影响（易行健等，2020）。总体来看，城镇化对扩大内需可以产生双重效应：一方面带动基础设施、房地产和城市相关产业投资；另一方面农村人口到城市第二、三产业就业，收入和消费能力大幅提高，更好的消费条件、比较完善的社会保障，有利于刺激消费需求（郭春丽，2012）。

（四）　社会保障制度对内需的影响

一般而言，社会保障可以减少居民预防性储蓄，提高居民的消费能力和消费倾向，对居民消费有积极的促进作用。由于我国社会保障制度建设较为滞后，未来收入和支出的不确定性明显增强，居民为了满足子女教育、医疗费用、失业后维持生计等需要，不得不增加预防性储蓄，从而降低消费倾向（李实、John Knight，2002；罗楚亮，2004；汪伟，2016；陈昌盛等，2021；王蕴等，2022；等等）。

（五）　产业结构对内需的影响

现有研究表明，产业结构对内需既有直接影响，也有间接影响（简新华、许辉，2003），其中，直接影响主要表现为制约、引领或创造消费需求并扩大投资需求，间接影响主要表现为影响经济增长、影响收入分配进而改变消费需求的总量和水平。部分研究认为，产业与消费"双升级"的就业增加扩容机制，能通过"收入提升"和"适应性升级"两大效应分别疏通消费环节和生产环节的堵点，从而促进国内经济大循环的畅通（龙少波等，2021）。尤其是就业容量大的服务业发展，影响居民收入提高，最终影响居民消费需求（俞建国，2009；易行健等，2013；等等）。而且，发展服务业新业态可推动新消费增长点涌现、助推消费结构优化、促进消费体验和消费方式升级（刘长庚等，2016；等等）。同时，大量研究认为，有效供给不足，不能满足居民多样化需要，制约消费的增长（许永兵，2021；等等）。

（六）其他因素对内需的影响

大量研究表明，儒家文化、消费习惯、住房价格、人口年龄结构、消费基础环境等因素对消费需求存在影响。有研究认为，早年的饥荒经历提高了人们成年后的储蓄倾向，对居民消费和储蓄产生深远影响（程令国、张晔，2011）；偏爱储蓄的儒家消费文化对居民消费行为产生深度抑制，导致居民消费率偏低（叶德珠等；2012；易行健、杨碧云，2015；等等）；住房价格上涨和住房资产的低流动性属性，对居民消费产生挤出效应（李涛、陈斌开，2014；甘犁等，2018）；人口年龄结构通过影响总储蓄率进而影响消费（刘汉辉，2011；毛中根等，2013；汪伟、艾春荣，2015）；消费基础设施投资不足，消费领域过多政策干预制约多样性、个性化消费需求的释放，消费环境建设滞后于消费新模式和新业态的发展，商品和服务供给未能有效匹配新兴消费的升级需求，影响了消费潜力的释放（王蕴、梁志兵，2015）。不过，有研究认为，其他因素对居民消费率的影响是消费率"规律性趋势"上的跳跃或波动，基本不影响消费率下降的走势（孙豪、毛中根，2020）。还有大量研究认为，受到市场准入范围限制、融资渠道不畅通、财税政策支持不利、服务体系建设滞后等方面的阻碍，并存在"玻璃门""弹簧门"，民间投资动力和活力不足（郭春丽，2012）。

四　扩大内需需要处理的几大关系的相关研究

主要文献认为扩大内需需要处理好内需与外需、投资与消费之间的关系，尤其是在当前构建新发展格局战略背景下，更加需要协调好内需与外需、投资与消费之间的关系。

（一）内需与外需的关系

内需与外需的关系反映了国内经济与国外经济的协调性，关系到国民经济体系的动力来源和内外平衡。对于如何处理内需和外需的关系，主要研究的结论与当时所处的时代背景有很大关系。部分研究认为，需要稳定和扩大外需，实现内需与外需有机结合。这主要是因为扩大内需是一个渐进过程，要稳定经济发展，必须稳定和扩大外需；同时，过分强调内需还会走向保守，降低企业的国际竞争力，而稳定外需还有助于充分利用我国剩余产能（江小涓，2010；裴长洪、郑文，2010；等等）。还有部分研究认为，需要降低外需，扩大内需。这主要是因为外需比例过大会出现国际收支失衡，也会导致国内经济失衡，还会造成国民经济福利损失，遭遇"反倾销陷阱"（樊纲，2008；等等）。随着我国经济发展进入新阶段，尤其是外部环境不稳定性、不确定性明显增加，实施构建以国内大循环为主体、国内国际双循环相互促进的新发展格局的战略，需要推进国内循环与国际循环的平衡和相互促进、外需与内需的平衡和相互促进、供给侧与需求侧的平衡和相互促进等一系列更高水平的动态均衡（蔡昉，2020；刘元春，2020）。

（二）投资与消费的关系

投资与消费的比例关系反映了国内经济发展的协调性，也反映了当前与未来的权衡。对于如何处理好投资与消费的关系，主要研究结论存在二元论和统一论的差异。部分研究认为，投资与消费比例失衡，应降低投资率、提高消费率，这是典型的二元论。这是因为投资率和消费率之间具有此消彼长的关系，因此把我国消费率低的原因归结为高投资率；而且，高投资率还会带来高通胀、出口压力增大等现实问题，为保障经济持续协调发展，必须降低投资率、提高消费率（俞建国，2009；陈文玲，2007；等等）。还有部分研究认为，低消费、高投资、高储蓄是我国工业化进程中经济运行的常态（宋立，2016），对消费和投资应采取"双鼓励"政策。这是因为低消费率不是由高投资率决定的，相反高投资率是由低消费率、高储蓄率决定的，而低消费率、高投资率则是由居民部门的消费偏好内在决定的（罗云毅，2004）。有研究还认为，我国还处于工业化中后期和城镇化加速期，高投资率、低消费率具有合理性（朱敏，2010；宋立，2016；等等）。随着我国经济发展进入新阶段，建立以国内大循环为主体的新发展格局，扭住扩大内需战略基点，扩大消费需求是扩大内需的重点（许永兵，2021）。

五　扩大内需政策建议的相关研究

（一）促进收入增长及优化收入分配格局，提高居民消费能力

扩大居民消费，需要实施国民收入倍增计划，提高居民收入尤其是低收入群体收入，保持收入同步于经济发展；调控财富分配格局，提高劳动收入份额；完善收入分配体制，扩大中等收入群体比重，依法取缔非法收入，减少灰色收入。尤其是要建立居民收入和劳动报酬稳定增长机制，提高城乡居民工资性收入，创造条件让居民拥有财产性收入；发挥财税制度对再分配的调节作用，着力形成中间大、两头小的橄榄形收入分配格局；建立健全国有资产和国有资源收益全民共享制度，确保国家对国有资产和国有资源的收益。

（二）完善财税政策和制度，引导居民消费和民间投资持续增长

在调整财政支出结构、改革税收制度等方面发挥财政引导居民消费和民间投资的作用。减少政府投资性支出，优化政府投资结构，加大对有利于改善居民消费预期和消费环境、带动民间投资等领域的投资力度；增加政府消费支出中公共消费部分，增加对社会保障、公共服务、保障性住房等民生领域的财政支出，改善居民消费预期；加大向农村地区、向低收入群体的转移支付力度。改革税收制度的建议集中在改革现行个人所得税、财产税、消费税制度，增强税收的再分配调节功能，扩大居民消费需求；改革企业所得税、增值税、营业税、资源税制度，设立环境保护税，调整优化投资结构，引导投资稳定可持续增长。

（三）提高城镇化质量和水平，挖掘和释放内需潜力

研究主要从提高城镇化水平和城镇化质量角度，提出稳妥推进新型城镇化，挖掘和释放内需潜力。优化城镇化战略，以大城市为依托，以中小城市为重点，逐步形成辐射作用大的城市群、都市圈，促进中小城市和小城镇协调发展；优化城镇化模式，实现从工业主导的城镇化转向服务业主导的城镇化、从以劳动力为主的城镇化转向以人为主的城镇化；深化户籍制度改革，提升城镇化质量，推进以人为核心的新型城镇化，推进城乡基本公共服务均等化，推动在城市有稳定职业的农民工市民化。同时，要坚持"房住不炒"政策定位，降低居民杠杆率。

（四）完善社会保障制度体系，夯实居民消费扩大的基础

多数研究认为，需要加快建立覆盖全体社会成员的基本公共服务体系，逐步实现基本公共服务均等化。应从扩大覆盖范围、提高保障水平和实现制度统一入手，加快完善社会保障制度，改善居民消费预期。

（五）加快提升供给体系质量，实现供需对接和互促共进

大量研究认为，需要围绕增强产业发展的就业效应与收入增加效应及消费引导效应，加快发展服务业，促进劳动力从工业向服务业转移；探索劳动密集型产业的新型发展模式，在加快产业结构优化升级的同时，提高劳动者收入；加大技术创新和技术改造力度，提高产品档次和质量，增加中高端消费品供给，提高服务性消费供给能力，提高供给与需求的适配性，满足消费结构升级需要；开发适销对路的新产品、新模式，发展新技术、新产品、新业态、新商业模式，积极引导和创造市场需求。

（六）优化投资结构，促进投资长期稳定可持续增长

扩大投资需求的关键是优化投资结构，其中，优化投资的产业结构，需要适应消费升级方向，在公共基础设施和农村水、电、路等基础设施建设等领域补短板，加强新型基础设施建设；优化投资的区域

结构，应建立社会资本流向中西部地区的机制，加大对中西部地区投资支持力度；优化投资的所有制结构，要打破"弹簧门""玻璃门"，优化政府投资结构，并发挥政府投资对民间投资的撬动作用，大力促进民间投资。

六　现有研究不足及下一步研究方向

（一）现有研究不足

总的看来，现有文献对我国内需变化趋势、内需潜力和空间预测、影响我国扩大内需的主要因素、扩大内需的政策方向等做了大量研究，但受到时代的局限性、国家发展战略等的影响，对"十四五"乃至更长时间我国扩大内需战略的研究还不十分充分，尤其是结合我国构建以国内大循环为主体、国内国际双循环相互促进的新发展格局的战略背景的研究还不多。具体来看，还存在以下不足。

一是缺乏对新发展阶段内需尤其是消费、投资更为细化、实化的研究。 现有研究还主要是对内需及消费、投资的总体式、块状式研究，对新发展阶段、构建新发展格局背景下内需的新内涵、新特征及细化、实化、具体化的研究还比较匮乏，而这些是下一步实施扩大内需战略的重点和抓手。同时，虽然已有大量文献从事业或产业角度对养老、教育培训、医疗健康、文化旅游、体育、家政、居住、汽车等领域进行了研究，但从消费需求角度的深入研究还比较缺乏。

二是缺乏对新发展阶段内需尤其是消费、投资变化趋势、潜力和空间、制约因素等的系统研究。 现有文献对未来一个时期内需或消费、投资的发展趋势进行了研究，同时也有零散的文献对大宗商品消费、服务消费、新型基础设施投资等某个领域的发展趋势进行了研究，但对新发展阶段扩大内需整体研究及各领域开展的系统研究还比较少，尤其是对"十四五"时期消费和投资的潜力和空间的测算、制约因素的分析等还比较少。

三是缺乏对新发展阶段扩大内需战略的目标、主攻方向和路径选择的科学论证和系统研究。 一些研究对如何扩大内需或扩大消费、投资提出了若干对策建议，但多只停留在战术举措上而缺乏战略方案，存在战术研究多、战略研究少的不足。

（二）下一步研究方向

围绕扩大内需战略研究主题，立足新发展阶段，运用系统思维、辩证思维、战略思维、全球思维、底线思维，结合我国社会主要矛盾变化、构建新发展格局战略背景，深入分析扩大消费和投资的潜力、空间及其突出制约因素，并从服务构建新发展格局、推动经济高质量发展出发，提出扩大内需的战略思路和重大举措。

一是"十四五"时期实施扩大内需战略的新背景、新要求和新特点。立足新发展阶段，结合实施构建新发展格局战略，深入分析实施扩大内需战略所处的新背景、新要求和新特点，尤其是分析新发展阶段扩大内需的新内涵、新趋势、新特征，为进一步分析扩大内需战略找准基点、明确方向和重点等。

二是"十四五"时期消费需求的潜力、空间及突出制约因素。从理论和经验上结合影响居民消费总量扩大、结构升级的主要因素及其变化趋势，深入分析"十四五"时期居民消费升级的总体态势，并采取构建计量经济模型、国际比较等方法，测算大宗消费（包括汽车、住房消费等具体领域）、服务性消费（包括养老、托育托幼、教育培训、医疗健康、文化旅游、体育、家政等具体领域）等重点领域消费增长的潜力和空间，同时在分析公共消费的功能定位和发挥作用的短板、弱项等基础上，找准增加公共消费的主要方向，并进一步系统梳理消费需求扩大面临的突出制约因素。

三是"十四五"时期扩大有效投资需求的潜力、空间及突出制约因素。立足新发展阶段，结合我国转变经济发展方式、推动经济高质量发展的需求要求，从理论和经验上依据影响投资需求的主要因素，采用定性与定量相结合的方法，测算新型基础设施、新型城镇化、环保、重点产业等领域投资增长的潜力、空间，并进一步系统梳理投资需求扩大面临的突出制约因素。

四是"十四五"时期实施扩大内需战略的目标、路径及相关建议。

结合我国构建新发展格局的战略背景和要求，立足新发展阶段，结合制约重点领域扩大消费、投资需求空间的主要因素，从促进形成强大国内市场、更好满足人民美好生活需要的角度，系统提出"十四五"时期实施扩大内需战略的主要目标、主攻方向和路径选择，明确"十四五"时期实施扩大内需战略的重大行动、支撑性制度改革和适应性政策框架设计。

（执笔：易信）

主要参考文献

1. 白重恩、钱震杰：《谁在挤占居民的收入——中国国民收入分配格局分析》，《中国社会科学》2009 年第 5 期。

2. 蔡昉：《双循环是开拓新发展格局的主要思路》，《社会科学报》2020 年 12 月 31 日。

3. 陈昌盛、许伟、兰宗敏、李承健：《我国消费倾向的基本特征、发展态势与提升策略》，《管理世界》2021 年第 8 期。

4. 陈东琪、马晓河：《消费引领 供给创新——"十三五"经济持续稳定增长的动力》，人民出版社，2016。

5. 陈文玲：《我国消费需求发展趋势及深层次矛盾》，《宏观经济研究》2007 年第 1 期。

6. 陈新年：《顺应居民消费升级趋势 加快构建新发展格局——疏解消费升级难点堵点痛点的建议》，《宏观经济管理》2021 年第 3 期。

7. 程杰、尹熙：《流动人口市民化的消费潜力有多大？——基于新时期中国流动人口消费弹性估算》，《城市与环境研究》2020 年第 1 期。

8. 程令国、张晔：《早年的饥荒经历影响了人们的储蓄行为吗？——对我国居民高储蓄率的一个新解释》，《经济研究》2011 年第 8 期。

9. 楚尔鸣、左坤、鲁旭：《政府支出结构的居民消费效应：1985～2006——基于中部省际数据的实证分析》，《湖南财经高等专科学校学报》2008 年第 2 期。

10. 樊纲：《美国经济衰退对中国经济的影响》，《中国金融》2008 年第 8 期。

11. 甘犁、赵乃宝、孙永智：《收入不平等、流动性约束与中国家庭储蓄率》，《经济研究》2018 年第 12 期。

12. 高铁梅、李晓芳、赵昕东：《我国财政政策乘数效应的动态分析》，《财贸经济》2002 年第 2 期。

13. 辜胜阻、李华、易善策：《城镇化是扩大内需实现经济可持续发展的引擎》，

《中国人口科学》2010 年第 3 期。

14. 郭春丽：《扩大内需的长效机制研究》，经济科学出版社，2012。

15. 郭庆旺、贾俊雪、刘晓路：《财政政策与宏观经济稳定：情势转变视角》，《管理世界》2007 年第 5 期。

16. 简新华、许辉：《产业结构调整与扩大内需》，《首都经济贸易大学学报》2003 年第 1 期。

17. 江小涓：《大国双引擎增长模式——中国经济增长中的内需和外需》，《管理世界》2010 年第 6 期。

18. 金三林：《我国消费需求不足的深层次原因及政策取向》，《经济研究参考》2009 年第 66 期。

19. 李朴民、田成川、杨特：《加快城镇化扩大内需的战略思考》，《宏观经济管理》2009 年第 11 期。

20. 李实、John Knight：《中国城市中的三种贫困类型》，《经济研究》2002 年第 10 期。

21. 李涛、陈斌开：《家庭固定资产、财富效应与居民消费：来自中国城镇家庭的经验证据》，《经济研究》2014 年第 3 期。

22. 李香菊、付昭煜：《促进我国居民消费扩大和升级的税收政策研究》，《税务研究》2020 年第 11 期。

23. 李扬、殷剑峰：《劳动力转移过程中的高储蓄、高投资和中国经济增长》，《经济研究》2005 年第 2 期。

24. 刘国光：《再谈财政货币政策的一些问题》，《当代经济》2002 年第 12 期。

25. 刘汉辉：《论扩大内需与人口消费红利》，《广东社会科学》2011 年第 1 期。

26. 刘立峰：《新基建的未来发展趋势和路径选择》，《中国财政》2020 年第 17 期。

27. 刘立峰：《未来的投资趋势与特征》，《宏观经济管理》2019 年第 10 期。

28. 刘涛、袁祥飞：《我国服务消费增长的阶段定位和政策选择——基于代表性发达国家服务消费增长规律》，《经济纵横》2019 年第 2 期。

29. 刘元春：《深入理解新发展格局的科学内涵》，《理论导报》2020 年第 10 期。

30. 刘长庚、张磊、韩雷、刘振晓：《发展服务业新业态促进消费升级的实现路径》，《经济纵横》2016 年第 11 期。

31. 龙少波、张梦雪、田浩：《产业与消费"双升级"畅通经济双循环的影响机制研究》，《改革》2021 年第 2 期。

32. 罗楚亮：《经济转轨、不确定性与城镇居民消费行为》，《经济研究》2004 年第 4 期。

33. 罗云毅：《投资率本质上是由消费率决定的》，《中国投资》2004 年第 6 期。

34. 马晓河：《挖掘内需潜力畅通双循环机制》，《前线》2021 年第 3 期。

35. 马晓河：《转型中国：跨越"中等收入陷阱"》，中国社会科学出版社，2020。

36. 毛中根、孙武福、洪涛：《中国人口年龄结构与居民消费关系的比较分析》，《人口研究》2013 年第 3 期。

37. 蒙昱竹、李波、潘文富：《财政支出、城市化与居民消费——对扩大内需的再思考》，《首都经济贸易大学学报》2021 年第 1 期。

38. 摩根斯坦利：《Consumption 2030：At Your Service》，2021 年研究报告。

39. 裴长洪、郑文：《中国视角：人民币汇率与贸易顺差关系分析》，《金融评论》2010 年第 1 期。

40. 任泽平、罗志恒、盛中明：《中国新基建研究报告：新基建空间巨大、带动效应明显》，2020 年研究报告。

41. 宋立：《"高投资率+高工业比例+贸易顺差"：劳动力过剩经济体参与全球化的阶段性特征》，《经济决策参考》2016 年第 6 期。

42. 孙豪、毛中根：《中国居民消费的演进与政策取向》，《社会科学》2020 年第 1 期。

43. 孙会峰：《我国充电桩总量仍不足，未来十年将达万亿》，《澎湃新闻》2020 年 3 月 12 日。

44. 汪伟：《经济新常态下如何扩大消费需求？》，《人文杂志》2016 年第 4 期。

45. 王毕平：《国际金融危机下财政支出与居民消费需求的效应分析》，《浙江金融》2010 年第 6 期。

46. 王成、Jamal Khan：《财政压力下消费券的杠杆设计——兼论刺激消费的资金来源问题》，《财政研究》2020 年第 9 期。

47. 王蕴：《新形势下如何进一步促进消费潜力释放》，《人民论坛·学术前沿》2019 年第 2 期。

48. 王蕴、姜雪、李清彬、姚晓明：《消费倾向的国际比较与促进中国消费倾向稳步提升的建议》，《宏观经济研究》2022 年第 3 期。

49. 王蕴、梁志兵：《制约消费潜力释放的突出问题探析》，《宏观经济管理》2015 年第 12 期。

50. 汪伟、艾春荣：《人口老龄化与中国储蓄率的动态演化》，《管理世界》2015 年第 6 期。

51. 王志伟：《产品过剩、产能过剩与经济结构调整》，《广东商学院学报》2010 年第 5 期。

52. 温志超、李继峰、祝宝良：《中国消费中长期发展趋势及能源环境效应研究》，《中国环境管理》2020 年第 1 期。

53. 徐文舸：《"十四五"时期我国制造业投资增长趋势预测》，《中国物价》2020 年第 7 期。

54. 许生：《加快推进有利于扩大内需的税收制度改革》，《税务研究》2010 年第 6 期。

55. 许永兵：《扩大消费：构建"双循环"新发展格局的基础》，《河北经贸大学学报》2021 年第 2 期。

56. 杨圣明：《加快建立扩大消费需求长效机制问题》，《财贸经济》2013 年第 3 期。

57. 杨文芳、方齐云：《财政收入、财政支出与居民消费率》，《当代财经》2010 年第 2 期。

58. 杨晓华：《中国公共投资与经济增长的计量分析——兼论公共投资对私人投资的挤出效应》，《山东财政学院学报》2006 年第 5 期。

59. 叶德珠、连玉君、黄有光、李东辉：《消费文化、认知偏差与消费行为偏差》，《经济研究》2012 年第 2 期。

60. 叶胥、龙燕妮：《"十四五"时期中国农村消费演变趋势预测：逻辑与测度》，《经济研究参考》2020 年第 17 期。

61. 易行健、吴庆源、杨碧云：《中国城市化对农村居民平均消费倾向影响的收入效应与示范效应：2000 年~2009 年》，《经济经纬》2013 年第 5 期。

62. 易行健、杨碧云：《世界各国（地区）居民消费率决定因素的经验检验》，《世界经济》2015 年第 1 期。

63. 易行健、周利、张浩：《城镇化为何没有推动居民消费倾向的提升？——基于半城镇化率视角的解释》，《经济学动态》2020 年第 8 期。

64. 俞建国：《中国消费与经济增长关系研究》，中国计划出版社，2009。

65. 张杰、金岳：《我国扩大内需的政策演进、战略价值与改革突破口》，《改革》2020 年第 9 期。

66. 张杰、金岳：《中国实施"国民收入倍增计划"战略：重大价值、理论基础与实施途径》，《学术月刊》2020 年第 10 期。

67. 张士斌：《城镇化与扩大内需的关联机理及启示》，《开放导报》2010 年第 4 期。

68. 张颖熙、夏杰长：《以服务消费引领消费结构升级：国际经验与中国选择》，《北京工商大学学报》（社会科学版）2017 年第 6 期。

69. 中国信息通信研究院：《5G 经济社会影响白皮书》，2019 年研究报告。

70. 中国银行课题组：《国内国际双循环大格局下居民消费研究及扩大居民消费的政策建议》，《国际金融》2020 年第 10 期。

71. 朱敏：《扩大内需战略：厘清三大核心关系》，《中国市场》2010 年第 37 期。

图书在版编目（CIP）数据

新发展阶段扩大内需：现实逻辑、战略导向和实践
重点 / 易信等著 . -- 北京：社会科学文献出版社，
2023.5
ISBN 978-7-5228-1948-8

Ⅰ.①新⋯ Ⅱ.①易⋯ Ⅲ.①扩大内需-研究-中国
Ⅳ.①F123

中国国家版本馆 CIP 数据核字（2023）第 100360 号

新发展阶段扩大内需：现实逻辑、战略导向和实践重点

著　　者 / 易　信　姜　雪　等

出 版 人 / 王利民
组稿编辑 / 任文武
责任编辑 / 郭　峰
责任印制 / 王京美

出　　版 / 社会科学文献出版社·城市和绿色发展分社（010）59367143
　　　　　　地址：北京市北三环中路甲 29 号院华龙大厦　邮编：100029
　　　　　　网址：www.ssap.com.cn
发　　行 / 社会科学文献出版社（010）59367028
印　　装 / 三河市东方印刷有限公司

规　　格 / 开本：787mm×1092mm　1/16
　　　　　　印　张：15.25　字　数：239 千字
版　　次 / 2023 年 5 月第 1 版　2023 年 5 月第 1 次印刷
书　　号 / ISBN 978-7-5228-1948-8
定　　价 / 88.00 元

读者服务电话：4008918866